教學視導
故事敘說

劉和然　主編

目錄　CONTENTS

堅持教育的眞

　　2007年4月，個人從學校校長轉換到教育局長的角色，面對更複雜的工作情境，但即使接觸與思考的層面再廣，我仍時常反問自己：所做的決定及作為，是否有助於教育本質發展？是否能照顧到台北縣的全體學生？2008年元月啓用的教育局長部落格，特別定名爲「反璞歸眞」，希望時時提醒自己：堅持教育的眞。「教育的眞」對我而言，隱藏著兩個意涵；其一，以「教學成長、學生權益」做爲教育行政的核心目的；其二，與教育人員一起尋找教育的感動力量——一種發自內心最眞誠的感受。

　　許多學者對教育行政目的有多元詮釋，但沒有教師的教與學生的學，教育行政就沒有存在的必要；教育行政核心的目的在服務、支援、引導教與學，是眾所認同的。個人在學校工作期間，發現不管是學校經營、教師增能、社區參與、課程發展或是資源使用等工作推動，其共同目標都在促成學生學習；在與不同團體的對話過程中，容或有意見不同之時，但只要談到學生學習權益，就很容易形成共識。在教育局服務期間，台北縣政府爲了讓中、小學生有更好的學習機會，推出了幾個重點議題，在這些議題的推動或檢討會議上，許多與會人員都提到：政策與議題需要透過「課程與教學」、「教師專業成長」，才能彰顯在學生學習能力的成長上；這些看法更加顯示，教學成長及學生權益是教育行政工作的核心目標。

　　反璞歸眞的第二個意涵，在尋找教育的感動力。教育工作者及對象都是一個完整的個體，從後現代的角度來看，一個人動力的啓發，除了理性外，更來自於情意面的觸動以及信仰的堅持。從國內外許多成功的卓越學校案例中分析，共同價值的建立是促成學校向前的一股動力；教育人員帶著熱情的努力，更是促進成功的重要因素。台北縣從開放教育改革以來，經常扮演國內教育改革的領航者之一，這些成功的經驗都是台北縣全體教育人員共同努

力的成果。在近三百所中、小學學園內，存在著許多教育人員努力後的痕跡，這些故事呈現價值的堅持以及對教育的熱情，足以觸動教育的真誠及感動力。希望有更多的分享與對話機會，讓優秀教育人員自身故事的敘述與發聲，激發更多的教育感動力，促成教育能量的不斷提昇。

本書《教學視導故事敘說》就是在上述的想法下誕生。從教學視導發展的歷史來看，初期是從行政管理的角度發展出發，在那樣的環境脈絡下，行政督導目的高於一切，視導者站在高高位置，被視導的教師臣服於統一的標準之下。但隨時代環境的改變，教育體系由行政管理轉向於重視動機、多元化及個別性的取向，教育專業人員自主能力，成為左右教育成效的重要因素。為促成教育專業人員的自主能力，教學視導從上對下，轉變為平行、發展的型態，以支持者的角色，做為教學發展的重要機制；教師專業輔導體系、專業社群的建立、專業對話、專業發展形態，更與教學視導形成互利的關係。教學視導是一種專業行為，其功能可觸及許多層面，除了教師專業發展外，也幫助學校建立教學專業發展的機制與體系，成為重視教學專業的組織，落實以學生學習為主要目標的理念。在教學視導的進行過程中，除了支持與協助教師精進教學外，也需反思教育人力的安排、資源分配、課程機制、學校制度、家長參與……等，是否有助於教學發展，以實際的行動改善，使學校成為重視教學、替學生學習著想的地方。

教學視導對象是完整的個體，其推動會觸及人的心理層面，需從人的角度來思考推動方式。關懷、真誠與支持都是重要的環境基礎，他人的成功經驗更是最好的說服力。許多學者提到教學視導可以採取「先支持、後視導」的途徑，和教師建立起合作、信任的夥伴關係，教學視導與專業對話才能更為真誠、有效。這本書的眾多故事，除了印證以上說法外，也提供許多案例做為各校推動的參考。

書中依據教學視導進行的步驟，分成「敲門篇」、「開門篇」、「入門篇」、「反思與超越」以及「學者專家篇」等五篇。「敲門篇」的內容主要描述：建立教學觀察夥伴關係（技巧、時機）、教室觀察者的專業素養、與教師

討論觀察的重點、教學觀察的準備；「開門篇」深入處理：被觀察者的心情與心聲、觀察者與被觀察者的對話與成長、被觀察者的成長經驗、如何處理觀察者與被觀察者衝突的問題、教室觀察是改進的工具不是評鑑的工具；「入門篇」呈現：教室觀察工具使用、結合教學活動設計、結合教師專業發展、教室觀察的成功案例；「反思與超越篇」則探討：視導工具方法論的反思、教學視導現場工作的反思、超越教學視導。除了上述四大篇二十六則故事外，另有「學者專家篇」，邀請幾位學者專家，從理論的角度論述教學視導之發展，建立理論的論述。本書將理論放在最後一篇的用意，是希望讀者先拋開理性思維，從故事發展的脈絡中，體驗與享受每一位作者的生命故事，在故事中尋找感動的力量。有了感動，再佐以合理、可用的工具，工作應可朝向理想的方向進展。書中每一篇內容都是真實故事，是作者群尋求自身體驗，以生命所構築出的故事，讀者可慢慢體會。

　　《教學視導故事敘說》一書的出版，是台北縣眾多夥伴共同的努力成果，在這過程中，感謝台北縣夥伴們願意將自身的故事分享出來，這些夥伴從開始階段對故事體的陌生，再從自身對工作的熱忱與感動中，透過群體的討論，找出寫作風格，並形成一篇篇精彩的故事。這過程中經過一些掙扎與努力，突破了一些難關，其內在收穫是豐富、甜美的。這樣的收穫除了工具性的熟悉外，最要敬佩其平時的努力及用心；有平時累積的豐富素材，再佐以好的工具（故事體），讓自身經驗產生更好的影響力。作者群中有校長、主任及教師，從不同的角色可以看到不同的思考及職責，在共同目標的導引下，一同尋求實踐智慧；在此，要對這群第一線的教育工作人員表達敬佩之意。其次，感謝多位教學視導學界的教授共襄盛舉，提供理論性的敘述，讓本書有了理論基礎。最後，要感謝心理出版社洪有義董事長及林敬堯總編輯應允出版本書，心理出版社長期對教育議題的關注，讓許多教育工作有更前瞻性的理解，實為教育工作人員的最佳合夥人。

　　社會改革往往希望透過教育來落實，改革過程需掌握教育最真的本質。教學視導工作幫助我們更關注於教學工作，在推動的過程中，如何讓人接

受，需要有好的方法以及成功的經驗，在安全的環境中逐步前進。這些方法及成功經驗需要教育夥伴們的共同創造，以集體的力量共創教育美好的未來。本書的所有作者正在創造這樣的歷程，以自身的實踐經驗贏得專業自主的能量及尊敬；個人也以身為台北縣教育的一份子感到光榮。

劉和然

2008年1月1日

作者簡介

劉和然，國立台灣師範大學化學系學士、國立台灣師範大學教育研究所碩士；曾任台北縣蘆洲國中教師、台北縣三民國中教師、台北縣深坑國中主任、台北縣大觀國中主任、台北縣新埔國中主任、台北縣義學國中校長；現任台北縣政府教育局局長。

蛻變的艱辛與成長的喜悅

所謂的故事，就是我們將自己以及聽來的經驗重組，跳脫時間與空間的限制，以我們認為有價值、有意義的觀點，以口語或文字描述出來。

～～賴文鳳

壹、前言

為什麼選擇故事敘說？

不同的作者，不同的故事敘說，讓我們有機會從不同的立場，多重的觀點，重新審視「教學視導」這個工作。

如果我們有時間也有機會跳脫我們現在的身分、角色，置換立場，然後從教育行政人員、教師以及學校行政人員的角色，重新檢視「教學視導」這件工作，我們會比較有機會從不同的視野角度，進行一種「立體視覺」；這種立體視覺有助於我們超越現在單一「主觀」的角色，進入行動者的意義世界，讓意義透過作者與讀者的對話，產生新的同理心的理解，共同構築一個多重意義的「教學視導」圖像。

每一個行動者的意義，透過行動者的言說，構成行動者的故事（描述故事的人，可能是觀察者，也可能是行動者）。故事經常融合著行動者的生命歷程，它像色彩溶合著水，開始產生滲透、感染的力量；就像酷熱的天氣，內含一口清涼，故事創造了「生命的感動」。

這本書從教育的現場出發，超越理論的想像，理論會因應著不同現場的需要而被引介進來，理論只是一個輔助說明的工具，理論進不進入文本，端視行動者的需求。我們不排斥應用理論，但是我們不希望理論取代行動者的

言說地位，也就是理論駕御行動者的方向與意義；理論必須接續在故事發生的前後脈絡當中，否則理論容易在故事敘說的歷程中，斷了故事的脈絡，或取代了作者的思維，使得作者變成理論的傳遞者，而非現場意義的建構者，如此一來故事就失去閱讀的價值，文本就變成理論的「換句話說」，而不是新的生命故事。果是如此，讀者就直接閱讀理論就好，不必大費周章繞個圈子再與理論見面，所以我們希望故事是一篇篇現場的真實呈現，不管是衝突的掙扎、失敗的挫折，還是成功的喜悅，我們最希望的結果還是創造閱讀者的感動。

貳、作者的學習之旅

這本書構成的歷程，是一個重要的里程碑，因為它是國內第一本以故事敘說的方式來描述教學視導的工作。因為許多作者都沒有故事敘說的寫作經驗，所以，我們是透過工作坊的模式，讓作者也有機會熟悉故事敘說的論述，並熟悉故事敘說的寫作方式。

在這裡要特別記錄一下這段故事敘說形成的歷程，因為再過一段時間，很多人就會遺忘，或從來就不知道這本書是怎麼誕生的，但是這一段歷程是很重要的經驗。

我們嘗試超越傳統工具理性的思維，打破視導即工具與技術的規範，重新從人的角度出發，重新審視人是如何使用工具，如何突破困難。市場也許不缺乏一本告訴老師如何進行教學視導的工作手冊，但欠缺的是聯結教育政策與教師心靈的心情故事。這本書當中有許多內容描述的是教師如何接待「教學視導」這個陌生的訪客，這是一段重要的歷程，它會決定教學視導是否能夠順利進入教師的教室與教師做朋友。這些既期待又怕受傷害的跌跌撞撞的歷程，就是本書敘說的核心。

雖然我們每天都在講故事，卻沒有正式故事寫作的經驗。這次參與寫作的夥伴，最多人問我的問題是：「故事有什麼格式？有什麼書籍可以參考？」感覺上好像要寫論文一樣。為了讓大家更快熟悉故事寫作的經驗，我邀請台

灣師範大學賴文鳳教授來說故事，她是個很會說故事的大孩子，她的真誠感動了許多作者，這是第一次成功的故事分享。

感動的力量像漣漪一般，一圈接著一圈擴張開來。接下來就有一些老師寫出他們自己的生命故事，他們的故事已經具備感動的力量。第二次的工作坊就讓這些教師來敘說他們的故事，讓他們深刻的故事成為第二次推動的力量。感動是工作最大的推手，感動創造接二連三推動的力量。就這樣一波接著一波的故事，一波接著一波的感動，三次的工作坊讓全部的作者敘說他們的故事，每一則故事都是一次特殊的生命經驗。

參、故事的魅力

故事本身就包含著生命的力量，故事牽引著讀者生命的躍動。

每一次研討會或教師研習，我最喜歡觀察教師臉上的表情，幾場教師生命經驗的分享，都看到教師臉上的「感動」。感動是一種美好的感覺。

當我們從別人的故事當中，瞭解別人的成功經驗也是透過跌跌撞撞的嘗試、不斷地嘗試，才突破心靈的障礙，心靈會增加一種嘗試的勇氣；當挫折發生的時候，也比較有繼續前進的力量。傳統實證典範，經常將成功的技術細分為幾個可以操作的步驟，過度強調技術的熟練與進步，容易讓閱讀者誤認為按表操作就可以獲得純熟的技術與美好的結果，忽略了心靈的轉變與安全感。故事敘說不但描述技術的進步，也記錄心情的轉折。

「故事的經驗」是心靈的經驗，「她」容易喚醒心靈深處的悸動，讓作者與讀者的心靈產生共鳴，讓不同的讀者產生角色游移的作用。透過彼此心靈的揭露之後才發現，「擔心與害怕」是大家共同面臨的課題。如何創造共同運作的安全場域，是彼此的需要，卻似乎又是遙不可及。當主任或校長閱讀到老師遇見視導者時心靈的不安與害怕，比較容易產生同理心的理解，往後政策的推動也比較會注意政策與教師的交互作用。另外，主任或校長的心境陳述也會影響老師的觀點，例如：主任或校長走入教室當時的擔憂與害怕；主任在執行教學視導時候的孤獨與無助，也有助於老師瞭解「原來我們這麼

近」，面對新的情境與挑戰，壓力從來就不曾單獨落在行政或教師。

肆、故事敘說與深度描述

　　寫故事的作者最擔心的一件事是揭露別人的隱私，違反故事敘寫的研究倫理。故事敘說的確會涉及到人的問題，並不是每個人都會希望自己發生的事件公諸於世。解決故事敘說的研究倫理，除了尊重當事人的意願，改用匿名的方式書寫之外，最重要的訓練是深度描述（deep description）或稱為厚實的描述（thick description）。故事的寫作很容易掉入作者個人情緒抒發的陷阱，也容易挑選對自己有利的立場，流於主觀的描述與偏見。

　　深度的描述是透過長期的觀察與記錄，讓事件與事件的重複與聯結產生豐富的意義，尤其是事件的轉折，經常是下一個事件影響上一個事件的意義，意義是接二連三的串連；如果作者只就單一事件的發生，就驟下意義的判斷，容易流於過度主觀的描述，意義經常是脈絡化的，是許多事件片斷所組合的整體。除了長期的觀察，作者深刻的描述也是影響文本可讀性與否的重要因素。事件本身所具備的豐富性意義，需要作者深刻的描述，才能產生閱讀者的感動。

　　深度描述需要平時養成記錄生活軼事的習慣，累積一定數量的故事文本，才有充分的材料鋪陳故事的脈絡。意義經常隨著事件的發生，而不斷地變化，故事敘說即是在描述事件與事件之間的關聯與變化。

　　故事敘說的可貴在於故事的真實感（authentic），透過作者深度的描述，除了交代發生事件層層疊疊的意義之外，另外一層目的就是要引發閱讀者的「共鳴」，這種閱讀的真實感除了撰寫人的真誠之外，更重要的是閱讀者「身歷其境」的感受。

　　故事的魅力就在於這種引發讀者「心有戚戚焉」的共鳴，原來面對同樣的社會事件，有人和我有同樣的感受，生命經常是噙著淚水，繼續往前奮鬥的過程。

　　教學視導的技術不難，突破心靈的恐懼比較難。本書敘寫的重點，不在

於教學視導工具的描述，而在於記錄實踐的心路歷程。突破心靈的恐懼歷程，約略可以分為四個階段。

伍、教學視導首部曲——敲門篇

不管你要進入別的教師現場，或別人要進入你的現場，都像陌生人要造訪你的家，心中是有些陌生與恐懼；克服了恐懼與害怕，我們才能夠自然地接受陌生的訪客。這是「教學視導」開始的階段，也是最困難的階段。敲門之後的結果，可能是關門，也可能是開門，關鍵在於敲門之前，彼此是否能夠建立互信的夥伴關係。

教室是一個沒有關門的封閉場所，老師的班級經營有固定的脈絡和程序，當教室出現了另一雙眼睛，心情很容易受到觀察者的影響，最大的影響是減少修正與調整的機會。平時教師可能會中斷教學，處理學生的突發狀況，但是有觀察者在場，教師就必須要維持教學的節奏與流暢度。

也因為有另一雙眼睛的存在，教師必須事先熟悉教材，預備教學活動的流程，久而久之就熟練一套有效的教學策略。

面對教學視導這件工作，有人將它視為專業成長的機會，有人將之視為工作的壓力，不管選擇接受還是拒絕，每個老師都會歷經內心的矛盾與掙扎：選擇勇敢地嘗試還是再等一等？

這本書的作者都選擇了參與，不管他們是主動或是被動參與，比較重要的是，當有人來敲門的時候，他們是如何打開這一扇心門。

新的嘗試帶來新的衝擊，新的嘗試也帶來新的改變，我們鼓勵老師真實地描述他們改變的心路歷程，不管是抗拒的還是接受的，真實的經驗就是一種價值。

陸、教學視導二部曲——開門篇

這個階段是觀察者與被觀察者培養互信的階段，開門之後要培養的是觀察者與被觀察者之間的默契，以及相互協助的機制。

教師開門迎賓，不代表教學視導一定會成功。教學視導的成功與否，持續的關鍵在於觀察者與被觀察者之間互動的默契，以及教師是否從教學視導的結果改善了教學。

觀察者與被觀察者之間的互動有許多同理心的涉入，也就是如何營造兩人之間的夥伴關係，真誠是很重要的關鍵。另外，同理心的視導技巧，例如一次的教學視導只能針對一個焦點，像教師表達的方法，或者是教材的熟練……等，太多的焦點容易形成教師的壓力，也不容易進行事後的討論與修正。每一次教室觀察，觀察者應該徵詢被觀察者希望觀察的焦點，被觀察者比較有安全感，也比較容易有具體的收穫。

柒、教學視導三部曲——進門篇

這個階段已經超越觀察者與被觀察者之間的關係，而是更進一步地強調細膩而有效的觀察技巧。

如何觀察及記錄是教學視導重要的工作，一般有關教學視導的專書，都會提供許多記錄的工具，教師只要熟練，就可以節省很多記錄的時間。除了熟悉記錄的工具之外，瞭解教室空間的配置、學生座位的安排、特殊學生的個別情形等等資訊，都是觀察時候很好的輔助工具。輔助工具，可以節省觀察者描述的時間，也可以比較精確地描述師生互動的情形。

如果要進行比較有效的教學視導，一次的教室觀察可能不夠，因為第一次的記錄看到的只是教學活動的現象，第二次以後看到的比較可能產生系列性的意義，觀察的次數愈多，累積可供分析的資料庫也愈豐富。

捌、教學視導四部曲——超越與反省

反省的目的在於超越，超越什麼？超越「教學視導」做為一種理性實踐的工具，轉向一種可以讓教師公開對話，相互砥礪的專業社群，教學視導是一種開放性的公共論述。透過反思的歷程，來檢視「教學視導」介於行政階層與教師社群之間的互動關係。教師社群為何抗拒教學視導引進教學現場？

教學視導是否能夠成為改善教師教學的有效工具？實踐之後，現場的教師有哪些深刻的省思與改善？

　　教學視導在20世紀最大的發展，就是從技術的處理、制度的建立，到參與者心靈的處理。從視導人員對員工的技術訓練，到員工之間的相互學習。隨著知識階層的扁平化，到階級階層的扁平化，視導的概念從上級長官對於下屬的訓練與督導，轉變為同儕之間的觀摩與學習。

　　因此，新的視導作為，不能只放在教師行為的改變，也要重視教師改變行為的心理歷程。當然，這種典範的假設，是將教師定位為是一位能動者（agent），教師自己必須主動思考，如何導入教學視導工具，精進教師教學，而不是由行政單位發動，教師被動配合。

玖、看見未曾看見的地方

　　這次透過三次教學視導的工作坊，打開了教師心靈的黑盒子，帶動了教師敘說的意願，描述他們生命故事的動機。揭露教師的心靈，其實是帶著些許的風險，因為開放性的對話很容易擦槍走火，變成情緒發洩大會，還好每一個參與寫作的好朋友，有一半以上是教師，他們除了真實描述他們心靈轉折的歷程之外，他們都是真實努力實踐過的教師，他們有辛苦的轉折，他們也有豐富的收穫。在這個歷程當中，感謝台北縣教育局長官全力的支持；還有一起工作的林瑞昌督學，也是故事敘說的同好，有他和許德田校長、李淑華老師的協助，這本書進行地格外順利。

　　編輯這本書的目的是希望不同角色的工作者，能夠從其他人的立場和角度，看待教學視導這件事。讓我們有機會用心靈閱讀，每位教師蛻變的辛苦，以及成長的喜悅。

　　真實呈現蛻變的辛苦，並不代表我們害怕或裹足不前，而是尋找另一種前進的力量。

回到最初的感動：代結語

　　每次故事敘說的工作坊，都會看到參與者聚精會神的眼神，有時候時間拖延一些，他們也沒有不耐煩的表情。每一個老師的敘說，感動了自己也感動了別人。感人的故事也提供作者最好的寫作素材。

　　書中的內容有一位教師描述，她第一次面對嚴格的主任進入教室看她的教學，緊張到走路都會不知不覺跌跤，還要裝作在地上找東西。聽見她的敘說，我仿佛看到自己站在講台上，面臨訪客進入教室的緊張模樣，同理心的經驗，讓我有身歷其境的感覺。

　　另外一位主任描述她推動教學視導的心路歷程，聽來也令人鼻酸。她說，試辦教師教學專業評鑑之後，有一次走到校門口，遠遠地同事看她走過來，就匆匆忙忙地離開，最後只剩下她和孩子孤單的身影。不管是教師的經驗或是主任的經驗，都是勇者的經驗，有你們勇敢地跨出這一步，才有這一本精采的故事。成就多半出於勉強，勉強自己再試試看，潛力就發揮出來了。

　　凡走過必留下痕跡，歷史會留下紀錄，這本書就是現場教師的痕跡，老師參與教師視導試辦工作的歷史見證。

　　這本書的出版也感謝張德銳教授、陳佩正教授、許籐繼教授一起參與文章的審查，以及教育局長官的支持。

林文生

2008年1月1日

作者簡介

林文生，國立台灣師範大學教育學博士；曾任台北縣瑞柑國小校長；曾獲教育部領導卓越獎、教學卓越金質獎、創意教學特優獎；曾經出版《數學教育的藝術與實務》等書；現任台北縣崇德國小校長。

敲門篇

01

我的教室觀察之旅

吳國銘、張淑玲

壹、開始！

　　能夠加入試辦教師專業發展評鑑試辦計畫，一方面是因為教務處承辦的計畫；另一方面是因為自己身為一個教務主任，對於教育界最常討論的話題總得熟悉，否則怎麼領導全校教師進行課程研究？有了這樣的想法，就開始找尋一些我認為有心的老師。這些年學校的課程發展與教學實施，也多虧了有這些老師的幫助，因為除了自己有心外，物力資源和人力資源也是成事的關鍵；物力資源方面比較容易，但是在人力資源方面，也就是老師的參與程度就比較困難，所以只要老師有心想做的事，我都會努力去完成老師的夢想。這幾年在努力擔任教務主任的期間，總算交了一份不錯的成績單，例如：榮獲教育部標竿一百學校、參加台北縣學校經營創新獎得到課程與教學領導特優獎等，有了這些殊榮，支持著我繼續往前進。

　　這個教育部鼓勵各級學校試辦教師專業發展評鑑計畫，預計是三年時間，等到三年過後聽說就要全面實施。為了讓學校教師能夠有接觸的機會，也避免占用試辦教師太多時間，決定利用三年來完成教育部設定的四個向度。剛開始先讓大家營造參與討論的感覺，與壓力上的收穫，使參與教師有信心繼續走下去；今年實施的向度是有關於教師的課程與教學，要檢核這項能力，教室觀察是免不了的，為了能讓評鑑能有信度和效度，建立一些標準流程是必要的，剛好台北縣教育局辦理了一個微型教學的方案徵選，何不利用這個機會鼓勵大家試著去觀察，並且建立一個標準程序，讓以後進行評鑑

或觀察的同仁有跡可循。但是要請別人做，自己總得身先士卒，所以就邀請學校同仁組織團隊就不同的主題進行觀察與整理，希望藉由此次比賽的過程，建立本土化的「另一雙眼睛」案例。於是就開始我的觀察之旅。

貳、找人！

有了想法總要趕快實施，於是我從辦公室起身去找願意擔任教學的人。

「主任，我怕沒有辦法完成您的期望！」

「要準備很多嗎？還有其他老師來嗎？要攝影喔？會不會搞砸了！」……

好多有經驗的老師，總是覺得要給別人看教學，會不好意思，雖然每位老師是教室的國王，但是有教務主任要來觀察教學，總是有些顧忌，就像老師對於教學評鑑的看法也是一樣，總覺得「你現在是要來檢視我的教學，會不會將我的缺點做為教師檢討的話題」，這些都是老師所顧忌的。

不過，幸好教務主任的拜託還是有用的，有一位張老師願意擔任教學演示。這位張老師從一至六年級及科任都教過，現在正修習研究所的課程。

之前學校執行了幾種不同方式的教學觀摩，但是基本上都是進行以下基本流程：教學觀摩前會議、進行教學觀摩演示、教學觀摩後會議；所以我特別抽空和張老師進行一場算是教學前的暖身活動。我先從老師感興趣的話題著手，發現張老師正苦思無法找到論文題目，但是對文學圈的題材很有興趣，於是就拿出學校已經實施一段時間的「教學觀察表」。這是採用張德銳教授所發展出來的觀察表，學校自94學年度起，已經將教學視導的模式，轉換成線上教學觀摩模式和同儕視導的模式。

近年來，我一直在學校向教師同仁宣導一個進行同儕視導的觀念，就是只要把觀察的焦點放在某一個教學技巧並逐年檢視討論，採漸進方式完成；一方面的想法是不讓老師有壓力，認為同儕視導是一件很嚴肅的工作，一方面慢慢讓教學視導的工作，變成同事之間專業對話的開始，製造老師專業性

共同話題，哪怕是批評做法也無所謂，因為有批評才有進步。

　　當然身為教務主任總得身先士卒，政策推銷先從自己做起，那是另一段身為教學演示者的故事。後來在與張老師的談話中才發現，文學圈原來是比較著重透過教室對話引發學生對閱讀文本的討論，於是我就建議是否就從師生的對話開始我們的專業成長之旅！

參、觀察

　　經過了與張老師的教學觀察前晤談，雙方瞭解彼此的功能與意義，連觀察的主題也確認了，於是我開始思索應該如何進行我的教室觀察。在準備進入教室進行觀察的任務前，因為用了張德銳教授的工具，心想總該把工具熟悉一下並將注意事項牢記心中，對於什麼是正面的行為，什麼是負面的行為都要界定清楚，既然鎖定一個教學技巧進行觀察，應該是可以深入且精緻的回饋給教學者。我記得在張德銳教授翻譯的《另一雙眼睛》這本書中，有提到六種教室觀察技術，因為要看教師與學生問話的互動，所以我選用「佛蘭德互動分析系統」進行教室觀察；又怕觀察的線索無法充分回饋給教學者，於是採用一邊觀察一邊錄影，把教室發生的點點滴滴錄影下來，提供以後可以回顧與再分析。

　　因為經過前些年的教室觀察個案，發現其實進行一場教室觀察真的非常不容易，實在是需要敏銳的觀察力，才能面面俱到；但是如果對於一個觀察經驗不是很豐富的人，應該如何進行他的觀察呢？

　　或許可以和我一樣，先與教學演示者對談、瞭解其需求，所謂的需求是指教學演示者想要別人觀察他的哪一個教學要項，尋求可成長的空間；其實教師教學工作久了，教學行為模式也漸趨公式化，時常聽老師稱讚自己班的學生說，當老師稍晚進教室卻發現教室教學活動已經開始了，原來學生已經循著老師上課的模式，班長正唯妙唯肖的扮演起老師的角色，甚至與同學間

的問話口吻也與平時老師與學生問話的口吻一模一樣。

有些老師自認為在教學過程中，順利傳達教學訊息，讓學生成功學習。但是經過評量卻發現總是不盡人意，到底問題出在哪裡？透過自省或許可以找到問題的答案，但是透過同儕的觀察，或許也可以找到意想不到的問題與答案。抱持者這樣的信念，我與張老師開始了一段觀察之旅。

在進入教室觀察前，我先把教室位置圖稍作描述，把學生的座位表也畫下來，這是做為觀察者第一個要做的事情，以便日後可以進行更多的分析與回憶。因為先前常到教室找張老師，所以學生對我來找張老師也就習以為常，雖然學生都知道我是教務主任，但是大概因為脾氣比較好，反而讓我縮短與學生的距離，這樣反而可以觀察到與事實較接近的實況；這也就是很多書本常常提及的，當一個觀察者必須先試著進入教室讓學生把你當成是常態，當你進行觀察也就能以平常心對待，讓教室該發生的情節，自然而然的發生。

接下來就是坐好定位，腦子裡想好事先設定的主題，也拿出現成的教學觀察表，開始專心鎖定教室師生對話的部分進行觀察與畫記，深怕無法給予張老師回饋。很多現場的老師在進行同儕視導或教學觀摩時，就是深怕不知道要如何進行觀察，而給予教學演示者回饋，所以通常都是稱讚教學演示者，給予表面的評語。為什麼我會說是表面的評語，因為這對於教學精進的部分幾乎起不了作用，於是每次的檢討會中，就在大家的讚許下結束，除非教學演示者有經過省思而成長，否則過去的教學觀摩只是虛應故事罷了。

在進行觀察的過程中，仔細的觀察張老師與學生進行對話，發現一年級的學生居然也可以針對閱讀的繪本熱烈的討論起來，而且氣氛是可以感染的，班上的學生一個接一個的踴躍發言，我也把學生有趣的對話記錄下來。張老師首先唸繪本給學生聽，再開放給學生做回應，只不過張老師總是會在幾位小朋友回應後，創造出其他話題讓學生繼續回應，最後張老師還幫學生

做了結論，結束這節課的教學。

幸好有了現成的教學觀察表和事前的溝通給予我觀察的方向，免得成為一個無頭蒼蠅到處看卻又沒有成果，所以該做的工作還是必須完成它，免得產生沒有東西回饋的窘境。

肆、結束！

雖然參考了好多學者的觀察技術，如張德銳教授、潘慧玲教授等人的發展工具，讓我比較瞭解結構化的觀察架構與程序；但是問題來了，我必須如何把觀察後的訊息傳達給張老師，我想量化與質化的分析總是少不了，一方面數字會說話，一方面方便溝通，所以應該也要舉出教室中對話的證據，以便與量化數據相呼應。於是我把整節上課的情形請同事用「軼事記錄」的方式逐字記錄，方便我分析其語言互動的情形，並用「時間線標記」的方式加以量化，雖然短短的一節教學，進行逐字記錄倒是耗掉了不少時間，我想應該至少有四倍的時間，後來同事在試辦教師專業發展評鑑工作坊的討論會中分享了這段話：

軼事記錄要逐字將整個教室的對話寫下來，實在是一件非常耗時的工作，幸好有用錄影的方式進行，否則如果在現場，怎麼可能一下子記如此多的教學情節？但是因為軼事記錄的確有它的好處，它可以將教室發生的一點一滴真實的記錄下來，不管你要進行哪一種分析都可以提供完整的資料，要是有用口說方式，利用電腦進行自動辨識而形成電子檔就太美好了！

真的要感謝同事的幫忙，難怪美國進行教學評鑑必須有觀察者與視導者兩個身分的教師參與，觀察者的工作是幫視導者將被評鑑者的教學演示過程如實的回報視導者，讓視導者根據觀察者所提供的資料去進行分析，與提出被評鑑者可以成長改進的問題。後來我再利用一倍的時間進行時間線的標記，讓更多的觀察線索可以回饋給張老師，以提供張老師教學改進的參考。

　　當我拿出逐字紀錄與時間線標記的紀錄時，張老師感受到我的付出而感動，的確在資料上呈現許多線索是可以說明張老師與學生的互動頻率，是不是運用學生的觀點繼續討論？還是張老師是教室話題的製造者，哪些行為是符合文學圈理論所支持的？這些都一一的在資料中呈現，更強化教室觀察的確可以幫忙老師找到自己所無法察覺的資料，也彰顯了同儕視導的功能。

　　在第一次回饋中，我發現張老師依然循著傳統的教學對話方式成為教室話題的製造者，並且習慣做出回饋與結論，這與文學圈所主張的有些不吻合，於是我就建議張老師再進行第二次教學，盡量讓學生互相提問並進行回應，這次也是進行教學錄影，也完成「軼事記錄」及「時間線標記」。從「時間線標記」的分析結果發現，張老師的教學已經由師生對話並由學生進行文本的回應，協助張老師真正運用且詮釋「文學圈」的意義。

　　終於完成了教室觀察的任務，現在的我和剛接到任務的我深覺些許的不同，至少在將所進行的觀察動作與紀錄，如何成功的傳達給教學者方面，我因為做過，所以慢慢累積觀察的經驗，就像生手教師與熟手教師的分別，這些也必須是透過經驗來察覺個中問題的存在，試著利用各種觀察的技巧回饋教師不同的訊息，就好像醫院裡各式各樣的檢查儀器，將教學診斷出的問題一一呈現，同事本身隱藏的問題也透過觀察者被挖掘出來，這些隱藏的問題很可能是教學者每天發生但卻不自知的行為，透過了觀察可以修正慣有的教學行為；就像張老師透過我的觀察發現，在課堂上詮釋文學圈的做法的確有偏差，經過慢慢的修正，也逼近「文學圈」應有的做法與看法，也透過觀察告訴老師上課的情形，讓老師判斷其有效性。

　　最近張老師來跟我說，經過上次的教學觀察協助她找到適合進行的學生組合，也開始讓學生寫回應單，這些都是原本以為學生無法做到的事情，但是經過觀察，讓老師更清楚學生的能力，更能放手讓學生去完成討論的階段，老師不用操心學生會無所適從，這也是這次觀察教學另一個附屬的價

值：或許透過觀察，教師的潛能從此開發，也就是說老師的成長空間會更大、更廣。

作者簡介

吳國銘，國立台中師範學院數理教育學系學士、國立台南師範學院初等教育研究所碩士；曾任台北縣國小級任教師、組長、主任、台灣省教師研習會借調教師、台北縣鑑定安置委員會鑑定教師、台北縣國民中小學九年一貫課程評鑑輔導訪視委員、台北縣數學領域輔導團團員；現任台北縣樂利國小教師。

張淑玲，國立台北師範學院初等教育學系學士、國立台北教育大學課程與教學研究所語文教學碩士班肄業；曾任台北縣國小科任、級任教師；現任台北縣樂利國小教師。

02

一圓教師夢 卻是忙碌生活的開始

廖婷怡

壹、傳說中的教學計畫發表——震撼教育

　　緊張刺激的教學計畫發表終於即將開始！從沒有像今天這樣的緊張，因為在菁桐，這可都是玩真的，絕非學年老師們在輕鬆愉快的場合下共同討論，再由學年推派各科代表敘寫，當然更不會在全校面前陳述自我課程設計的理念與每週的教學計畫，報告中與會人員會隨時的提出問題或建議，設計者則須加以回應。突然深深地想念起實輔老師和那群同甘共苦的夥伴們，這果真是令人期待卻又怕受傷害的一場會議，希望不要出洋相才好。

　　幸好學校同事們都很熱心，趁著暑假早就提供我學校附近的人文與自然環境資源、撰寫方法與內涵的深究，我也為此狠狠的待在圖書館裡，一邊找尋可用資料、一邊努力編寫各科教案，但是五科教案實在是太多了，寫得我頭昏眼花、腦筋打結，愛睡覺的我竟然一連好幾天熬夜，桌上滿是一堆堆的資料和關係圖表。開會當天，撐著腫腫的眼睛一看時鐘，「天哪！已經早上六點，該出發囉！」其中，令我最困擾的是「探索課程」，一方面要融入地方特色，一方面要是教師專業，再者要有具體成果，著實費了一番心思。最後選定「繪本DIY」做為主軸是有原因的，聽同事們轉述班上孩子的情形與家長教育方式，真令我擔心！想必未來之路與先前的學校大不相同，大部分的教育責任勢必落在導師身上，所以將注音符號、時鐘、童話故事等，用遊戲的方式融入小書製作中，企圖多點時間和變化給孩子練習的機會、提昇學習興趣與效果！

　　說到這裡，大家應該發現菁桐應該是個規模不大的學校吧！沒錯，每一個年級只有一班，真的是「校長兼敲鐘的」。如果您有同學年戰友的老師們，看到此記得趕快跟您的夥伴感謝一下。

　　我也要感謝同事們的建議與回饋，切中要害卻不傷心，不是批評而是指導，令我受益良多。而這樣的模式，在日後的教學過程中，是我堅持的力量之一，因為已經對整個學期的課程架構相當熟悉，領域間的統整活動更是清楚。原來，課程發表也沒什麼好害怕的嘛！

　　才剛開始熟悉新學校的整體運作，學校準備試辦「教師專業發展評鑑」。因為曾有過美好的成長經驗，加上同事們友善的情誼，為了使自己的專業提昇，也就欣然接受囉！

貳、因羨慕而跟進

　　甫從師院畢業的我，終於正式踏入校園中，開始教書生涯。滿懷欣喜的走在美麗校園裡，心想要在開學前好好瞭解這所學校，並開始盤算著要給學生們如何有趣的課程，與家長間將要建立什麼樣的關係，和同事間又該如何應對等問題。突然間被教務處前一張海報給吸引著，這是一張沒有花俏的圖片，反而是一行行日期，和幾個斗大的字：「發展性教學輔導系統」，心想這是為帶領實習老師的實習輔導老師設計的研習課程，目標當然為了讓實習老師具有教師甄試的競爭力和將來正式進入教職後能獨當一面。

　　沒想到在開學第一次晨會中，教務主任很慎重的介紹新進教師給全校老師認識，並請大家在會後留下仔細的介紹「台北市中小學教學輔導教師制度」。但因學校目前的輔導教師都已有安排，加上我們這群新進教師皆未參加初階研習，所以主任最後期勉大家能儘早安排時間參加研習，以便未來能有資格參與試辦，當時的我心中沒有太多的想法。

　　在每週三下午的研習課程中，突然發現總有些老師不見了，心中的疑惑

在一個月後的實習心得分享中獲得解答。原來這些老師們利用週三下午進行同儕對話，參與試辦的新手教師分享著他們的成長喜悅，讓我開始感到羨慕，有人能如此真心、細心的觀察自己的教學過程，並給予懇切、真誠、有實質意義的建議，真的是能使自己迅速掌握有效的教學方法，瞭解自己教學盲點的好幫手。於是我上網報名了「發展性教學輔導系統初階研習」，開始一連串的忙碌生活。

參、因瞭解而改變，還是因改變而瞭解

雖說第一次接觸到由張德銳教授所主持的「發展性教學輔導系統」，是因為看到學校內參與試辦的新手教師與輔導教師間真誠的互動而十分嚮往，因此馬上報名了初階研習。但當我來到台北市大橋國小時，心中不免緊張與惶恐並夾雜著些許的喜悅，習慣提早到的我，一如往常悠閒的散步於校園中，透過教室窗戶想一探教室布置，卻無法如願。因為熱情的教務主任已經開始招呼大家進入教室中閱讀各項的資料，時間一到所有課程果真按部就班、毫不含糊的緊湊進行著。

一般校內辦理的研習活動往往須兼顧大多數教師的需求與短短三小時的時間限制，使得講師無法盡興發揮、聽者尚未深入議題也就無法引起共鳴。但在初階、中階、高階「發展性教學輔導系統」研習中，我感受到講師們的熱情與台下的老師們毫不吝嗇的回饋，整場研習充滿著教學熱誠與power，或許是大家的心念一致所以上起課來格外用心，不論是新手教師或是資深教師，每個人知無不言，而我也從眾多老師們的分享中獲得許多寶貴的想法與做法。

直到今日面對許多問題，我總能多方聆聽與觀察，這是研習中許多長者給予解決問題的最佳良方，因為沒有一個人能預期未來，凡事要多瞭解才能有較正確的判斷。現在回過頭來想，如果沒有參加研習，我應該會對同儕互

評感到恐懼，因為我將沒有機會從根本瞭解其真意與有系統的輔助工具，但若不是我想改變、想瞭解也就不會參加研習了。這就像是雞和蛋的問題般，難解！

肆、數字1～10真簡單？

懷著感激的心情進入菁桐這大團隊中，心想可以好好圓心中的美夢了。雖然第一次帶低年級，也只有四位小朋友，其中三位有學習上的困難，看在其他學校老師眼中甚是羨慕。但是這中間卻歷經波折，幸好學校給我許多機會能向同事們討教，且聽我道來。

「小朋友，這裡有幾朵花？」我指著掛圖問到。

但給我的回應是一片寂靜，所以我又再問一次、又一次……，終於我妥協了，再度帶領孩子們一起數數，這已經是開學後的第三週。就這樣一節課不停的反覆數數，1～10這幾個看似簡單的符號，卻折騰了我們五個人，第一次有想哭的感覺，我不知道為什麼孩子總是不能瞭解。於是我提出我的困難，進行討論。

「你們班除了小婷程度正常外，其他的學生都需要特別輔導，要放空啊！」

「會不會是你上課不夠活潑、有趣？」

「學生睡眠是否充足？」

「回家家長的配合、功課習寫的成果如何呢？」

經過一番熱烈討論後，老師們建議我放下課本，直接進行實物教學，一方面是家庭教育功能不彰，所以許多基本的詞彙都沒有學過，二方面較能引起孩子的注意。但是，老師們也請我和小婷的家長討論，全校老師都不希望有學生轉出，但是為了給小婷正常的學習環境，勢必要考慮轉學，一方面父母不在身邊，奶奶認為有管教上的困難，二方面老師必須調整教學方法與內

容，對於小婷來說都太簡單了。因此在萬般不捨的情形下，小婷轉走了。前後總共花了一個半月，我們才把1～10的符號與意義完全學會。

伍、好玩的注音符號！

「誰知道這個叫什麼？」我拿著雞腿問到。

有了數學的經驗，這次我舉一反三利用午餐時間進行注音符號拼讀，如果可以正確拼讀的孩子，就可以從我的便當中拿走想吃的食物。

「雞腿。」小晟快速的回答。

「哇！好棒，那要怎麼拼音呢？」我追問，並投以期望的眼神。

「………，雞腿。」

一陣寂靜後，小晟還是回答我「雞腿」這兩個字。這個遊戲一直玩到一年級下學期才正式結束。當我很開心的向同事們分享教學成就時，不同的想法出現了。

「注音符號一定是輔助學習嗎？你們班可以直接教國字啊！」

「大家都是用國字在交流，注音不過是輔助唸讀字罷了！」

「這麼多種符號，又是國字又是注音，增加學習困難度耶！」

「孩子先會說，才會寫。」

「你還是要保持零期待喔！我看你的進度一直抓得很緊，還是採用你自己的想法，卻沒有站在孩子學習的立場。」聽到這句話，讓我有委曲的情緒，因為我還是很難理解「零期待」這三個字，我很害怕交給下一位老師時，造成別人的困擾。

但平心的聽一聽也覺得有道理，這樣可以降低複雜度，等熟練後再回過頭來教注音，一次學一樣，師生才真的能好好「教與學」。

陸、期末成果發表會——校長開心送獎品

　　每天總是想破頭的發明、改變教學工具或方法，終於在期末成果發表會上，孩子們從容的跳著「森林的Party」，緊接著進行戲劇表演。我們將兩年的教學活動串連起來，最後的十十乘法表開放讓大家隨便考，孩子高水準的表現，讓全體師生與來賓紛紛鼓掌叫好。校長也開心的請主任搬出大獎來獎勵孩子們，看到台下家長的笑容與孩子們欣喜的表情，我心中的大石頭終於放下了。

柒、迎接嶄新的每一天

　　每週五下午的專業對話，面對指標的修訂與價值的澄清，真是一項浩大的工程，也是最痛苦的時間。但隨著時間的流動，大家意見的交流與實際的使用，讓我從誤入叢林的小白兔，漸漸茁壯成為一隻輕巧的羚羊。這個歷程絕對是辛苦的、有爭執的，但這一遭真的很值得；對於新手教師而言，可以從資深教師中學習許多課本中找不到的經驗與方法，相對的資深老師也可以學到新的技術或學理。資深教師是新手教師最好的寶庫，他們可以簡單的把學理化為教學技巧，面對各種疑難雜症總是可以對症下藥。感謝我有一群問不倒的師父。

　　歡迎大家一起加入，但前提是相互信任與尊重，每次的發言都要慎重，唯有參加的人員都是一心，而非攻訐，才能有有效能的溝通喔！也才能自我成長。

作者簡介
廖婷怡，國立嘉義大學幼兒教育學系學士、台北市立教育大學環境教育與資源研究所碩士班；現任台北縣菁桐國小教師。

03

教室觀察者的專業素養

梁坤明

　　教室觀察是教學視導的一種方式，也是對於教學瞭解的一項工作。透過完整的教室觀察，可以將教學現場的狀況清楚的呈現，提供教師一個教學實況的看法與建議，對於教學的改進與提昇有所幫助；然而，多數教師面對要進到自己的教室中進行教學的觀察，常常會看到被觀察的老師有不贊同的反應，有的是提出很多的質疑，如：「你憑什麼來看我的教學？」「教學是一種專業，你無法用一種同樣的標準來檢視，更無法下判斷。」這些提出意見的老師都自有一套說法，他們對於進到教室觀察會有一些微詞，不願意他人來看自己教學，有些可能在半推半就的情況下，勉為其難的接受。

　　然而，部分教師就不是半推半就，而是在知道要進到他的教室後，對於行政人員可能會有激烈的言詞交鋒，不帶情面的話語，甚至是想辦法澈底的加以反對：「你擔任主任有什麼了不起，要不然你來教給我看看。」「教學活動本身就非常複雜且多樣，教學是一種動態的歷程，你看到的只是我教學的一小段，不可以代表我教學的全部。」「你有你的教學方式，我有我的教學進度，大家各教各的。」當我們想要進到教室做教學觀察時，首先面臨到的是有些老師對於教學觀察的不放心，對教學觀察的過程有壓力與疑慮，對於教學觀察所能提供的協助不抱希望，教師認為被觀察後對其教學工作的改善也沒有多大的幫助；如何讓教學視導發揮功能，教室觀察者居於重要的關鍵因素。

壹、霧裡去看花

　　當一位觀察的老師以輕鬆的心情進到教室裡，手上拿著一份所謂的觀察紀錄表，選擇坐在教室的後方；此時，對這位被觀察的老師來說，縱使已經有多年的教學經驗，亦會感到教室中好似瀰漫著一股凝結的空氣，心裡的壓力感瞬間湧現，心情也變得緊張，明明平時可以很有趣的活動，與學生之間可以暢所欲言的對談，因為這股無形的感覺，使得老師看起來有點手足無措，更失眠了好幾天，「為了要準備這次的教學觀摩，我緊張了好幾天都睡不著。」上課時言談也開始與平日產生一些落差，教學活動的進行開始有些走樣，這緊張的情緒隨著觀察者開始動筆記錄的動作，似乎字字寫入心底，壓力不減反增。觀察者眼睛看著另一位老師的教學，手上要記錄老師的教學過程與關注的焦點，其實是十分不容易的一項工作，每個觀察者在教室中如果是走馬看花，則有如一位外行人，看到的僅是活潑、熱鬧，或學生活動參與的熱絡，但是卻看不到真正教學的門道。所以觀察者應扮演一位可以提供注意的人員，被期待是一位專家與熟練的教師，對於教學相當熟稔，且對於學生的反應能夠分析。

　　當身為觀察者，進到教室裡，你要做什麼？教室觀察就是要觀察教室內的一切，教室裡有老師、學生，有老師和學生所交織而成的教學與學習活動，這個教學活動涉及到教材的選擇、教學的節奏、教室環境的配合、教具與視聽媒體是否被使用、使用是否得宜……等，此涉及多種的專業知能。

　　教師教學視導需要進到教室對於教師的教學活動進行觀察，對於要進到教室裡做實際的觀察，其實需要很多的技巧與專業素養；有的老師面對要去看別人的教學，抱著與人為善的心態，為了顧及教師間的情誼，不願將觀察所見一五一十完整的加以呈現，也就失掉了協助教師改進、提昇教學的功能，讓教室觀察成為一種形式，甚至僅是裝飾點綴的活動之一。「我自己的

教學經驗不一定會比那位教師豐富，如果要提出一些不同的看法，甚至會有一些小小的批評，搞不好會惹得那位老師不高興，何必呢？」

其實觀察者本身可能也很緊張，因爲他會認爲，去觀察別的老師教學會有些心虛，正如霧裡看花一般，未能見到眞正的花樣，欠缺信心，「教學觀摩看了很多次了，大家的教學都有不同的優點，要提出一些意見實在不容易。」要加強自己對於教室觀察的信心，就必須在教室觀察的素養上多做加強，經過許多次的觀察與討論，使自己可以從容有信心的進到教室裡觀察。

貳、衆裡尋他千百度

當觀察者進到教室裡，你可能會問他要看什麼？如何看？怎麼記錄？看了要做什麼？首先，要說「看什麼」。教學是一種專業的活動，非僅屬於一種強調方法與技術的事業，其中包含科學的歷程與藝術的動態變換過程，兼具科學的理性與藝術的感性，教師需要瞭解教材、明白學生的發展、具備多種有關學習的知識、運用課程資源、方法與技巧、對自己教學的反省與思考。這些都是教師教學時需特別考量的，也是擔任觀察者需要具備的專業素養。

這些技巧與專業的素養，有許多是教師在平日可以對自己教學活動的自我省思；可惜教師教學時數多，教學的負擔重，工作內容繁雜，故少有時間空下心來自我省思。教師如平日能自我省思，則會發現其中有些是與教學活動直接相關，有些與師生間的互動有關，有些涉及到課程的安排與設計，有些則是整個教學與學習氛圍的營造……等，這都是教師教學有關的事項，也都在每一個教室環境中，於每個教學活動中不斷的發生。

教室觀察的過程有哪些是需要加以注意的事項？理論上，教室中的一切都是該被重視的對象，教室中的人、事、時、地、物都被視爲觀察的對象之一，所以教室觀察是一種細緻的行爲，正如拿著放大鏡來閱讀教室一般。對教室的觀察涉及到工具與方法的使用，以及實際要觀察的內涵、內容，最後

這些觀察所得所產生的意義。工具與方法的使用在於觀察法的運用，觀察的內涵與內容則是在於要觀察什麼。

參、我手書所見

在進行教室觀察之前，需要有事前的準備，這些準備工作，有些需要觀察者與被觀察者一起完成，針對要進行教學的內容作事前的說明，介紹學生的特質，告知要採用的方式與準備的器材、教具等，讓觀察者可以在未進到教室前，對於這些要項有事先的瞭解。

觀察者除了與被觀察者舉行觀察前的會議外，也須自己設想要看的重點，這些重點可以從以下的各種觀察注意重點要項中選定，以避免過於突然，使得觀察時失去焦點或不知從何開始。

一、觀察什麼

觀察者往往在進到教室去時不知道要做什麼？此時首要的考量，是決定什麼應該被觀察。擔任觀察者的教師必須事先清楚自己要觀察哪些事項，一個教室中的教學活動是十分複雜的，常聽到擔任觀察者的教師說：「看來看去各種不同的教學觀摩或教室觀察，紀錄表上所列的內容還不是那些，其實可以看的東西有限。」但是真的可看的東西有限？還是要看的東西太多呢？

教學既是一個複雜的動態歷程，其可以看的東西應該很多，但因為自己就是一位教學者，往往會將一些事情視為理所當然，正如「久而不聞其味」一般，如此即失掉觀察的作用。觀察者必須放空自己，恢復自己對於事物的敏銳嗅覺，感知教學的特殊意義，勤快的寫下紀錄，註記符號，就可以知道其實要看的東西很多，要記的事情也很多。

就教學有關的因素有：目標、學生、教師、環境、課程與方法。這六項因素交互作用，產生許多的變化，具體來說牽涉到課程的設計與教學方法、

技巧的運用、師生的互動、班級的經營成效、常規的運用……等，所以您可以選其中的重要內容做觀察，也可以設定一個主要的觀察內容，如重點觀察師生之間如何互動，當然在能力許可的情況下，可以每一種都觀察。

二、何時觀察

既然進到教室就是要看教師的教學，那是不是一進到教室就要開始觀察呢？對於許多教師來說，教師上課起就進行許多的教學活動，不論是對於剛剛下課遊憩的收心動作，還是已經開始喚醒學生的舊經驗，或是引起學生學習的動機，基本上都被視為教學活動的一個部分，所以當觀察的教師一踏入教室的那一刻起，觀察就已經開始進行了。

但是與平常不同的是，外人進到教室中，除了教師有不同的表現外（通常是緊張，比平常較差的表現），學生也會表現的更為守規矩，部分學生也許會有「人來瘋」，急於想要表現，更想要發言，所以會有與平日不同的行為出現，這些都是正常的現象。然而，為減少這樣的現象不斷出現，觀察者往往要假裝不是來看教師教學，也不是來看學生表現，以減低師生的心理負擔；此時低頭不看學生的思考或是記錄，假裝隨便看看的態度，應該可以減少學生的好奇心，使進到教室所造成的干擾減到最低的程度。

三、觀察的視野

教室觀察者通常亦是教師或曾任教師，在觀察的過程中以什麼樣的視野去看教室中的師生行為，應該要避免對被觀察者個人既存的偏見或刻板印象，以開放、無暇的眼光去觀察教室中的活動，此時應將自己從觀察的教室情境中抽離，以公正客觀的視野來進行觀察。

另外，對於教學，除了巨觀的來看不同課程架構間的關係，整體的教學活動，教師教學應具有的理念與背景等分析外，也要採用微觀的視野，細看

教學所顯現的行爲、教師教學的言語與行爲表徵、學生學習的回應表現、參與情形，以及臉上表情……等；這些所存在的個別與特殊意涵，雖然很細微，但卻很有意思。所謂見微知著，要達到精緻化的教學，不可忽視微觀的視野與角度。

四、如何蒐集、記錄

「要如何才能夠兼顧各種在教室中所發生的活動呢？」教室觀察中同時需觀察的人員很多，教學的過程複雜度高，所以爲避免遺漏重要的過程與內容，需要運用一些有效的工具，以協助觀察者能夠在手眼並用的情況下，避免會有所遺漏的可能。觀察免不了要用到眼睛這個靈魂之窗，用到萬能之手；然而，人並不是神，沒有千手也沒有千眼，所以面對一個有三十幾位學生的教室環境與人員的掌握，總是有感嘆人手不足的情形，並無法一一掌握清楚。

運用現代科技的協助觀察，是一個可行的方式，這包括學校裡的錄音設備——如數位錄音機，錄影設備——如數位攝影機，利用攝影機拍攝會帶給教師很大的壓力，「除非給我自己看，且保證不會公開，否則不要進來拍」，教師認爲被錄影會產生巨大的不確定感及恐懼感，也害怕被不當使用，所以若要拍攝教學活動，應先徵得教師的同意，可以從教師自己拍、自己看爲開始，由教師看完後對照老師所提供的紀錄，讓老師再去看自己教學的影帶，相互對照或進一步討論，讓教師自我省思。

五、資料的分析

對於觀察紀錄所得的資料，非常的寶貴，如何有效的分析，以提供對於教學現場最細微的說明，則成爲觀察後的一項重要工作，惟此紀錄係邊看邊記錄的結果，故可能有些凌亂，必須加以歸納或是註記。

教學是一種動態變化的活動歷程，期間涉及的因素相當複雜，如何由其中去詮釋，提供一種不同的想法與見解，是一位教學觀察者的基本素養，有時看到當一位觀察者提出一個想法或其所見時，被觀察者在先天防衛的心態中，提出了反駁與解釋。對於資料的分析，影響到資料的運用，所以分析者必須誠實而公正，不抱成見，清楚而具體並顧及老師的真實感受，這樣的分析並不是鄉愿，而是希望能讓教師坦誠的面對自己教學的情況。

記錄有關現象的呈現與狀態的描述，比起對於觀察所見的評價與指導更為重要，故資料的分析中，可多呈現教師教學的過程，不清楚之處，轉換成疑問句的方式，以便請教師於觀察後會議討論時說明。

六、資料的運用

觀察會進行記錄，記錄的資料可不可以用？要如何運用？這都是在觀察之初與記錄當時就必須要考量的，原則上資料若是客觀且公正的事實與當時現象的紀錄，當然可以拿出來和被觀察的教師一起討論，說明當時觀察所見與看到的一些疑問或是對於教師所說所教的一些看法。

觀察的資料因為是一節或是幾節課的紀錄，每一個課程與節次的內容可能都有所不同，教師與學生也都是在發展的動態階段，所以這些資料原則上是不可以進行多大的推論，僅可做為當時觀察的所得，呈現當時的教學狀態。

觀察對象是個別的教師，所以這些資料僅限用於該位教師，讓該教師觀看，若非經該教師同意，不宜提供給其他人員，也不可以做不當的運用。

肆、輕舟已過萬重山

教學觀察人員不在於他的職務高低，擔任何種職務，而在於其對於臨床視導是否有學習與進步的意願，並能夠在觀察、視導的過程當中，提供許多

的觀點與協助。教室觀察者必須改進教學視導的技巧與態度，並給予教師更多的尊重，以夥伴關係的角色，一起為改進教學而努力。

　　學校的教學是辦學的重心，也是品質優劣的依據，對於教師教學的觀察，所獲得的資料則是提供教師窺探自己教學的一種方法，教師在推動教學觀察之初，可能有些需要突破，減除心理的障礙。被觀察者總是有當局者迷的現象，也期待觀察者能以旁觀者清的角度提供一些觀察過程中的發現，並提供一些具體的建議，或可以改善的寶貴意見。

　　教師是需要專業的人員，對於教學的專業尚無共同認定的單一標準，故對於教學活動的評定，爭議頗大，也常有文人相輕，不同意他人見解的想法，如果對於這些人員可以多做一些的提醒，以人性關懷的方式為開端，則較容易進到教師的想法當中，順利的進行觀察。

　　教室觀察是一個起點，重要的是引發後續的活動，透過觀察引起省思、透過觀察紀錄，以做分析判斷的基礎，最後複製與學習，增進教師對於自身教學情況的瞭解，進而達到幫助老師教學成長，改善教學活動與提昇教學品質，此為教室觀察的目的。因此，一位教室觀察者，需要具備專業的素養，藉此提昇教學的品質，讓學生的學習更有效能。

作者簡介

梁坤明，國立台北教育大學教育政策與管理研究所博士；曾任國小教師、台北市教育局科員、台北縣教育局課員、督學、課長、台北縣坪頂國小校長、台北縣大觀國小校長、大學兼任助理教授；現任台北縣光復國中校長。

參考文獻

中正高中網站。**成為一位卓越的教師**。取自http:www.ccsh.tp.edu.tw/school/
　　principal/teacher.htm

汪芸譯（2006）。**修煉的軌跡──引動潛能 U 型理論**。台北市：天下文化。

邱錦昌（2001）。**教育視導與學校效能**。台北市：元照。

徐宗國（譯）（2000）。A. Strauss & J. Corbin著。**質性研究概論**。台北市：巨
　　流。

張明輝（無日期）。**改進中小學教育視導的相關課題**。取自
　　http://gate.sinica.edu.tw/info/ edu-reform/farea8/j21/27.html

陳世佳（2007）。學校領導與教學改善。**教育研究月刊**，153，5-17。

陳佩正（譯）（2005）。D. B. Reeves著。**學習的績效──老師與學校的領導者
　　可以掌控的績效**。台北市：心理。

潘明宏（譯）（1999）。C. Frankfort-Nachmias & D. Nachmias著。**社會科學研
　　究方法**（上冊）。台北市：韋伯文化。

04

最麻吉的好夥伴

李智賢、邱瑞堙

壹、不斷上演的戲碼

　　楊老師做完早餐，送走上班的先生和上課的孩子後，自己接著也匆匆忙忙帶著昨晚改完的考卷，趕著到學校。七點半打掃鐘響起，楊老師走進她第一次帶三年級的班級教室。六、七位同學已經來到教室，他們有的坐在座位吃早餐、有的靜靜的看書、有的趴在桌上睡覺，也有人什麼事都沒做地看著其他同學，教室裡靜悄悄的。

　　五分鐘後，小琪的媽媽帶著小琪走進教室，小琪是一位罹患類風濕性關節炎的孩子，每到冬天，她的關節會紅腫疼痛，無法自由行走，幸好小琪很樂觀，喜歡學校的一切，都能堅持到底。

　　楊老師每每看見小琪的媽媽，總是會和她聊上幾句，有時說說小琪在學校的狀況，有時兩人互相打氣。教室的安靜，讓小琪的媽媽很驚訝的說：「楊老師，妳們班好乖好安靜喔！」

　　楊老師聽了回答說：「那是因為愛講話、愛鬧的還沒來……！」說完兩人相視而大笑，教室的學生莫不感到奇怪的看著這兩個大人。楊老師是苦中作樂吧！事實上，班上的成員十分令她頭痛！除了小琪外，班上還有一位特殊生小光，他的腦部因為腦瘤已開刀多次，手術的傷害使他極度手眼不協調。班上還有幾位同學不僅個性衝動，連動作和語言都很粗暴，他們常取笑小光因手眼極不協調而發生的窘態，尤其是上體育課時情況更加嚴重。其中也有人還常和楊老師唱反調，楊老師常被氣得快炸掉！這是一班讓楊老師連

作夢都會夢到自己無法掌握和想到就焦慮的班級。

對於部分孩子們惡劣的行為，她知道現在家家孩子生得少，每個孩子都是家長的寶貝，不斷向家長說孩子的不是，唯恐家長認為她在標籤孩子，楊老師也怕家長會一味坦護自己的孩子而不願配合，因此斷了未來親師溝通的橋樑，於是和家長溝通時楊老師總是有所保留。上科任課時，楊老師也擔心學生在科任課時會造反，讓科任老師招架不住，這會使楊老師覺得沒面子。楊老師總是時時刻刻擔心這一班會製造一些什麼讓她無法處理的狀況，她每天都在苦撐，從進教室那一刻撐到放學送走學生為止。教室每天不斷的上演師生交戰、老師焦慮的戲碼，疲憊感使得她好想求救！

貳、覺醒與破繭而出

下課十分鐘是楊老師暫時解脫的時刻，因為那一群學生一定是像猛虎般的抱著球往操場衝，留在教室的同學是楊老師心目中的小白兔，他們常圍在楊老師身旁，看楊老師改本子也幫忙發本子，既善良又貼心。但終究要面對上課！

時間在學生們興奮的嬉鬧聲中溜去，當上課鐘響起，大部分的學生已準備走向座位，但仍有五、六個同學還不肯放下手中的球、扯鈴等，必須楊老師催促並拿著計時器倒數才慢吞吞的走回座位。面對這樣的場景，楊老師常在想：如果上課時，學生們也都能像下課一樣欲罷不能，那該有多好！此時她腦中浮現起一幕幕的景象：上國語課時總是有人在偷看課外書或是一副無精打采的模樣；講解數學時也有人在神遊、有人在找周公「談天說地」；進行社會課時有幾個人老是翻看別的單元；做戶外活動體育課也有一群人不確實做暖身運動或不聽老師的說明。每個場景最後的結局都免不了楊老師對全班孩子罵一頓，語重心長的告訴孩子們要用功、要努力，孩子們似乎也習慣楊老師的方式，師生間的互動成了一種慣性。

　　這種「學生鬧、老師訓」的模式似乎可以短暫維持教室的平衡，但是教學的工作並非只有維持教室的秩序而已。身為導師的楊老師，她擔任了語文、數學、社會、健康與體育，以及綜合等領域的課程，單單課程的準備就是一個相當費時的工作。每每上課又看到學生意興闌珊等著下課的模樣，楊老師就感到很沒有成就感，既頹喪又無力。

　　以外人來看，老師的工作不過是教教書、改改作業、管管學生和聯絡家長等罷了，哪有什麼難的！但是時代不一樣了，教育工作不僅如此，教師除了須掌握課程相關的事宜，教學的專業須與時俱進外，對於學生心理的輔導、班級的經營、親師溝通的藝術，皆是教學是否成功的因素；尤其在親師溝通的部分，家長的態度常是學生問題行為改善的關鍵，遇到願意合作的家長則好，若碰到無法配合的家長，改善學生行為的工作更是雪上加霜。

　　就拿小宗的例子來說，父母親離婚後，小宗跟隨父親和阿嬤同住。楊老師幾次要和小宗的父親連絡說明小宗在校的學習概況，但父親不接電話，或是即使回應聯絡簿中楊老師的聯絡事項，對小宗的學習還是漠不關心，小宗寫功課還是草草了事。有一次在練習寫成語造句時，小宗在「九牛一毛」的題目下寫著「九個牛一個毛」，把「車水馬龍」寫著「路上有車子和龍」。全班同學聽了哄堂大笑，但在楊老師心裡真是哭笑不得和無奈，也不知道該怎麼幫忙小宗才好。

　　教學工作的沉重感和無力感，啃噬著楊老師一直以來對教學懷抱熱誠的心。她屈指算算，還得再待十年才能退休，如果退休的年齡政策改變，就還得多留兩、三年，每每想到這裡，就不敢再想下去。而對於教育工作的使命感，頓時讓她覺得自己的未來似乎得像春蠶般，不斷吐絲直到生命的盡頭方能休，從事教育工作當真需無奈到「終其一生至退休方能歇」的田地嗎？看看隔壁班的劉老師，今年就可以退休，楊老師心裡極度的羨慕，真是感嘆自己生錯時代啊！

　　十年可說是人生的一個大階段，它能使一個小嬰兒成為國小學童，能將青少年躍至成年，也能讓人從中年步入老年；楊老師思考著自己的未來，是要陷在亂和苦撐的壓力中等待，只要不被告，平安退休就好？或者是即使讓自己像春蠶吐絲，然而裹著繭的蛹卻會慢慢蛻變，最終將努力破繭而出，展開新的生命力呢？兩種形式的選擇在她的心中激盪不已，她猶豫著……。

參、另一雙眼睛

　　又到了每月一次的學年會議，每次各班老師總是抱著厚厚的考卷或習作簿本，發揮「一心二用」的本事，一邊批閱試卷簿本，一邊聽學年主任轉達學校宣布的事情。老師們有時會提提意見，希望學校的行政能協助，有時則討論對教學內容疑問之處。這一次的會議，楊老師鼓起勇氣把自己在教學工作的困境提出來，許多老師似乎也有相似的苦悶和茫然。有的老師即便自己也有許多的無力，但也給楊老師不少的意見，討論國語文教學時，有幾位老師侃侃而談說著。

　　陳老師說：「國語課在教生字前，我會請學生先預習，並製作生字造詞卡，上課時讓學生一個個上台展示，我再親自教筆順，或說明要注意的地方。」

　　王老師說：「我覺得陳老師說的方法很不錯，我則比較會利用國語生字光碟片，透過電視播放每個字的筆順，挺能吸引小朋友的。對於課文內容和形式的深究，我則採用小組討論，各組回答正確即加分方式來進行，這樣一來學生不但能專心討論，並且爭相要發表，上課絕對不會有冷場呢！」

　　劉老師說：「對呀！三年級小朋友很在乎團體榮譽，以類似遊戲式的方式進行，效果應該很不錯！」

　　而在討論數學教學時，老師們的想法如下。

　　陳老師說：「我在上數學各單元前，我會先把整個單元看一遍，再把學生從前學過和單元有關的概念整理一下，進行教學時先引起他們的舊經驗再教新單元，這樣一來學生很容易瞭解，再立即佈題讓學生練習。」

　　葉老師說：「有些學生是因為聽不懂，所以不想聽。我常會注意學習低成就的學生，測試他們明白與否，出題請他們上台解題。這樣大概就能掌握學生在學這一單元的狀況。」

　　王老師說：「有的學生因為在安親班時，安親班老師已經教過了，所以他就不想聽，上課時他就在做自己的事情，這點我覺得很頭痛！」

　　林老師說：「這點在我班上也有此情形，我會利用機會請已經在安親班學過的學生上台講解，讓他和大家融在一起，順便檢視他的觀念和做法是否正確。」

　　學年老師們對於他人提出的問題，或多或少都提供了許多寶貴的意見，一場學年會議後，不僅提供楊老師許多不同的思考角度，其他老師們也在你來我往的經驗交流中，激盪出不同於以往的想法和策略。老師們也明白當禁錮在自我的班級王國時，單一的思考模式會阻礙教學發展的可能性。每個人都需要另一雙眼睛和站在不同角度的觀察者，幫忙分析和檢視教學困境發生問題的癥結所在。可惜的是，一個月聚會一次的時間是不足的，往往當需要他人支援時，無法在關鍵時機提供補給。楊老師心裡想要改善這個不足，或許可以回到最初在實施九年一貫課程時所謂的「班群」模式，或許可以在同學年中，尋找能彼此提供想法和建議的夥伴，必要時還可以進入教室觀看教學，觀察夥伴教學的情形以及學生學習的狀況，如此一樣可以使自己在教學上遇到的困境時能得到支援！

肆、最麻吉的夥伴

　　楊老師認為尋找教學的夥伴不像找聊天吃飯的朋友般容易，有些老師很

樂意提供意見給他人意見，但不見得會願意同意和他人組成教學小組。因此她再三思考，開始展開邀請行動。

楊老師走到陳老師的教室問說：「陳老師，我覺得上一次的學年會議，我們針對教學的問題和困難，做了許多的分享，我覺得這樣的做法對我個人幫助非常大。」

陳老師聽了說：「對呀！我也覺得這種互動很好，總比以前的學年會議，僅是學年主任唸一唸宣導事項，討論輔導室提供的題綱，大家最後鳥獸散好多了。」

楊老師說：「可是我們平常都在教室忙班級的事情，根本沒有機會做類似的分享，況且學年會議一個月才一次，有時候還會因為學校活動而延後，我覺得很可惜！如果我們可以找幾個人一起合作，成為固定的小組，彼此進教室觀察教學，也可以看師生互動狀況，定時來做教學經驗的分享，也許一個星期聚會一次或者更密集討論回饋，這種方式對我們的教學和班級經營一定會很有幫助的。不知道您是否有意願呢？」

陳老師說：「這樣的小組是可以對我們的教學有很大的助益，但也需要花不少的時間，我現在正在念研究所，功課壓力很大，時間上也不允許，所以我沒有辦法加入，很抱歉！」

陳老師因為進修較忙而無法參加教學小組，於是楊老師又找了王老師談教學合作的事情，王老師的回答是：「楊老師，我的教學年資不過三年，我自己的教學和班級經營都還在學習中，我覺得自己沒有辦法提供大家好的策略和建議，加入教學小組我的壓力會很大，我暫時還不想參加。也許我再多累積幾年經驗後再考慮吧！」

王老師還提到自己的個性比較直，以前在其他學年和別的老師組成班群時，曾和班群老師因意見不合有過不愉快，那次的組合是很勉強的，因此感覺並不是很好，所以他不想再有類似的合作。王老師寧可選擇多參加和教學

或班級經營有關的研習，來提昇自己的教學專業。楊老師又去找了葉老師和林老師，但他們兩位都認為自己無法撥出許多時間來進行教學觀察和討論。

　　聽了幾位老師的經驗，楊老師認為要尋找教學的麻吉夥伴是不能勉強的，他們必須是有自發性的，因為有意願後才會願意花時間去從事有關教學小組的觀察和討論。這樣的夥伴，應該有一些特質，他或許應該是個願意傾聽他人想法的人，並且善於與人溝通，對其他夥伴能夠給予支持，讓人覺得和他合作時能有信任感與安全感，對於團體分享時的一切會保密。即使在團體運作的過程遇到任何障礙，他都能堅持到底不怕困難。楊老師期許自己也是具有這樣特質的人，她仍然不放棄繼續說服學年的老師加入教學的小組。

　　雖然陳、葉、林、王四位老師婉拒了楊老師的邀請，但楊老師仍不氣餒，她又去問了范老師，范老師是一位喜歡嘗試新事物的老師，當范老師聽了楊老師的說明後，范老師回答：「我不曉得自己能否配合妳？也不知道自己做得好不好？也不曉得能幫助妳什麼？不過我願意試試看！」

　　就在楊老師的邀請下，楊、范兩位老師開啟了教學小組的合作之始，幾次的教學互動後，范老師又邀請她的好友李老師加入，從此三人小組的合作啟動了彼此教學的新嘗試，她們不斷的從做中修改教學的歷程和技巧，並且有一個共同的目標，那就是不要被沉重的教學擔子壓垮而失去教學的熱誠，要讓自己能夠成為與時俱進，不要被時代所淘汰的老師。

伍、結語

　　有個故事是這麼說的：一隻羊與一隻狼分別為了尋找傳說中的快樂草原，不期而遇的在暴風雨的夜晚同處在一間小木屋躲雨，因為夜色漆黑所以看不到對方，誤以為對方和自己是同類。由於彼此有著相同的恐懼和際遇，因此相互安慰和打氣，彼此便結為朋友，約定隔天再見。第二天發現對方的真實身分，仍然視對方為好友，雖然這段友誼不被認同，甚至被羊群排擠和

狼群追殺，但是牠們倆最後在相互扶持下，來到一個美麗的草原，共同開創新天地，展開新的生活。

　　教學小組的組成不也像故事中的羊和狼一般，教學歷程的順暢以及教學品質的提昇與圓滿，是每一位教師追尋的美麗大草原。雖然小組的成員有不盡相同的理念和做法，但卻有著共同的目標，因此在磨合的過程中，需透過彼此持續的溝通和檢視。過程中的衝突和障礙雖然會不斷出現，但因為夥伴們心繫著共同的大草原，有著共同的信念，最終一切的困境將會被克服的。

作者簡介

李智賢，省北師專畢業、國立台北師範學院語文教育學系學士、國立花蓮師範學院國民教育研究所碩士四十學分班結業、國立台北教育大學教育政策與管理研究所碩士；服務迄今二十一年，曾任教師、主任、縣輔導員、校長；現任台北縣雙城國小校長。

邱瑞埕，省北師專畢業、國立台北師範學院初等教育學系學士、國立台北教育大學教育心理與輔導研究所碩士；服務迄今二十一年，曾任教師、主任；現任台北縣安坑國小教師。

05

風動萍聚，一池碧綠映眼簾

王如杏

一群教師來自四面八方，鼓動專業成長的暖風，迎面而來……。

我們萍水相逢，時而起舞、時而沉潛，在激辯中、在沉思中，忘了你、忘了我，彼此互為知音，共同譜曲協奏，恰似高山流水，美妙的教學樂音縈繞校園。

壹、邂逅知音

初秋了，深坑國中的校園依舊迴盪著溽暑的蛩音，夜已深了，遲歸的人兒啊！還在構思計畫、埋首案牘之中？只為了「試辦教師專業發展評鑑」……。

記得在期初的校務會議報告上，曾經與同仁們分享這樣的一段話：

這是一個快速變遷的新時代，我們置身於國民教育的領域裡，敏覺地感受到從教育政策到校務發展，從課程研發到教材教法，從教師素養到學生特質……等攸關教育良窳的因子，無一不在劇烈地變動、連鎖地反應，再加上「社會結構少子化的衝擊」與「地方財政日益窘困」的環境變遷，校際之間的隱性競爭逐步浮上了台面，更甚者未來各校恐怕還要面臨自籌校務發展基金的課題，所以，為了學校要「生存」下去！當前中小學的教職同仁們應當有「勿恃敵之不來，正恃吾有以待之」的憂患意識，認真地思考我們的學校未來發展的前景。

究竟是要消極地面對連年「縮減班級數」？抑或是積極地創造「增加班級數」呢？校務的發展也正如同競技場上的兩道門──「成長」抑或是「衰

退」。面對開門後未知的挑戰，我們絕不能等閒視之，大家要做的是最有智慧的抉擇，抉擇是需要勇氣與承擔去做一些革新、改變。

當然，深坑國中不可能自外於這個群雄並起、校際競爭的戰國時代，改變現況是勢在必行的一條道路，而所有的路標都指向——提昇教學品質，做為校務發展的核心目標。

近幾年來，我們透過親、師、生不斷的齊心努力，深坑國中教師的教學績效頗得口碑；學生的學習也日有精進；家長的參與更使學校增添活力，學校內外部結構在行政團隊用心營造行銷，「深坑國中」逐漸擦亮優質學園的招牌，不但成功地扭轉社區人士過去對學校的負面刻板印象，更因教師團隊課程教學創新連連獲獎，而深獲家長們的青睞，我們從這三年來連年增班，總計增加七個班級，可以想見家長、學生們對我們深坑地區唯一的一所國中，是寄予多麼殷切的期待與盼望。

「任重而道遠」是我們全體教職同仁的天職，我們深信不移：只要全校親、師、生能通力合作、各司其職、辛勤耕耘、奮鬥不懈，含淚播種者終能歡慶豐收。近年來，全國各縣市教育主管機關，為因應少子化帶來的超額教師問題，用「全縣教師員額總額管控」來計算聘任正式教師的缺額，各校需保留10%～20%的教師員額聘任代理，本校亦然，尤其是對於沒有減班反而增班的學校而言，代理教師的員額比例勢必高於減班學校，事實上，面對各校代理教師甄選報名門可羅雀，又新進教師（多數代理）人數占全校教師總人數四分之一強，那麼家長與學生當然不禁要質疑：「深坑國中的師資究竟如何？教學品質如何能確保？」

我們要讓家長對教師的教學品質深具信心！如何精進教師教學專業？如何符應在職專業成長的需求？深坑國中透過校務會議討論，一致決議本校參加「教育部試辦教師專業發展評鑑」！

緣此，本年度我們學校的教務工作重點在——確保教師教學品質、提昇

學生學習成效。我們鼓勵教師自願參與，透過自我覺察、教學反思，建構出教學成長團隊，藉由同儕視導、教室觀察、教學檔案分享、評鑑指標研討……等專業發展工具的運作與行動研究，增進教師群設計課程、創新教學與班級經營技巧。協助教師上好每一堂課，引導學生每節課都能有效學習，培養足以適應未來社會生活的能力。

　　教師參與教師專業發展的歷程，有別於過去單打獨鬥地追求個人成長的模式，試圖以學習型組織的型態，團體動力的領導模式，尋求1＋1＞2的最佳成長效益。教師教學團隊的發展歷程，就像一個孩子的成長，有其發展的階段性，處在不同階段，團隊都會面臨發展的任務，若教學團隊能順利達成階段性的任務，那麼對於團隊中的個人，無論教學精進、專業成長都將產生莫大的助益。此外，有效的領導者更是團隊發展成敗的關鍵人物，善用敏銳的觀察力與權變的領導力，隨時因應團隊各階段成員的需求，透過靈活的執行力，發揮成員間的槓桿效益，採雁行理論的合作模式來增進團隊共好，引爆成員活力，積極達成專業成長的任務。

貳、促膝夜談

教師專業發展團隊的發展——以深中教師專業發展評鑑同儕團隊運作為例

　　團隊的組成，就像一個孩子的成長過程一樣，有其發展上的階段性，在不同的階段裡，團隊有其發展的目標、任務，如果教師團隊能夠順利完成每一個階段的任務，那麼每一位參與的夥伴也能從中獲益成長。

　　近幾十年來，團體動力學者指出一百種以上的發展階段模式，大部分歸納五階段的團體發展模式：形成期（Forming）、風暴期（Storming）、規範期（Norman）、表現期（Performing）、轉換期（Adjourning）。從團體發展模式，檢視深坑國中教師教學團隊的發展階段。請沏一壺茶，耐心的聽我們娓娓道來。

第一階段：團隊的形成期（Forming、Ice-Breaking）

　　從Lewin的場地論觀點，主張行為是個體與環境互動下結果，以及個體在團體中與他人互動而產生行為改變。如同在大多數創意團隊形成的初期，由於成員間並不熟悉，或是雖然認識，但缺乏有共同工作的經驗或共識，所以這個階段主要是使團體成員間能相互認識、打破陌生感，並且開始建立團隊的共識與目標。

　　深坑教師團隊在這一階段，在環境營造上，採取「開放空間會議」型態，布置溫暖舒適的聚會空間，提供茶點、音樂、美術作品，讓老師們在忙碌的課間得以從容地把握與同儕專業對話的機會，精心設計的主題以大海報張貼在牆上：運用腦力激盪，將團隊夥伴們大膽的想法寫在便利貼上，錯落有序地張貼在海報上，為破除老師畏懼在會議中單獨發言的慣性，以推選方式，由一位「眾望所歸」的夥伴大聲朗讀海報，以打破僵局，凝聚共識，開創團隊良好溝通的起點。

第二階段：團隊的磨合期（Storming）

　　當團隊成員認識、熟悉，而且開始工作之後，因為彼此的觀點、思考、溝通方式或對於團隊的期待與認知不同，成員間開始會產生衝突，於是團隊開始進入風暴期，如果團隊成員能以建設性態度面對衝突，進一步溝通整合，則團體可以進入更有利於生產的階段，此階段的目標在於發展一個可以自由表達、具有信任感、凝聚力、歸屬感的氣候，在這個氣候下能夠澄清目標、工作的有效方法以達到目標。

　　當教師在團隊中看到其他教師努力貢獻智慧心力，這對所有教師均有正向的鼓勵作用。換言之，當教師在參加團隊的過程，抱持合理的期待，將有助於改變及成長，特別是教師看到其他教師有所改善時，也會激發其相信個

人在團體過程中會有獲益。

　　當深中教師專業發展團隊，數十位教師團體，研討的區塊切入教學專業議題，關於不同領域的教學技巧重點出現歧見，數學領域的老師認爲教室觀察指標的文字敘述過於抽象難以掌握具體教學步驟；語文領域教師則認爲若根據學科概念去具體訂出教學指標則欠缺彈性！如何建立一套適合各領域教師的教學專業評鑑指標？在團隊中不斷激盪、反覆激辯著⋯⋯。

第三階段：團隊規範期（Norman）

　　教師要在團隊中表達個人的感受和想法，會帶來內心的衝突與掙扎。必須調整自己的認知結構，若能夠通過此風暴衝突，並超越它，團體就會進入另一個新的重要階段。

　　本階段的主要特色是合作，當團隊已經通過風暴期，則開始進入工作生產的階段，經過大家共同努力，團隊變得穩定、安全、參與感高。此階段的重點便在探討重大問題，採取有效行動，以促成理想的行爲改變，也是教師們需要深入認識自己教學的時期，瞭解自己是團隊中不可缺少的一份子，同時又能保持自己的教學主體性。所以這個階段的主要目標是發展出團隊工作、互動的默契與工作模式，以進入生產或表現的階段。

　　歷經團隊磨合期，我們發展出透過學科分組研討，以小組各自發展一套教室觀察流程、適用指標，去分組運作檢討，再定期集合所有小組發表實施歷程與成效，包括：指標研討、教室觀察工具、教師成長計畫、教學檔案⋯⋯等，每一小組彼此觀摩、提問、反詰、既合作又隱含競爭，領域之間透過如此知識螺旋式的密切互動，彼此專業成長進步神速！

第四階段：團隊生產期（Performing）

　　在團隊經過了形成、磨合與常模期之後，團隊成員已經發展出有效互動

的方式，到了此一階段，才是團隊的生產與表現期，這個階段的團隊，已經建立良好的人際關係與可以運作的團隊架構，各種不同角色愈來愈具有彈性，團隊成員能夠突破角色的僵化，以解決問題爲導向。

本階段，深中教學團隊把夥伴們彼此教室觀察及焦點會談的錄影，剪輯爲一部紀錄片，回顧一年來同儕教學視導的歷程，並且在「北縣教師專業發展評鑑國中組策略聯盟學校研討會」中與夥伴學校分享本校教學團隊實務運作的經驗。

第五階段：團隊轉換期（Adjourning）

教師專業發展團隊應是學校中一個永續經營的團隊，團隊成員間彼此是專業領域中，同儕支援的生命共同體。當團隊完成階段性目標、接受新任務或團隊成員異動時，就需要用不同的做法來使團隊進入另一個發展階段。當團隊成員達到階段性目標，團隊密集運作告一段落，大夥兒一起回顧歷史與共同的記憶，凝聚同儕合作共事的情誼。新成員的加入，協助新成員融入團體，並參與團隊的發展過程。或是凝聚下一個發展的任務，過度到另一個新的團隊成長週期。

在教師專業發展團隊中，資深老師和初任老師之間的情誼，像是師徒關係或夥伴關係的合作模式，教師在教學生涯中建立專業夥伴的支援體系，在學校整體教學團隊中不斷精進個人教學能力、班級經營輔導能力、親師溝通能力，奠定教師專業成長的信念、態度與形象。

參、秉燭夜遊

教師教學團隊的發展歷程，在每個不同的階段，領導者都必須適時地掌握並瞭解團隊的組織氣氛與工作進度，並且採取適當的角色扮演與積極作爲，來激勵團隊的學習熱情與教學創意的產出。身爲教務主任，如何發揮自

己的領導風格來激發團隊動力？且讓我們循著窗外景美溪畔飛舞的螢光，再慢慢的談。

一、團隊形成期

（一）打開「心」窗說亮話，談出具有吸引力的信念與願景

認清為何而戰？在團隊形成期，教務主任必定身先士卒，自己下苦功參加評鑑領導知能研習，並進行文獻探討與蒐集他校試辦經驗，發自內心地認同專業成長的信念，而非接受交辦差事的心態草草應付，同時懷抱無限的行政熱忱，設計開放式會議型態，營造讓夥伴放鬆的聚會氛圍，藉由玩遊戲的體驗活動，共同解讀教師專業發展評鑑的概念，以形成團隊清晰且具有吸引力的成長願景。

（二）卸下心防，應用焦點團體對話，培養成員的溝通模式與同儕情誼

營造和諧自然的組織氣氛，如：信任感、凝聚力、歸屬感、互相尊重、彼此欣賞、鼓勵讚美等，成為真正有共同默契的成長團隊。試著以教學現場的實際狀況或勵志短片，做為討論的焦點，讓教師彼此腦力激盪，試著為解決教學上的共同課題而提出解決策略，漸漸地夥伴間的同儕情誼與互動模式也能慢慢培養出來。

二、團隊磨合期

1. 認真看待事情，「我執」便會出現！你一言我一語，不對盤就吵起來。團隊教師因背景、專長、觀點等不同而產生衝突是必然的，避免和稀泥、得過且過的心態，細心推敲溝通技巧，藉由積極研討、對話，強調彼此相互尊重及增進談話內容的深度與廣度。

2. 手牽手讓我們一起走！鼓勵成員針對每個衝突觀點，花時間深入剖析。利用會後自我反思並記錄，期待下次再與會深度對話，並為自己所提出的正、反面論點尋求批判與詮釋，藉此螺旋（正—反—合）向上模式，激勵彼此不斷地透過專業對話精進所學。

3. 透過衝突，發散、聚斂、後設思考與經驗探索，瞭解多元觀點對夥伴教師成長的重要性。慢慢理出適切的對話方式與互動模式。

4. 協助團隊成員在互動過程中體會：傾聽、表達、尊重、容忍不同意見，以尊重、同理心、角色扮演，接納別人的多元觀點等。

5. 領導者須從自身做起，讓團隊發展出一個可以自由表達、具有信任感、凝聚力、歸屬感的組織氛圍。勇於面對衝突，化阻礙為墊腳石，引領團隊成員打開更寬闊的胸襟與眼界，並在無形之中成為團體的行動楷模、精神標竿。

三、團隊規範期

1. 建立情感、言語或文字的溝通平台，透過正式、非正式管道做為溝通分享，建構適切的對話機制，培養團隊成員的溝通理性、溝通技巧與互動默契。暢通溝通管道，營造校園情境、激勵參與對話，發展教師同僑對話的氣氛與習慣。

2. 成員在團隊中，大夥兒能夠自由分享，傾聽內在聲音，例如：教學、讀書、看電影或成長經驗、共同議題……等，但避免爭議性、傷害性或人身攻擊。

3. 鼓勵標竿團隊分享運作模式，由團隊成員依據彼此的個性與偏好，自發性選擇組成同僑視導小組，規劃個人及小組未來的成長計畫。

4. 輪流記錄團隊教學專業發展的歷程，以文字、影像記錄成長檔案。並運用團隊共有的知識分享平台、網頁或部落格，跨越時空障礙進行研討，

創造團隊的智慧資產。

四、團隊生產期

1. 符合團體需求的成果產出，以解決個人或同僑視導小組教學的實際問題為前提，教務主任以真誠的態度，實踐僕人領導的作為，以行政資源支援教學團隊。

2. 藉由科技領導整合團隊智慧，包括蒐集資料或個人經驗，記錄同僑視導資料，運用網路資訊進行知識管理，將顯性知識及隱性知識做最有效的管理。

3. 以發展創意教學為導向，透過正式或非正式會議，以團體動力體驗活動或腦力激盪等創意產生方法，達成解決問題或產生創意的目標。

4. 運用外部校務評鑑、內部課程與教學評鑑及自我評鑑，辦理教師教學檔案觀摩、創新課程教案發表、行動研究論文撰寫並發表，以營造教師專業成長的校園文化。

5. 革新行政領導作為，鼓勵教師發表團隊的創意教學成果，撰寫發表成創新文案，參加縣市、全國性的相關比賽，除了讓老師有舞台展能外，還能趁機與他校教師團體，經驗交流分享。

6. 組織教學資源網絡，善用社區資源、社團，與大專院校、策略聯盟學校合作，將人力資源充分整合，引進外部志工、師培機構學生，分擔校內教師教學工作，並嘗試與異質成員合作，破除僵化思維。

五、團隊轉換期

1. 澄清達成目標的意義與重要性，檢視在意義建構的過程中，教師是否透過自我省思、自我覺察，進而自我成長、自我實現。

2. 團隊的運作過程恰似春耕、夏耘、秋收、冬藏，有其節奏與脈絡，當團

隊共同完成一個較艱難的任務後，宜適度地修養生息，讓成員調整腳步和呼吸，同時和緩團隊研討的密集度。

3. 分享對這段成長歷程的共同回憶，藉由團體創意發展的紀錄檔案，彼此抒發、互相回饋。此時，領導者可善用有效的激勵策略，針對團隊夥伴給予增強鼓勵及獎賞。

4. 任何一個教學團隊隨著時空轉變，都會面臨成員增減或任務改變的處境，如何維繫團隊的持續發展？領導者勢必發揮高關懷、高倡導的方式，「欲窮千里目，更上一層樓」，為夥伴擘畫出團隊未來的新願景！

肆、東方既白

早晨和學校幾位教師赴國小招生宣導，熱情的班導師著急的告訴我：「今年畢業十班，恐怕留下來念深中的不到五班？關鍵在於家長的想法，可否期末就先行召開家長說明會？……」

幾天後，我隻身赴鄉公所參與96學年「學區調整協調會」，鄰近完中校長篤定從容的說：「土庫村劃為自由學區，只是讓家長免除遷戶口的麻煩，不會影響到貴校的招生，我們絕對不會搶學生……」

家長的聲音：「我們孩子即將上深中，希望能碰到有經驗又熱心的導師，但請不要體罰……」

老師們說：「課上不完！我們領域需要彈性時數，但課務繁重、班級事務繁重，令我吃不消……」

學生們吶喊：「考試太多，考到麻痺，隨便應付……」

面對親、師、生以及社區的期待，身為深中教務主任的我感到慚愧。

其實，學校本位經營我們應該可以有更多彈性做法，透過公開討論凝聚共識，發展具體可行的策略，例如：學科能力分組教學、減少授課時數、引進外部師資……等。如果大家願意拋棄包袱，撇開成見，打開心結，用更開

放的心胸，來思考深坑國中的教育願景、深坑孩子的學習圖像，深中的課程規劃與教學設計，充分展現教師的專業，激發學生學習動機，提昇學習成效，用最少的授課時數，多元化的評量方式，達到最有效的教學。

「凡事豫則立、不豫則廢」，非得要拖著疲憊的身心上很多課，考很多試，學生成績才會進步嗎？我們深信一定有方法，可以讓老師擁抱健康和希望的養分，豐富人文和專業的素養，跳脫過往刻板的框架和枷鎖，讓大家一起來思考，如何創新行政經營支援教師多元展能？如何讓教師專業充分發展，創新教學符合時勢所趨？

告別教師因窮於面對問題層出不盡的教學現場，而產生的高度焦慮！

告別教師因慣性思考而不自覺地滋生，學術領域化不開的教改鄉愁！

告別教師被個人過去經驗規訓，而難以釋放長久壓抑的創造性遲緩！

相信我們能、學生能、學校能，相信深中有無限潛能，只要我們願意開拓深中的藍海，揮別教師過往的鄉愁！

不管您來深中服務多久了，不管您未來打算上哪兒去發展，現在，您既然選擇了存在深中，那就樂為深中人吧！想想我們個人可以怎麼做？怎麼做能讓深中因為有你、有我而更和諧、更優質？是非流言少一點，樂觀進取多一點；成見主觀少一點，同理客觀多一點；爭執動氣少一點，溝通關懷多一點……。

面對社會風氣多元開放，資訊媒體快速傳播，青少年價值觀的混淆，家長教育參與權、選擇權高漲……等，期望教育改革能建立新價值觀，對於教師專業、精緻教學、學習成效、學校績效寄予厚望，惟面對少子化減班，管控師資員額與政府教育經費短少的雙重衝擊，「又要馬兒好，又要馬兒不吃草」，身為教學現場的教師群，大家真的辛苦了！

因此，如何能發揮團結力量大，1＋1＞2的合作能量和價值創造，是需要我們一起深思的課題，過去我們習以為常的工作模式：單打獨鬥如同一個雞

蛋一個凹，關起門來自己想怎麼教就怎麼教；班級經營自己愛怎麼管就怎麼管，身處在凹裡就名之爲專業自主，在保守與安全的氛圍裡，簡化教學爲教書、簡化教育爲管理、簡化評量爲成績，甚至只有自己說的才算數，別人的作爲我只負責挑毛病，拉張椅子坐台上背對黑板自稱爲王（教師權威）。

如果，您累了，也倦了，是不是願意放下您高聳的雙肩，降低您盛氣凌人的吼聲，鬆開緊鎖的眉頭和多疑的心防，教育在教人體悟宇宙的眞、善、美，如果身爲教師的我們自己都看不見，那麼何以爲人師呢？

記得在琉球有個一年一度的拔河祭典，每個家庭在秋收後用稻梗搓一條繩子，貢獻給自己的村落；每個村落再集結各家所貢獻的繩子，編織一條更粗的大繩，貢獻給自己的鄉鎮；每個鄉鎮再匯集各村落所貢獻的大繩，捆編成爲一條更粗大的繩索，貢獻給自己的縣市；每個縣市再組合各鄉鎮所貢獻的大繩索，整編爲一條極爲粗韌的巨大纜繩，貢獻給自己縣市所屬的區域，然後區域整合出一條全世界最粗壯、最堅韌的巨大纜繩，得以進行千萬人一同參與體驗的大型拔河賽事，數以萬計的琉球人藉由一條拔不斷的巨纜拉鋸，來表現團結力量大的同鄉心；賽後，家家戶戶再象徵性地取回巨纜上的一小小段繩子，回家供奉在神龕上，琉球人相信眾志成城可以常保居家平安。

如果可以，讓我們凝聚信念、齊一心志，化身爲一條巨纜吧！

光靠教學品質管理是不夠的，「我們深中的孩子，將來核心的關鍵能力在哪裡？」這才是深中教師最關心的課題。因爲我們深信孩子的能力在每一天、每一節課不斷地累積！一如積沙成塔。

因此，「精進教學」是我們專業的教育堅持，「優質學園」是我們對社區永恆的承諾，而讓每個深中的孩子，回顧一生感到「國中歲月是被愛的」，這比什麼都更有價值！這樣的信念是我們「學校的靈魂」——是教育工作的價值與尊嚴的起點。

　　若說教育的歷程是「成人之美」，那身為教育工作者的一員，我們當要在變局中思考，淬煉更堅定的信念，秉持讀書人的氣節，懷抱淑世的理想，為國家作育英才，為社會描繪希望的藍圖，而今而後，方能庶幾無愧！

　　「這是最黑暗的時代，也是最光明的時代」。歲寒，然後知松柏之堅毅。正如黑夜，然後照見滿天繁星！破曉在即，方覺霜降如此凜冽，我們深信萬道的曙光即將升起，光明璀璨地遍灑在深中教育的藍海。但前提必須是：基於愛與關懷，我們願意思考、溝通、合作、對話、實踐、反省、回饋與成長。

作者簡介

王如杏，私立中國文化大學中文系學士、國立政治大學教育研究所碩士研究生；曾任台北縣深坑國中教師兼教務主任；現任台北縣政府教育局輔導員。

06
建立教學觀察夥伴關係
的技巧與時機

池勝和、李坤調

即將接受教學視導老師的心聲！

嘿嘿！我們終於要登台演戲了！

話說「台上三分鐘、台下十年功」

好緊張喔！

參與教師評鑑試辦者即將進入教室觀察做教學視導階段！

老師們細述即將面臨的緊張、壓力與質疑？

誰是我們所要的觀眾（入室視導者）？

何時才是入室觀察的適當時間？

壹、引言

～校長適時的激勵～

他山之石可以攻錯：列舉合作教學成功的案例

芬蘭小國學校教育團隊合作的成功借鏡

話說北歐的芬蘭小國：全球成長競爭力第一名的故事——培養高品質的國民、讓全世界看到芬蘭（吳祥輝，2006）。擅長於從自身的不足中開展新的機運，勇者的象徵——北歐小國芬蘭。人口只有台灣的四分之一，約五百多萬，終年天寒地凍的小國，卻自2002至2005年連續三年被評比為「全球成長競爭力第一名」的佳績，讓原本默默無聞的北歐小國，成為全世界政府與人民嚮往及學習的典範，除個體生命追求的「芬蘭價值典範」外，其教育目標追求的是「培養高品質的國民」，教育績效不以量取勝，而以高品質的國民能

力與生活素質為其最終的教育產出；「不讓一人落後」是芬蘭基礎教育的執行最高策略。這個國家的學生，念書時間比別人少，卻能達到比別人更好、更均衡、更普及的高水準教育成果；擁有全世界最好的老師、警察，還有具高度公信力的政治人物，芬蘭人以高道德標準，共同追求當代及超越時空的公平，其勇敢、積極、創新的教育體系，和教師群的長期規劃能力、教與學能力、同儕互動與合作能力及培養高品質國民的價值觀等，是促使其自2002至2005年連續三年被評比為「全球成長競爭力第一名」佳績的主要因素，其教育成就讓世界各國深深折服，也令各國積極派員前往觀摩取經。

這其中特別強調的是教師群的長期規劃能力、教與學能力、同儕互動與合作能力及培養高品質國民的價值觀等，這就是當前本國教師較為缺乏的精神。為配合教育部的教師專業評鑑政策，台北縣正積極進行教師校內同儕教室觀察——也就是同儕教學視導制度的建立，以取得同儕互動與合作能力的共識，提昇同儕互動與激勵作用，芬蘭的優點正值得我們的借鏡。

從雁行理論——論合作教學！

當你見到雁群為過冬而朝南方，沿途以Ｖ字隊形飛行時，您也許已想到某種科學家論點可以說明牠們為什麼如此飛行。野雁每年要飛行好幾萬英里，光是一天內就可以飛越好幾百英里的距離，真是人世間的一大奇觀，而牠們就靠隨時不斷的互相鼓舞來到達目的地。野雁的叫聲不但熱情十足，而且足以給人精神鼓舞。當每一隻雁鳥展翅拍打時，造成其他的雁鳥立刻跟進或整個鳥群升降。藉著Ｖ字隊形，整個雁群比每隻雁鳥單飛時，至少增加了71%的飛行距離。這給我們的啟示是，與擁有相同目標的人同行，能更快速、更有信心、更容易地到達目的地，因為彼此之間能互相激勵、鼓舞、協助，而共同向更好的目標邁進（同儕教學共同成長）。過去我們的教學方式好比一隻隻單飛的野雁，分工較多而合作較少；萬物之靈的我們，只要能效法

野雁同心協力的團隊精神，以合作取代獨力作為，必定也能提昇71%工作（教學）績效的潛能，一起創造整體的工作（教育）價值。當一隻野雁脫隊時，他立刻感到獨自飛行時的遲緩、拖拉與吃力，所以很快又回到隊形中，繼續利用前一隻鳥所造成的浮力升降跟隨，如果我們擁有像野雁一樣的感覺，我們會一同匯聚在隊裡（學校團隊），跟那些與我們走同一條路（同僑關係）、同時又在前面領路的人（資深前輩或資優者）在一起，我們願意接受他人的協助，也願意協助他人，同舟共濟（教學相長）。這也就是每個成員除了本身具有的能力外，還必須努力去學習別人的專長，共同扮演多能知能的工作角色，如此才能與隊友同心協力、互助合作，而達成工作的目標。

　　從雁行理論中可知，飛行在後的野雁會利用叫聲鼓勵前面的同伴來保持整體的速度而繼續前進；而當我們（教室觀察者）在後面叫喊時，是傳達了什麼樣的訊息？如果我們擁有野雁的感覺，我們將像牠們一樣互相扶持；我們必須確定的是從我們背後傳來的是鼓勵成長的掌聲（掌聲製造春天），而不是給予洩氣或批判的噓聲；同僑教室觀察是讓我們瞭解自己的教學現況，將優點加以發揮，不足之處可重新調整步伐加以改進，彼此相互鼓勵與支援，讓大家朝更有效的教學路上共同邁進。

為何要有教學路上的貴人？

　　博恩崔西：大部分成功的人，在不同的人生階段都會有人生導師幫你度過摸索期，以減少不必要的錯誤，他也許就是你生命中的貴人（在教學上，這不就是同僑教學視導者嗎？）

能知己知彼、必能百戰百勝
瞭解自己的能力、又敢於向他人學習，是謙卑與成長的機會

　　以上事例可做為參與教師專業發展評鑑，進入教室觀察視導期的借鏡，也就是被觀察者事先應有的認知、態度與心理準備。

校長如何激勵被觀察者與觀察者之間的共識

參與試辦教師共同的自勉與焦慮

「要教育別人先教育自己」，我覺得為師者應隨時激勵自我成長才不致於誤人子弟。而今試辦即將進入教室觀察視導階段，我們要知道要由誰來當我們的忠實觀眾？又要在什麼時機才能讓觀眾入室觀察？這是現階段我們的焦慮！請校長以自身從事教育多年的經驗提供我們寶貴的撇步。

校長的叮嚀

我國國小教育，長久以來教師都採包班制，因此老師都已習慣把教室視為不可侵犯的私人教學場域；加上《教師法》公布實施後，教師專業自主權更深受尊重，從此教室更成為師生們教學的「獨立王國」，因此教學活動除較少與同儕互動外，行政人員為尊重教師的專業自主權，平時也很少入室觀察與視導；因此，遇有教學觀摩時，老師都緊張得幾天睡不著覺、嚥不下飯。如今教師評鑑試辦即將進入教室觀察階段，將會有評鑑者到教室觀察或視導，對試辦者與觀察者其實都將是一大挑戰，若雙方觀念與看法沒有交集，將會影響試辦的氣氛、意義與功能，因此事先建立共識就顯得非常重要。

如演戲：導演者（校長與教務）如何調合演出者與觀眾之間的共鳴？

一部戲的成功要素繫於演出者的用心與觀眾們的水準，因此演出者及觀眾對劇情事先的相互瞭解與共識就顯得非常重要。

就以教師專業發展評鑑而論，接受評鑑的教學者是誰？而要由誰來做評鑑較為適當？又選在什麼時機入室觀察才適宜？這都是教師專業發展評鑑是否成功的重要關鍵。

導演！我的觀眾是誰？怎麼認識？怎麼邀請？又我能在什麼時候請觀眾入席？這是被觀察者希望導演明示的共同心裡期待。

好！導演校長就此提出一些規則與方式供大家參考！

貳、選擇同儕教學視導夥伴的技巧

一、先提選擇觀察者（觀眾）的條件（規則）

　　依教育部、教育局的試辦方案中統一的規定，其具備條件或資格如下所述：由學校評鑑小組（須通過一天六小時以上的研習）提出具備觀察視導資格者的名單（須接受爲期三天十八小時的初階評鑑研習，且取得初階研習證書者）；且具有三年以上正式教師年資者，也許也是參與教師專業發展評鑑之試辦者，也許是非參與試辦但具備評鑑資格者。

二、被觀察者選擇觀察者的方式

（一）首先由導演校長提供具備觀察資格者名單給被觀察者參考與選擇

　　在即將實施教室視導階段前，提供上述校內具備視導條件的名單給被觀察者，藉由會議相互介紹認識與對談，之後由被觀察者依自我需求與個性，自行選聘其心目中的同儕觀察者做爲其入室的觀察視導夥伴，此優點爲基於相互瞭解、認同、信任與誠懇。

（二）依大家共同的建議

　　被觀察者若無法自名單中自行選聘觀眾時，可由導演校長在合格的觀眾名單中，依被觀察教師之需要直接聘請，或提供名單引導雙方相互討論，待取得共識後由被觀察者用聘書來聘請。

（三）運用在同儕視導上選擇同儕夥伴視導的其它參考條件

　1. 同儕視導夥伴的選擇，可以雙方具有的共同特性或異質特性做爲選擇的

依據，原因分析：

(1) 經教室觀察實作的研究指出，視導前後所選擇夥伴的條件應該是觀念相近的，然而實施後對夥伴選擇的條件會呈現更細膩、更瞭解自己需求的條件，因此能選擇理念、教法與興趣同質性較高的夥伴當然很好。

(2) 然而選擇異質性、具挑戰性的夥伴對自我的觀點可能較有突破性的建言，且助益更大，因此為增進與瞭解自己的教學能力，選擇異質性者也是很好。

2. 可由資歷與風評做為選擇的考量，如資深前輩、經驗老到、風評俱佳的夥伴：

(1) 初任教師選擇夥伴的條件傾向「方便晤談」、「沒有壓迫感」和「毫無顧忌的分享」等。

(2) 資深教師選擇夥伴的條件傾向「真誠相待能溝通」、「能相互成長」和「能表達不同意見看法」等。顯示初任教師較傾向消極條件的選擇，主要在安全感的需求。

參、選擇教室觀察同儕夥伴的適當時機

有觀眾了，請觀眾入室觀賞的時機如何掌握與拿捏（新竹五龍國小，2006）？

運用在教室的實際觀察視導上，選定了教學視導之同儕夥伴，經相互討論取得進入教室觀察之適當時機後，才開始進入教室做實際觀察的階段。此時，最重要的是如何在不影響教師教學與學生學習的情緒下，選擇做教室觀察活動的最有利時機；只要是會影響教室正常化的學習活動，所觀察到的結果都不是客觀的事實呈現，因此時機的適當選定就顯得非常重要（曾憲政，2005），下列舉出選定適當時機的一些觀點提供參考。

一、已能充分瞭解被觀察者的心理調適，並能適時給予鼓勵與協助

　　因教學者面對觀察者有「被吞噬的壓迫感」、「被偷窺的感覺」和「無法從容不自在」的焦慮與不安。問題轉化的關鍵包括：「在視導前會議對同儕視導成長性目的的釐清」、「在視導前及教室觀察團體分享歷程中能說出與分享擔心」、「觀察者的鼓勵」、「行政人員的關懷主動協助與支持」、「有成長的喜悅」等，因此，應能事先瞭解與分析教師教學觀察的心理因素，適時提供機會給予進修研習、精神鼓勵與軟硬體相關之協助。

二、已充分提供教師同儕教室觀察的事前知能研習與心理調適培訓，讓參與者都能具備基本心態與能力，其基本條件可歸納如下。

（一）教師已具有開闊的心胸，並能共同分享回饋的能力（陳美玉，2006）。

（二）同儕觀察者已經研習且具備資格與觀察的技能：觀察的能力應包括「觀察工具的熟悉度」、「教學現場的記錄」、「教學現場脈絡的瞭解與適應」等。

（三）行政者提供觀察的資料與角色任務充分具足

　1. 行政者對各項觀察工具（檢核表等）與角色的定位（協助與輔導功能）等均已具足，且有積極、客觀的心理準備。

　2. 對實際觀察與研討回饋已規劃好時間的適當分配：教師教學工作已相當沉重，對實施同儕視導的成員而言，「時間的調配」是最大的困擾。問題轉化的關鍵包括善用無課時間討論，如結合週三下午教師進修、早上

全校共讀時間、科任課、下午無課、中午午休時間，甚至自願利用放學後或假日時間等，是運用與轉化時間不足的適當方法，但希望能准予視同教師進修而核予進修時數。

3. 行政者已能清楚提供與適當運用持續性的激勵措施：成員參與同儕視導工作，起頭雖難，但經由成員的參與，對繼續參與者能清楚提供適當運用持續性的物質（獎品）或精神方面（敘獎、調動或職務調整積分、獎狀）的激勵措施，必可激發參與的意願、蓄積持續參與的能量。

4. 所有參與者已具備觀察資料的分析與事後回饋的能力：已有能力有效分析本方案對學校本位教師同儕教室觀察的效益（心得），能讓參與者充分瞭解以激勵信心，根據研究分析得知下列效益（陳美玉，2006）：

(1) 對被觀察的教學者有所成長：同儕視導有助教學者「發現教學上的盲點」、「拓寬教學認知的角度」、「教學風格的瞭解」和「改善教師的教學行為」等。

(2) 對觀察者也有收穫：觀察者之收穫，包括「教學方法」、「教室管理」、「教材呈現」、「師生互動」、「引起並維持學生動機」、「班級氣氛的營造」、「分析並能提供回饋與指導的能力」和「享受分享回饋的收穫」等。

(3) 能對被觀察視導的班級學生在學習上有改善：根據相關研究（陳美玉，2006），以教室觀察為焦點的同儕視導對教師教學行為的改變，會因教師對教學媒體的運用、教材的充分準備、時間的有效控制、教室氣氛的營造等，運用自我檢核得知對學生的學習興趣與成效有明顯的提昇。因從觀察者的觀察中，「教室管理」的良好，有助學生的專心學習；「教室互動」的增進，有助學生更多表達與思考的機會；「引發和維持學生的學習動機」，從觀察者看到學生在上課中的專注力增加，都是可以顯現同儕視導對學生的學習有很大的受益。

(4) 能對整個校園組織與本位學習文化（風氣）有所促進：透過同僚視導的教室觀察，對學校文化的濡化包括「開啓與建立教師專業同僚合作的機制」、「透過視導前會議、團體焦點訪談、觀察後的團體分享，使教學與行政融合爲一，拉近了彼此的距離」、「更清楚的確立學校教學輔導的共同目標」等，足證學校將朝向學習型組織的文化邁進。

綜上所述，可知要讓一幕戲劇演出能順利成功，基本的原則除演出者本身要具備演出的條件外，也要有夠水準的觀眾，且彼此對劇情內容或相互間個性的瞭解，然後對場面的有效掌控，如此，演出的戲劇必然順利與成功。

運用到實施教師專業發展評鑑之教室觀察視導階段，所有參與者要認同以學校本位教師教室觀察之同僚視導，事先應能運用以上對觀察者選擇的技巧與掌握觀察的適當時機，在相互共識、信賴，與行政有效激勵的措施下實施，如此以學校爲本位之教師同僚教室觀察視導制度才能有效、順利、圓滿的推展，進而激發教師的教學與專業知能、提昇學生的學習興趣與成就，並促進學校的行政績效，以實現學校本位教師同僚教學視導制度的教育目標，讓校務在學校願景上，朝著永續、積極、有效、創新與突破的方向蓬勃發展。

附錄：實施過程說明與相關資料的提供

觀察者名單與編配表由誰與何時提供？編配表的內容有哪些？觀察檢核表是否同自評表？其內容又有哪些？邀請觀察者之邀請函如何擬訂？是否由行政統一制式？邀請方式如何？有無使雙方對彼此心情感受的瞭解與慰藉方式？

一、表格都由教務處於實施入室觀察前一週的說明與討論會中統一提供，其表格名稱與內容如下

教學視導
|故事敘說|

（一）觀察者及被觀察者的名單提供

行政將透過公開徵求方式提出具備資格之觀察者及被觀察者的名單提供大家參考，這些名單的來源必須具有一些條件，即合乎觀察者（志願且已取得初階研習資格者）或被觀察者（志願參與試辦並參加相關研習且已完成自評階段者）之條件或資格者之名單（名單內容有姓名、現職、研習資格、服務經歷、優良事蹟、可提供觀察節數與時間）。

（二）入室觀察時間與科目調查表的說明

1. 經調查統計與公布觀察者可被邀請接受觀察之節數：試辦期間以三至六節為基本節數。
2. 適當期限：在自評資料完成彙整後，統一一定期限約三至六週內完成，配合政策與校務狀況以四、五月中間為實施基準，以做為被觀察者邀請或實施教室觀察之依據。

（三）召開實施前參與者的介紹與觀察資料運用之說明會

1. 待人員確定後，透過會談程序，詳細說明教室觀察之目的、意義、原則、規準項目與指標、記錄與描述方式等。
2. 依據試辦時經討論之學校評鑑規準項目中，自選其中至少兩項以上，如本校評鑑規準中，七項選定活用多元的教學方法展現教學成果及熟練有效的教學技巧的其中兩項，再依據項目中的具體指標內容，施予評鑑觀察之記錄（依本校所訂之優良、良、繼續努力三指標中給予打勾及文字描述）。
3. 行政提供教室觀察編配表，含雙方姓名、觀察日期、時間、地點、授課領域、觀察參考項目等，讓參與者彼此相互認識、瞭解與建立共識。
4. 行政提供邀請函由被觀察者自行邀請觀察者，被觀察者將視具備資格的

人數、時間、意願與空檔節數（目前政府尚無法提供代課費，故無法利用觀察者之有課時間），邀請觀察者原則上至少一名（若為較為客觀著想可邀請三人以上），或透過行政人員居間推薦合乎雙方需求與條件者。

5. 雙方人員選定後彼此約定時間討論所要觀察的詳細內容、時間、地點與方式（行政提供教室觀察檢核表——被觀察者、領域、觀察時間、觀察規準與指標內容、觀察檢核文字紀錄）。

6. 最後行政單位彙整每位教師的整個教室觀察計畫，再做實施前的討論與確認，之後就依期限（4、5月間）與雙方互訂之觀察計畫開始進行教室的實際觀察。

以上必須雙方均能相互信任與尊重，並能抱持著公平、客觀，且有助於教師教學改善為目的的原則，如此的教師專業發展評鑑之同儕教室觀察與視導才能順利有效的進行，且能達成試辦的目的性及延續性，以提昇整體教育的品質與績效。

二、開始實際入室觀察視導期

完成上述說明與相互瞭解後，就依時限與約定開始實際進入教室觀察與視導。

作者簡介

池勝和，花蓮師專畢業、私立中國文化大學畢業、國立台北師範學院畢業、國立台灣師範大學教育研究所結業、國立台灣師範大學社會教育研究所碩士畢業；曾任國小教師十六年、主任六年、校長十五年；現任台北縣新和國小校長。

李坤調，國立新竹師範學院初等教育學系學士、國立台北教育大學課程與教學研究所碩士；曾任國小級任老師、生教組長、設備組長、教務主任；現任台北縣新和國小輔導主任。

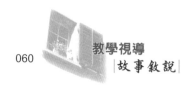
參考文獻

吳祥輝（2006）。**芬蘭驚艷**。台北市：遠流。

陳美玉（2006）。**教室觀察——一項被遺漏的教師專業能力**。國立屏東科技大
　　學博士論文，未出版，屏東縣。

曾憲政（2005）。**教師專業評鑑與成長——94年台北縣校長課程領導工作坊講
　　義**。國立新竹師範學院（未出版）。

新竹五龍國小（2006）。**以教室觀察為主之同儕視導對教師教學行為之改變**。
　　新竹五龍國小班級教室行動研究（未出版）。

07

開啓專業另一扇關懷的心窗

邱惜玄、劉淑惠

學校是作育英才的殿堂
教室是培育英才的搖籃
教師是那雙推動搖籃的手
開啓專業另一雙關懷的心窗
方能活化那雙推動搖籃的手

壹、話說從頭——我與教師的心靈巧遇

2004年8月，我懷著喜悅的心來到實踐。

我用關懷的眼神來欣賞校內一顆顆躍動的心靈；用尊重的心真誠的和老師們做朋友，以合作、溝通、智慧分享等方式，共同為孩子們提供最好的教育。幾個月過後，我充分感受到實踐校園的溫馨、孩子們天真活潑可愛的臉龐，以及教師們教學的努力認真，讓我對這塊教育園地，很快地，由陌生到熟悉。

有一天，課程發展組長淑惠老師（以下簡稱淑惠）來找我。由於，淑惠是初任課程發展組長，通常學校在召開課程發展委員會議前，她都會將研討議題及內容，事先與我討論。但是，此次當我與淑惠討論時，我發現她好像有心事。

我用半開玩笑的話語對她說：「你今天怪怪的，不像是平常笑嘻嘻的你耶！」

　　她欲言又止的苦笑，之後，娓娓道出：「最近被行政工作和趕課壓力壓得快喘不過氣，每天幾乎都繃著一張面無表情的臉教學。」

　　她停頓了一下，又繼續說：「前幾天，上自然課後，三年級維維和昱昱[1]（代名）在下課時告訴我：『老師，為什麼妳和二年級時不一樣？妳以前上課都會加一些遊戲，也不會像現在一樣兇巴巴……。』」

　　我接著問：「你如何回應孩子們對妳教學的感覺？」

　　淑惠提及：「當時我對學生說：『真的嗎？我有不一樣嗎？低年級的教法本來就會和中年級不一樣。』但當我向學生回答後，我心中對自己不禁升起一股莫名的疑惑……是孩子們太敏感嗎？還是我真的變了呢？我有那麼兇嗎？這些孩子會不會想太多？教中年級本來就應該兇一點，不是嗎？當時的我，心中充滿問號……。」

　　我關心的點頭，傾聽淑惠的陳述：「當我還是二年級導師時，我有滿腔的理想，憑藉著愛與關懷，走出屬於我自己的創意教學與班級經營，每天雖然過得緊張又忙碌，教學生活倒也充實自在，尤其看到學生一張張可愛的小臉蛋，很多不如意即會煙消雲散。」……「回憶近來擔任三年級自然科任老師的上課情形，因為擔心課程進度趕不上，潛意識中彷彿有一個聲音告訴自己『兇一點準沒錯』。每次的教學似乎總是抄筆記、做實驗、寫習作……[2]，尤其在課程壓力下，更是神經緊繃，怕課程上不完，又怕學生無法完全吸收課程上的知識。每天擺起晚娘面孔，深怕對學生太好，學生會沒規矩，學生一沒規矩我就要耗費時間管理秩序，一管理秩序課程進度就會落後，進度一落後我就更著急，弄得我時時刻刻戰戰兢兢，連個喘息的時間都沒有，如何愉快的起來？千篇一律的教學方式，所有的創意都會被消耗殆盡。似乎真的愈來愈兇，學生一舉手講一些和課程無關的事，我便失去耐心，不等孩子說

---

1 維維和昱昱都是淑惠老師以前班上的學生，與淑惠老師較熟識。
2 此為教學不快樂的主因。

完，就劈哩啪啦打斷學生的發言，拜託學生下課再來問。」

　　最後，淑惠提及：「我最近教得好累哦！努力扮黑臉趕進度，一直複習、講解，把自己累得半死，此次期中考後，看到學生的成績卻一蹋糊塗，真的很無奈！如何能兼顧教學目標又能讓學生學得快樂又充實？我多麼期待能找到教學的幸運草[3]喔！」

　　目送淑惠離去的背影，我的腦海中仍然迴繞著她和我分享的種種教學狀況與難題。她認為，她的教學似乎出現瓶頸，要我提供一些教學上的意見，或許可以協助她解決目前教學上的困境，以尋回她昔日「樂在教學」的感覺。

　　在思索過程中，回想到2003年12月，我曾經利用假日到台北市參加初、中、高階的「發展性教學輔導系統」研習。在每一次的研習中，內心總是非常欣賞及感動張德銳教授所帶領的國小教師研究團隊，他們用專業及熱忱來研發此套系統，包括進行「臨床視導」、「同儕教練」、「組織讀書會或合作式行動研究」、「選擇專業批判性的夥伴」等四種方式，來協助現場教師精進教學。當時，讓我對教師專業成長的概念有更深一層的認識。

　　我想若要協助淑惠突破教學瓶頸，並不是我簡單用三言兩語就能夠馬上協助解決的。不如我邀約張德銳教授及其研究團隊，蒞校分享「發展性教學輔導系統」之理念及實作經驗。由於，「發展性教學輔導系統」中之「臨床視導」是一種透過對教師實際教學的直接觀察，來獲取資料的歷程；在這種歷程中，視導人員和教師面對面地互動，以便分析和改進教師的教學行為和活動。或許，這對淑惠而言，才是最具體且有效的協助。同時，也能帶動全校教師在面對當前九年一貫課程改革之際，能有主動參與發展教師專業之動能，如同范信賢、黃茂在（2003：166）研究所言，學校行政能協助教師在學

---

3 幸運草（酢醬草）原本有三片葉子，如果因突變而有四片葉子，人稱「幸運草」。

校裡找到陪伴、協助與分享的夥伴，以使彼此更有能量，這確實是支持教師得以持續進行課程改革的重要力量。

　　基於協助教師面臨教學瓶頸的需求，與鼓勵教師持續進行課程改革的動力；當時，我請教務主任於週三教師進修，安排「發展性教學輔導系統」系列研習，且預定將研習之核心，擺在提昇教師「學校本位教學視導」及「教室觀察」等能力。期待透過此專業成長，能引導教師跨越教室王國的藩籬，經由建構教師同儕學習社群之氛圍，讓教師能打開教學心門，彼此開啓專業另一雙關懷的心窗，來強化教師的合作學習及夥伴關係。

貳、搭建專業平台——開啓關懷心窗

　　在尚未實施「發展性教學輔導系統」系列研習前，我向教務主任及淑惠簡要分享「發展性教學輔導系統」之進行方式，並請淑惠以教師之立場提供她的教學需求及意見，以供教務處在規劃研習進修時，能切入教師需求。

　　淑惠首先問我：「什麼是發展性教學輔導？它的目標何在？」

　　我說：「發展性教學輔導，是指透過教師自我分析、同儕教室觀察、學生對教師教學反應等方式，來蒐集教師教學表現資料，然後鼓勵教師和同儕在相互信任合作的基礎上，設定專業成長計畫並實際實施於教學現場，藉以不斷地促進教學專業的發展，此是一種典型的形成性教學輔導措施。……」

　　我接著又說：「發展性教學輔導的目標是發現教師教學表現成就，藉此來激勵教師工作士氣。」

　　淑惠除了向我點頭示意，一方面又認為，「演講」式（指單純input）之週三進修已行之有年，若學校突然改為產出式（output）的研習[4]，恐怕教師會有抗拒的心理產生；但淑惠又認為產出式的研習方式，或許對她目前陷入

---

[4] 產出式的研習：指要求教師能將研習時所習得的知能，在教學中實踐，並將具體成果用口頭或書面陳述出來，與同儕分享。

教學瓶頸的狀況幫助最大，她期待能有產出式的工作坊產生。

　　經過我們三人周詳討論之後，決定辦理兩項研習：第一項，將「發展性教學輔導系統」列入週三進修，其參加成員是全校教師；另一項，屬於產出式的工作坊，其參加成員以自願或私下邀約為主（原則上每學年兩位）。此目的，誠如Little（1994）所提，課程改革中如欲發展教師專業，必須從「透過研習進修即可讓教師從課程忠實實施者」的思維中解放出來，讓教師能跨越班級的藩籬，有更多協同合作的機會來發展課程、協同教學或建立聯盟網絡之夥伴關係。因此，學校欲透過研習讓全校教師對「發展性教學輔導系統」中的「同儕教學視導」——教學觀察與回饋會談技術等，均有共通性的概念，接著，讓參加產出式工作坊的成員，能以同學年為單位，兩人形成專業成長之合作夥伴。以下則是我們進行同儕教學視導觀察前的專業訓練。

一、搭建鷹架——開啓專業心門

　　在進行研習之前，我除了向張德銳教授說明辦理研習的用意，也請教他如何辦理「學校本位教學視導」系列研習之方法。同時，也利用朝會時間，向全校教師溝通並說明「教學視導」已是當前教育的新趨勢，為提昇學校教師在「同儕教學視導」的專業知能，學校將請張教授蒞校進行五次的「發展性教學輔導系統」系列研習；而且為了要讓教師能將研習所得，實際轉化於教學實務中，特別徵詢有興趣及有意願者，加入學校本位產出式工作坊——「教學視導」成長團。

　　由於教學輔導的成功關鍵是建立在信任、訓練與支持等面向。因此，每次研習進行後，我都會找時間與淑惠對話，瞭解她的感覺及是否對她的教學有幫助。

　　第一、二次的研習後，淑惠告訴我：「原本以為研習會很無趣，一定是一『脫拉庫』（卡車）的理論，誰知竟和想像中不一樣，一開始就是一系列的

錄影帶欣賞……。如教學觀摩，原先以為找出教學的優點即可，誰知高紅瑛主任（是張教授的高徒）給大家一些觀察的重點，如學生的行為、教師的教學動線、教師與學生的互動……等，高主任還說老師們經常有不自覺的語言，可以利用此系統的『教室觀察』來找出自己的口頭禪喔！還真有趣！」淑惠的如此回應，讓我放心許多。

第三次的研習後，淑惠對我回應：「原來『教室觀察』前的會議，要如此慎重喔！不但要辨識教師教學的關注（是關心自己或關心學生的學習），還要把教師的關注轉換成可觀察的行為，又要辨別能促進教師教學的程序（如改變學生行為的系列），並要協助教師設定自我改進的目標；同時，還要安排觀察教室的時間，並且選擇觀察的工具及所要記錄的行為；最後，要釐清所要記錄的教學資料的脈絡（如你會使用哪些教學策略等）……，哇！這若沒有實作，恐怕效果不大……。」我認為淑惠是個超認真的老師，她很想馬上行動——邀夥伴入班觀察。

第四次的研習後，我發現淑惠似乎愈來愈有感覺，她說：「教授在研習中，介紹了這個系統的『輔導規準』內含五個教學領域（A教學清晰、B活潑多樣、C有效溝通、D班級經營、E掌握目標），是教師教學的主要屬性。每一個教學領域包含二到四個特定的教學行為，一共有十七個教學行為。哇！雖然有點複雜，但仔細研讀一下，還是很好懂。」

最後一次的研習後，淑惠微笑的對我表達：「研習的另一個重點是運作過程，具有四個階段。如階段一：綜合診斷調查；階段二：重點診斷分析；階段三：專業成長計畫；階段四：改進之努力。透過八個工具表，教師就能利用『同儕視導』而得到成長。賓果！一看到這四個階段，我就知道這是我要的專業成長，只要透過這個專業成長的階段，我應該可以解決我現在教學上的困境。我想『同儕視導』將會是我教學的幸運草。」從淑惠陳述的眼神中，我感覺她似乎對此系統很有信心。

　　每次淑惠在敘說她參與研習的心得時，我總是用鼓勵的話語回應，給她心靈最大的支持。

二、跨越校園——尋找教學甘露

　　研習的前兩次，淑惠曾向我反應：「雖然高主任講的很清楚也很淺顯，可是大家都知道一些好的教學新知，只靠聆聽演講而沒有透過體驗與實踐，它的學習效果只會達到10%～30%之間。而且這套『發展性教學輔導系統』是張教授與一群合作夥伴研究多年的心血結晶，豈是我們透過幾次研習就能弄懂的？我們研究得似懂非懂、一知半解？」

　　聽了淑惠的訴說，我鼓勵幾位教師利用假日到台北市立師範學院（現爲台北市立教育大學）聽張教授主講「發展性教學輔導系統」。誰知淑惠馬上半開玩笑的回應：「平常大家上班累得跟狗似的，假日還研什麼習？」

　　我說：「這是難得的好機會喔！雖然是假日，我們可以跨越校園，到學術殿堂去尋找教學甘露。何況從研習中尋找快樂，不是也和休閒的感覺一樣，都是一種身心靈的充電嗎？」

　　淑惠轉頭向另一位老師說：「對喔！我們不是說要成長嗎？既然對『發展性教學輔導系統』還不太熟悉，何不再給自己一個機會去弄清楚？期待『溫故而知新』，透過不斷的進修與省思，能對『同儕視導』有較深入的瞭解。」

　　研習當天，我和幾位老師一起參與研習，大家都聚精會神的聆聽。研習後，我親切的問她們有何感受？淑惠說：「我眞想早日試試看。」

三、真誠相待——排解疑難問題

　　在推動「學校本位教學視導」時，參與「發展性教學輔導系統」研習之教師還算踴躍，但主動參與產出式工作坊——「同儕視導」成長團之教師卻

不多，這是我在推動教師專業成長的過程中所遇到的難題。我除了鼓勵教師主動參加外，也請教務主任私下到各學年去邀約教師參加。但是，教師們擔心參加之後工作量會增加，壓力也會太大，又不想打開心門，讓他人入班觀看自己教學；也不想跨越班級藩籬，進入他人教室觀看教學，如是種種原因，讓教師的內心猶豫，且躊躇不前。最後，來了約十五位教師，我們的「同儕視導」成長團終於可以成立了。當時，我送「發展性教學輔導系統」專書給每位成長團的教師們，讓教師們利用課餘時間仔細的研究，以便在工作坊對話時，能因瞭解這一套系統而省去很多摸索的時間。

　　但是問題接著又來，有一天，成長團在交流時，部分老師對「發展性教學輔導系統」之「教室觀察」仍是一頭霧水，大家擔心這個又擔心那個，教師內心的焦慮在此成長團的上空盤旋。

　　芳芳（化名）無力的對我說：「校長，我當初參與成長團是因為你的力邀，可是現在我們班出現一堆狀況，我想退出。」

　　雅雅（化名）也對我說：「校長，我在同學年中找不到可以一起成長的夥伴，我也想退出成長團。」

　　明明（化名）也跟著說：「校長，我和他的科任課時間差不多，找不到互相觀察的時間，怎麼辦？」

　　每次進行工作坊時，事前我都會先營造一個溫馨的情境，搭配物質（當然就是點心、水果和咖啡囉！）讓大家面對面做心靈的溝通；另一方面，我則專注的聆聽每一位老師的發言，為老師們尋求解決的辦法，最後大家終於拋開成見，開始做真正的心靈交流。

　　我說：「班級有狀況，行政應該協助，我們可以私下談談你的情況，再一起尋找解決辦法。」

　　我又說：「有哪些老師找不到同伴？有沒有願意和不同學年老師配對的？」

「我也找不到伴，我想和雅雅一起互相觀察。」惠惠（化名）自告奮勇和雅雅配對。

我接著又說：「衝堂問題可以請教務處協助，想辦法解決。」

就這樣，所有危機都在我與老師們真誠對話中一一解除。一頭霧水的老師們也終於在共同閱讀專書與專業對話的分享下，弄懂「發展性教學輔導系統」；找不到學年中適合夥伴的老師也在專業對話的分享中或我的建議下，找到共同成長的夥伴（套句俗話說——哈哈！配對成功！）因為力邀而進入的老師們也才發現，這個成長團真的要帶給老師「成長」，而不是找老師「麻煩」。

四、覓得夥伴——專業心靈交流

「我的同儕好夥伴該找誰呢？」淑惠當時是課發組長，沒有同學年可搭配，她困惑的問？我建議她找和自己比較熟悉的夥伴，如此才能在信任感及安全感的心境中，完全真正的來面對自己。

幾天後，淑惠很高興的告訴我：「我的夥伴是現任的生教組長潘潘（化名），原本以為必須使出九牛二虎之力才能說服這位美女與我搭檔，誰知我一提，這位美女的求知慾比我還強，當場就謙虛的說可以試試看，真是幸運！」

接著她又對我說：「雖然我和潘潘是十年的老友，可是平日談的大多是生活上的事或抱怨家長的無理、學生的不知上進，很少去談及教學專業心靈層次的相關議題，我心中仍有著點點障礙，我如何敞開心胸與夥伴心靈交流呢？」

我用支持及肯定的眼神，對著她說：「我和婷婷及文文（化名）聊天時，她們提到她們倆人都喜歡喝曼特寧咖啡，因此，她們經常一起在喝咖啡談教學，慢慢地培養「教學革命」情感，也許妳也可以想想看，妳和潘潘有什麼共同的嗜好，再營造一個溫馨的情境，必能敞開心胸真誠對話。」

　　事後，淑惠陳述她和潘潘相約一起去爬承天禪寺，在漫步悠閒的步道中，聊及自己最近的教學困惑，潘潘也把最近的教學心情與其分享，她們在芬多精的環繞下把彼此心中的教學疑惑向對方傾訴。同時，她們也順利的分析自己教學上的優勢能力與弱項，期盼透過「同儕教學視導」而得到成長。

參、找回教學的春天——代結語

　　學校藉由推動「發展性教學輔導系統」之機制，引導教師運用「同儕教學視導」、「教室觀察」等技術，來協助教師開啓專業另一雙關懷的心窗，以找回教學的春天，這是身爲教育工作領導者最大的期盼。學校透過辦理系列研習、跨校學習、專書研讀、排解教師的心理焦慮與不安，以及協尋搭檔夥伴等措施，來進行同儕教學視導觀察前的專業訓練，無疑的，就是想讓教師能及早跨越班級的心靈鴻溝。

　　教師的工作並不只是他單獨在教室王國中即可完成，尤其是在現今強調團隊合作的時代裡，教師有時被迫或自願地走出教室王國，與其他教師進行課程與教學的討論愈來愈多。然而，每位教師進入工作坊來討論課程與教學事物時，教師都是已經帶著某些屬於自己的「庶民教育學假定」（宋文里譯，2001）來與他人互動。「同儕教學視導成長團」裡的互動，是隱含著許多「個人」的庶民教育學思維的分享與爭辯，透過「臨床視導」、「同儕教練」、「組織讀書會或合作式行動研究」、「選擇專業批判性的夥伴」等過程，是否能在被外界視爲傳統、保守的國小進行課程與教學革新，則有賴於所有秉持著教育熱忱之同好共同攜手努力。

　　每當我看到淑惠與潘潘在教室內協同討論時，我似乎已看到淑惠已經找到教學的幸運草了，我也相信對淑惠而言，尋回教學春天的曙光已近了。

作者簡介

邱惜玄，台北教育大學課程與教學研究所碩士、國立台灣師範大學教育研究所博士生；曾任教師、主任、校長、台北市立教育大學兼任講師；現任台北縣實踐國小校長。

劉淑惠，私立輔仁大學統計學系學士、台北市立教育大學師資班第五期；曾任台北縣綜合活動輔導團團員、課程輔導訪視委員、台北縣教學卓越獎觀察員；現任台北縣實踐國小教師、台北縣綜合活動領域專任輔導員。

參考文獻

宋文里（譯）（2001）。J. Bruner著。**教育的文化──文化心理學的觀點**（The culture of education）。台北市：遠流。

范信賢、黃茂在（2003）。課程改革中教師關心什麼？教師敘說的探究。**國教學報**，**15**，149-174。

Little, J. W. (1994). *Teachers professional development in a climate of educational reform.* Systemic Reform: Perspectives on Personalized Education September 1994. Retrieved from http://sustainability2002.terc.edu/invoke.cfm/page/138

08

園丁

吳淑音

壹、站在台上變成一件屈辱的事

涼風習習，燭影搖曳，這是一個美麗的夜晚，溫馨雅緻的餐廳裡，流瀉著我們酒酣耳熱的笑聲，看著昔日一起懷著雄心萬丈的心情奔赴未知前程的好同學，心裡、眼裡，都是熱的。尤其，今天相聚的理由是，我們敬愛有加的老師要退休了。看著她鬢髮雖泛些兒白，卻仍是神采奕奕，溫暖和氣的談著我們過去的憨傻淘氣。

她是一個怎樣的老師呢？一絲不苟的態度，律己律人的嚴謹，有著洪亮的聲音和蓬勃的朝氣，總是適時的給予孩子鼓勵或責罰；在我心中，她是最好的教師典範。也因著對她的欣賞，想要成為和她一樣的好老師的念頭，在我心裡從來不曾停止。

笑語喧嘩聲中，我坐在老師身邊小聲的問著：「老師，為什麼這麼年輕就選擇退休呢？」印象中，老師應該才五十出頭吧？老師靜靜的說：「因為，站在台上變成一件很屈辱的事。」

我呆愣了幾秒鐘，不知道這樣的感覺會出自我這麼敬愛的老師口中，那些孩子，究竟是怎樣辜負了我的老師？傷了我的老師？……我又生氣又心疼，如果這是退休的理由，那麼，我的老師要花多少時間才能平撫她對教育的失望？要花多少力氣才能重拾對自己的信心？

貳、和學生衝突不斷的教室現況

今年的手氣不好，剛帶完畢業班，接了三個國三國文班，除了一個班級「略為」正常外，其他兩個班都讓我傷透腦筋，小至作業的繳交、成績的要求，再至課堂秩序、對師長的禮儀和應答態度，在在需要花費很大的力氣來彼此調整和適應。

我一直沒忘記第一次進孝班的印象：一個男生坐在講台前的椅子上，腳翹到講桌上，看見我帶著課本進教室，斜了我一眼，二郎腿抖啊抖，並沒有起身的意思。

我心裡知道，遇上難纏的角色了，但仍不動聲色的問他：「你是風紀股長嗎？」幸好他不是，「我是你們新的國文老師，請你下去好嗎？」我們看著彼此，僵持了幾秒鐘，他下去了。

除了第一次的見面禮外，他們給我的驚奇始終不斷。記得有一次，我認真的講著我最愛的東坡，談到精采處，實在不能忍受最後一排三個男生嬉笑的聲音，我火了，撂下狠話：「誰再講話，我就叫他站到桌子上講給大家聽。」聲音安靜下來，幾分鐘後，又開始了，我請跑到另一個同學座位的男生起立，他猶豫了一會，說對不起，我堅持要他站到桌子上，他臉一橫，一串髒話就出口了。在新仇舊恨交織下，我破口大罵，一句一句控訴著我的不滿和難堪，講到「教到你們，我終於知道我的老師說的：『站在台上變成一件屈辱的事』是什麼樣的心情！」那群孩子安靜下來，他們終於願意正視我的傷心。

接下來的日子像洗三溫暖般，在彼此的拉鋸中，有時我贏，有時他們勝利，我經常處在備受考驗的狀況中，雖不至於情緒失控，但心裡時常企盼著，有沒有更好的教育方法，幫助我的教學方式更恰當，更能激發他們的學習意願和成效。

我不斷的在心裡反覆自問著：從什麼時候開始，我的「收視率」慢慢變差的？

以前和孩子們分享文章，談談自己對文學家們的瞭解，介紹文章裡各式各樣令人著迷的心情，或者，聊聊生活周遭發生的事，家庭、學校、社會……等。我一直覺得自己挺受學生歡迎，雖然也慢慢覺察到，隨著年歲和資歷漸長，我感興趣的事物，他們不一定聽過，他們看的廣告和電視，我也常興趣缺缺。

記得那時學生愛看的「××花園」，四個男生頭髮都好長，名字取的好奇怪，偏偏又長的好像，我竟然看了十分鐘看不懂，對話和劇情都沒辦法進入我的思維中。另外一次是看「×××之戀」，看到女主角傷心難過的戲，我狂笑到無力，怎麼有那麼奇怪的劇情和表白，被拒絕是理所當然的啊。

第二天講給學生聽，講到我狂笑十分鐘不能停止，小老師下課跑來問我：「老師，可是她是真心的，老師為什麼要笑呢？」「因為太不真實了。」「可是對我們來說卻是很真實的心情啊。」我向她道歉，但心裡很清楚的覺察一件事：我和學生的距離，已經不可避免的形成一道鴻溝，但是，為了拉近距離而向流行文化靠攏，我又不甘心，怎麼辦呢？

參、接觸教室觀察技術的驚奇

一月中，教學組長打電話給我：「有一場關於教師專業評鑑的研習，你去吧！」我說：「不要，回來又要做作業，我上一期才做過觀摩，這次換人啦！評鑑還不就那一套，一次一次觀摩加上乘以兩倍的檢討會議，弄得大家人仰馬翻，很累人呢！」「不會，只是研習，又不一定要參加評鑑試辦學校，保證沒有作業。」

拗不過他，懷著半信半疑的想法答應，腦海裡卻不由自主想到辦公室裡更資深的老師說的「誰有資格評鑑我？」「他以什麼角度評鑑我？」我想也

是，評鑑，應該是移植自國外的制度，如果沒有做好事前的評估和足夠的評鑑工具，以現在教師地位日漸下滑，工作自信備受打擊的情況下，產生的排斥效應恐怕對現行教育體系造成更大的傷害？何況，帶著演戲性質的四十五分鐘教學觀摩，拿來做為評鑑的工具和結果，實在不足以說服別人這是公平的制度。

但在三天的研習當中，教室觀察技術卻引起我極大的興趣，不管是語言的流動，在工作中的觀察，或是教師口語習慣，以及和孩子們接觸的個別頻率、身體的偏向等數據化的行為觀察，或是觀察後的小組討論，都讓我覺得十分有趣且實用，這些都是我們在教書十幾年後不小心會存在的許多自覺或不自覺的偏向，如果以這樣科學的行為工具做為教師評鑑的根據，或許就不會像看一場又一場的大拜拜一樣，看完頂多是博君一笑，對別人或自己沒有太大的幫助。

研習結束後，雖然覺得這套工具實用，但心裡其實有些「鐵齒」，覺得這套觀察工具對初任教師幫助應該較大吧，像我們這種老鳥，所有學生的動靜根本在我們掌握之中，眼睛一掃，哪一隻小猴子逃得過我們的法眼？至於偏向問題，自己多提醒不就夠了？

回到那個讓我傷心的班上，這天，課程講解告一段落，我留下二十分鐘讓同學做習作，以往寫習作，我總是巡幾趟教室，看看同學有無問題，若無問題就改作業或備課；這天，我臨時起意，練習看看老師教的「在工作中」的觀察技術，持續二十分鐘規則化的輪流觀察全班孩子，二十分鐘後，我驚訝的發現，這群孩子在習作練習時表現的專心，顯示他們是有能力可以獨自完成作業且學習能力良好的孩子，而平常上課時的吵鬧，是因為教材偏易嗎？（因為過去他們的班平均不佳，教材的課外補充會給的較少）再者，他們有可能是喜歡安靜工作的學習模式，以後可以再多給予此方式的練習？

同樣的觀察方式我使用在那個「略為正常」的班級，卻發現，一模一樣

的課程習作，他們卻需要我來回指導，甚至會不時交頭接耳討論，而平常上課時他們表現的安靜到有些「冷漠」的原因，在授課一學期後我竟然才發覺，原來程度不好的孩子比我估算的多，他們可能還算用功，但反應及語文能力卻不好，我被他們的安靜誤導了，所準備的教材反而較難，基本觀念有時講解較少，還以為他們的冷漠是國三生特有的現象……；這樣的錯誤竟然發生在執教十幾年的教師身上，我真是覺得汗顏。幸而亡羊補牢，在調整教材後，兩班的孩子上課的專心度和配合度都進步很多，我十分肯定教室觀察技巧在教學時的幫助，而這，還只是其中一個觀察技巧而已呢！

　　實地接觸並瞭解教師專業發展評鑑的理念與工具後，我的防衛自然撤除了，也和其他幾位老師討論想法，但在校務會議要表決參與試辦與否時，我卻十分猶豫，因為，在談到教師評鑑制度仍是人人喊打的情況下，貿然表態實在有些冒險。

　　但在此時，卻接到去年帶的實習老師寫來的卡片，他寫著：「遇到老師的時候，是經歷一連串人生低潮的時候，幸好老師提供自己的教育歷程，以及其中的生命態度，老師說的：『人生有許多夢想值得追尋，每個人的想法都不相同，想要討好每個人，無疑是吃力不討好的事，不如聽聽自己心裡的聲音，真實的面對自己就可以得到真正的自在。』讓我在判斷價值與否時變得清楚許多。」

　　我告訴自己，如果這是一套可以自我檢視的工具，並且幫助大家不斷的重新省思、持續追求成長，為什麼我害怕告訴別人？如果只是害怕同儕壓力而讓大家錯過可能讓老師擁有更好的教學技術，學生得到更優質的學習環境，我會不會覺得可惜？為什麼不試著瞭解就選擇放棄？……最後，我同意參與試辦教師專業發展評鑑計畫。

肆、教育是一場沒有終點的接力賽

　　四個月過去，從剛開始的討論評鑑指標到終於發展出略具雛形的教室觀察和諮商技術，在制定評鑑指標時花了許多時間，因為不同領域有不同的觀察向度，光是指標的討論就開了五、六次會，加上不斷的練習觀察技術和回饋諮商，在時間緊縮的情況下，大家不免小小抱怨一番，幸而參與的老師們當初皆是自願方式產生，只能調侃自己誤上賊船。但在一次又一次的聚會中，情感的厚度與默契就這麼累積出來了，在教育現場上常有的孤單也在討論中釋放，我們愈來愈願意呈現自己真實的一面，進入彼此的教室變成自然而然的事情，除了信任，更是自信。

　　雖然我們清楚會被觀察的指標及項目，卻仍是不停的發現自己待改善的向度，總是在一次又一次的回饋中，提醒自己下次要更加注意；由此可見，新手教師的教學雖容易顯得生澀不流暢，但資深教師在教學現場中，也很容易累積許多並不恰當的習慣或想法，例如：因為害怕教室秩序不好而犧牲和孩子的互動；因為某些孩子特別有反應而更加注意他們的學習效果，忽略其他較不敢和老師視線接觸的學生……，這些情況，都是在教室觀察中被提出而授課教師沒有注意到的教學現況。

　　記得去年實習老師即將結束實習時問我：「老師現在對教育的想法是什麼？」我說：「年輕時我是他們的大姊姊，我可以身穿迷你裙和他們分享我的喜怒哀樂，那時，我是他們的偶像；但在為人妻、為人母的角色後，教育給我有了不同的意義，我想要的是更深層的內涵的傳達，想要給他們的是生命的態度以及對未來的提醒。年輕時我期望自己教得快樂，現在除了是陪他們走過青春歲月的陪伴者，更希望自己是提燈照路的引路人，在矛盾不安的社會現況中，給予溫柔敦厚的提醒和支撐。」在十五年的教學資歷後，我真的知道，教育工作看的不是眼前成敗，而是一段又一段的接力，前人發現教

育環境中的好和壞，透過不斷的省察。為孩子們尋找最適合現實社會的學習方式，惟有教學者不斷的努力及充實，才能不失去學習者的認同和尊敬，而這一切，就像一場沒有終點的接力賽，只有透過一棒一棒的傳承，努力不失去自己的跑道。

伍、我多麼想把世上的一切美好告訴你

電影「海倫・凱勒」裡那個直拗到令人不知如何應對的老師──沙莉・麥克文，是我深深為之折服的老師。在海倫・凱勒無法理解手語意義時，一次又一次嘗試，想要找出能讓她理解的學習方法，她說：「只要給我一個字，我就能給她全世界，就能夠讓她瞭解世界的美好。」

身為教師，這成了我最想對孩子們說的話，在以正確的愛為前提的情況下，傳承生命中的美好，應該是身為教師最大的職責與喜悅吧！

親愛的夥伴們，我們總是看見事件的表面，卻忘了思考是不是有更大的隱憂。在這樣的危機下，我們是不是可以不輕易替一個人或一件事判定其價值，因為背後有我們一時無法瞭解的各種可能。

「誰都希望看到花開得很美吧？」「但最重要的並不只是現在正開著的花！」

漫畫～毛利甚八《家栽之人》

作者簡介
吳淑音，私立東吳大學中文系畢業；曾擔任的工作，總和孩子脫離不了關係，不論怎樣的失望過，最後，總能重拾信心──對人性的善意、對教育的可能……；現任台北縣正德國中國文教師。

開門篇

09
迎接教室來的訪客
（被觀察者的心情與心聲）

陳亮菁

壹、楔子

「學校本位教學視導」現在正時興著，我們學校在教育部推行前早已著手試辦，不同的是，我們一開始完全不知該怎麼做，視導的方式是經由各評鑑小組慢慢討論、施行、修正而找出的，其中包含「教學檔案的呈現」及「教室觀察」等，最令人感到害怕的應該就是「教室觀察」吧！

貳、從一開始的抱怨，到後來的樂於接受

一、晴天霹靂

「嗯！我們得進入教室觀察同儕的教學喔！」

「什麼！」

「哪有時間啊？」

當教學專業評鑑小組組長如此宣布，我們這些組員便嘰哩呱啦開始抱怨起來。

「我知道大家都沒時間呀！可是，這樣才能對教學成長有幫助呀！」

「可是，時間很重要呢！哪來的時間呢？」

「對呀！對呀！」

「我們一起想想看有什麼方法既可觀察教學又不會太花時間。」

真是委屈組長了，既要說服我們又得安撫我們。

「好吧！討論結果，就決定由我們自己先拍攝上課情形，然後下次會議時間，大家再一起看吧！散會！」

唉！即使離開會議室，大夥兒的嘴巴仍舊不停的叨唸著：

「真的很麻煩耶！」

「哪來的時間啊？」

「為什麼一定要教室觀察呢？」

話雖如此，為了方便下一次會議的進行，大家不得不排出拍攝教學帶的時間，唉！真是辛苦教學者及支援拍攝的教學夥伴。

二、一目了然

「我想，這個時候你應該可以利用正增強，以吸引學生注意。」

「哇！原來可以這樣教啊！」

「你們班的學生都非常踴躍發言耶！」

「我發現你行間巡視非常頻繁！不錯喔！」

「妳好像會一直說『知不知道』，這個口頭禪應該要改掉喔！」

……

又一次的評鑑會議時間，看完教學帶後，大夥兒都忍不住談論起教學來了，針對影帶裡組員的教學，提出優點及改進的地方。

「喔！原來我會一直注意著左手邊的學生啊！」

「對喔！可以利用聲音及手勢吸引學生注意，我都忘了！」

「天啊！我怎麼一直都請某位小朋友發言呢？」

一方面振筆寫下同儕們的建議，另一方面發現到自己該改進的地方，原來，我在上課時，是這個樣子的啊！要不是拍攝教學帶的關係，我可能永遠都沒機會發現。

「好了，來看下一位吧！」

　　就這樣，這次的會議時間就在觀看教學帶中度過，大夥兒忘了抱怨，反而針對同儕的教學，熱烈的談論著，對於「教學觀察」似乎不再那麼排斥，而且也慢慢的覺得這種方式對於教學好像有一些幫助呢！

參、知道自己將被觀察的心情與準備

一、如臨大敵

　　學校本位教學視導機制啟動後，「教室觀察」從一開始的同儕觀察進入評鑑委員會代表及校長進入教室觀察的階段，一知道學校安排好的觀察時程表是由年資未滿三年的老師開始後，大夥兒不得不開始緊張起來，尤其是那幾位年資未滿三年的老師。

　　「好可怕喔！不知何時會來！」

　　「萬一來的時候，學生表現很不理想，怎麼辦？」

　　「會不會被批到臭頭？」

　　「聽說是觀察前那一節課下課才通知老師的！」

　　「這樣完全不能事先準備呀！」

　　大夥兒人心惶惶的，還沒輪到的老師，急著向已被觀察過的老師們打探消息，雖然已有過教室觀察的經驗，但由於之前是由同領域或同學年的老師觀看教學帶後再給予建議，與現在的方式不同，再加上這回有校長親臨現場，怎叫人不緊張、擔心呢？

　　由於我被觀察的時間是在下個學年度，所以一直置身事外，不太理會這檔子事，畢竟教學上有許多其他的事得忙，哪有心思管還未到的事呢？

二、如牛負重

　　該來的終究還是來了，這次輪到年資未滿五年的老師們，而我，正是其

中之一，從新學年一開始，每一堂課，都特別留意學生的反應，並且試著改進自己教學上的缺失，將自己與學生間的默契建立得更完善，深怕哪一天就突然看見評鑑委員們的到來。

「這次的教室觀察方式與之前的不同，我們會在前一天通知被觀察的老師，還得麻煩老師簡單填一下該節的教學目標。」

還好，這次會在前一天通知，這樣就不用擔心那麼久了，還有時間可以做準備。

「亮菁，妳這次要被觀察的是數學課。」

「為什麼不是國語？國語我比較有把握耶！」

「啊！為什麼偏偏是數學呢？怎麼辦？」

得知自己將被觀察的科目是數學後，整顆心懸宕不已，由於自己是語教系畢業的，所以在語文教學上比較有把握，然而這次要被觀察的是數學課，不由得加倍擔憂。

對於數學的教學，我一直沒有信心，一方面除了自己非數學科系畢業外，另一方面也是因為自己在小學的求學過程中，對於數學好像一直沒遇到什麼解決不了的問題，就因為在學習上沒什麼困難，所以無法預知孩子們在數學學習上會有哪方面的迷思，會在哪個部分遇到學習瓶頸，又或者我該在哪個教學點上多做解釋，哪個數學概念上需多做說明等等，這種種原因，讓我對於數學教學非常沒把握，可偏偏這次被觀察的教學卻是我最苦惱的數學，唉！「是福不是禍，是禍躲不過」，也只能這樣安慰自己了。

雖然如此安慰自己，但也不該坐以待斃，於是為了加強自己的數學教學能力，在遇到比較不知如何引導學生學習的單元時，或是教學時學生反應不如預期時，便會去尋找數學領域老師的幫忙，向他們請教該如何引導學生達到預期的表現；另一方面，在課堂上，更加注意自己的教學流程是否不妥，與學生的互動是否不夠密切，讓學生動手操作的機會是否太少……總之，對

於將被觀察的數學教學，更加重視了！

肆、被觀察時的緊張

戰戰兢兢

「亮菁，上星期五忘了通知妳，今天上午第二節要看妳的數學喔！這份資料麻煩妳先填一下！」

「媽呀！不是會提早通知嗎？怎麼忘了呢？來不及準備啦！」

雖然從學期初便特別注意自己的教學，但這麼突然的通知，仍讓我措手不及，但不管我再怎麼措手不及，該來的還是來了，也只能硬著頭皮去面對。

「來！請各位同學拿出小白板跟白板筆。」

「唸一遍題目。」

……

「題目說什麼呢？」

……

「好，現在請你們把題目的意思畫出來。」

……

「我們看＊＊＊的，請問跟題目的意思一樣嗎？」

「一樣！」

「好，現在請你們用算式解決這個問題。」

在孩子們的解題過程中，下去看他們的解題方式，評鑑委員們就在教室後頭坐著，雖然想假裝不在意他們，但實際上，仍會注意委員們的表情，擔心他們皺眉，因為那表示我的教學有嚴重的缺失。

「好！我們來看看這兩位小朋友的解題方式，請問他們兩個的方法對嗎？為什麼？」

……

「嗯！他們兩個的方式都可以喔！只是一個用加法、一個用乘法。」

「再看另一個題目，請解題。」

……

　　沉浸於教學上，對於委員們不再那麼在意了，畢竟課堂上的主角不是我也不是評鑑委員們，而是正在學習的孩子們，光是注意他們學習上的狀況，以及修正他們的錯誤，就無暇去觀察委員們的表情。

「用乘法還是加法比較快速、簡單？」

「乘法！」

「好，那接下來這題請你們試著用乘法解決。」

「×××，請盡量試著用乘法喔！」

……

「把我們剛剛寫的乘法算式按照順序排成一排，你們發現什麼？」

……

「嗯！乘法算式中，乘數由1～9變大，後面的積數也跟著變大。」

「乘數由1到2，積數有什麼變化？」

……

「嗯！後面的積數多6。」

「那你們看，是不是每一個積數都比前面的多6？」

「那你們猜一猜，6×10會是多少？」

「60！」

「那6×11呢？」

「66！」

「那6×12呢？」

「72！」

「所以乘法萬一忘了也沒關係，只要用加的就可以知道答案了，就算沒背也可以用加法的方式算出答案，只是背起來會讓計算速度變快一點，知道嗎？」

「知道！」

完蛋了，怎麼已經教完今天預計要教的內容呢？時間還剩下很多，之前上乘法不會教這麼快呀！怎麼今天教這麼快呢？要是平時還可以跟小朋友機會教育一下，聊聊他們最近表現好的地方或需要改進的地方，但是，現在有評鑑委員在後面啊！怎麼可以像平時那樣呢？

「現在請你們打開數學課本第＊頁！請完成這裡的題目！」

……

「寫完了嗎？」

「還沒呀！那就繼續寫吧！」

啊！天啊！今天怎麼會教得那麼快呢？接下來該怎麼做呢？怎麼還不打鐘呢？明明已經進入教學情境中，慢慢忽略評鑑委員的，怎麼現在又在意起他們了呢？唉唷！今天怎麼教得比預計的快呢？

「噹噹噹～」

「好，我們這節就先上到這，題目下一次再解答，下課！」

救命的鐘聲終於響起了，滿懷憂愁的看看評鑑委員的表情，呼！還好沒有皺眉，總算可以鬆一口氣了，令人擔憂的教室觀察總算結束了！真開心！唉！這種鬆一口氣的感覺，簡直跟孩子沒兩樣，相信我現在的心情應該跟他們月考前後的心情很像吧！真是辛苦孩子們了！每一學期都得接受兩次這種煎熬！

伍、被觀察後的感覺及心得

一、受惠無窮

「亮菁，中午用餐完請至會議室開檢討會喔！」

抱著忐忑不安的心情往會議室前進，今天的教學速度沒掌握好，不知會不會被責備得體無完膚，唉！

「請妳先說說在教學上有什麼樣的困難及問題。」

「數學部分比較專業，我們學年曾經討論過，有時會不太清楚哪些概念是重要的，或者不知該教到哪種程度，有想過是否該在新單元教學前，請數學領域老師來協助指導教學重點。」

「嗯！那妳上數學時較不順暢的地方在哪裡？」

「就是像我剛剛提到的問題，有時不知該在哪個地方多做解釋及強調。」

「嗯！」

「我們今天觀察的結果，發現妳有幾個地方很不錯，在行間巡視部分做得很好，會注意到每位學生的問題，並針對他們的問題作解釋。」

「另外，遇到被乘數與乘數位置擺錯的狀況，會利用畫圖的方式來讓孩子瞭解題目的意義，很不錯。」

「因為之前上課的時候，發現學生很容易把乘數與被乘數弄混，但只要用畫圖的方式就不會出錯，所以每次解題前都會請他們先把題目的意思畫出來，然後再寫算式。」

「嗯！這個方式很好！」

「不過後來妳請他們用乘法算式記錄計算過程時，妳是說『試著』用乘法算式，所以有些孩子還是用加法去記錄；後來妳還是說『試著』用乘法，這裡可能得要求孩子『一定』要用乘法算式比較好喔！」

「眞的嗎？我沒注意到耶！之前上課時都會要求他們『一定』要用乘法算式，可能是因爲太緊張沒注意到吧！下次會記得！」

「還有沒有什麼建議呢？」

「可以請學生上台講解，讓學生用自己的語言解釋，其他學生會比較容易瞭解。」

「每一個新的乘法都必須一個個慢慢建構。」

「因爲之前有教過2、5、4、8、3的乘法了，6是最後一個，想說他們應該都很熟悉了，所以就沒有幫他們一個個慢慢建構。」

「雖然已經學過其他數的乘法，但新的乘法對孩子來說，還是一個新的知識，所以必須要一個個慢慢建構。」

「嗯！本來怕一步步建構會讓他們覺得無聊，所以就省略一些步驟，原來步驟是不能省略的啊！」

「另外，讓孩子畫圖時，可限定時間完成，避免孩子畫得太複雜。」

「這我之前上課都有計時，今天眞的太緊張了，所以都忘記了。」

「爲什麼會緊張呢？」

「因爲你們坐在後面，怕沒教好，所以一直很緊張。」

「教室觀察的目的就是爲了幫助老師增進教學呀！」

「所以不需要爲了教室觀察多做準備，呈現最自然的樣子就可以了。」

「但是還是會緊張，而且因爲緊張，結果上得太快。」

「呵呵！眞的不需要緊張啦！教室觀察是爲了協助老師在教學上有所成長，並不會因爲這次的教室觀察而對老師不利，而且我們的對話及紀錄是不會公開的，儘管放心！」

「我想太多了，呵呵！」

……

二、豁然開朗

　　原來，委員們從一開始就一直以協助教學的角度而非批判的角度去看待「教室觀察」這件事，在檢討會議結束後，我才恍然大悟。而且，會議中委員們給的建議正是我所需要的，在數學教學上，自己一直閉門造車，有太多盲點我看不到，甚至不知道自己到底哪裡需要改進，這些正需要有人幫我找出來，而委員們就是那些人，他們幫我找出自己的盲點，從協助的角度給我建議，幫助我進步，之所以會造成我的緊張，全是因為我的誤解，誤會他們要來評斷我、挑我的缺點，但，很明顯的，事實並非如此。

　　之前雖然有被觀察的經驗，但因為是同學年或同領域的老師擔任觀察者，所以比較不會擔心，因為大家都是站在第一線的老師，所以能瞭解一些教學現場的偶發事件，而我也能信任他們的出發點，但後來「教室觀察」變得比較正式，觀察者變成跨領域、跨學年的老師甚至是校長，於是乎被評斷的感覺不知不覺就產生了，但那是因為在不信任的狀態下產生的，如果，能在事前清楚瞭解到這一點，我想，我不會那麼緊張的。

陸、結語

　　「學校本位教學視導」真的是一個讓人很害怕的語詞，而其中的「教室觀察」更是令人緊張，不過，那是因為誤解造成的結果；如果，能清楚瞭解視導的目的在於協助教學，反對的聲浪會少吧！而「教室觀察」如果建立在互相信任的環境下，大家會更有意願去觀察或被觀察；畢竟，人都喜歡進步，也喜歡為自己的工作而努力，不是嗎？

作者簡介

陳亮菁，國立花蓮師範學院語文教育學系學士；曾任台南市永華國小實習教師；現任台北縣昌平國小教師。

10

從抗拒者到推行者
——從第一次教學評鑑說起

曾靜悅

壹、推行教學評鑑五年後的一次非正式訪談

在本校推行教學評鑑已進入第五年的現在，因為要寫這篇文章，於是我趁著一次研習的空檔時間，特地問了坐在我周遭在學校服務三年以上的老師們，問題是：「第一次知道要做教學評鑑時，心裡的想法是什麼？」有人謹慎思考後，告訴我一個非常安全周延的答案，也有人直覺反應說出他第一時間的想法，不過大家還是有些顧慮，所以除非本人同意，以下發言以英文代號表示：

問題：「請問當您第一次知道學校要做教學評鑑時，你心裡的想法是什麼？」

A：「剛開始當然很緊張，但之後瞭解只要找二～三位好朋友就比較好了。」

B：「覺得很新鮮。會比平常教學更注意、更慎重。」

C：「那時笨笨的。剛進來覺得可以被觀摩，也可以觀摩別人，還蠻好玩的。」

D：「教學觀摩有人幫忙看，一方面也是配合學校的運作。」

E：「因為當時與一群熱情又認真的同科夥伴，可以一起切磋並且利用各種機會來改進自己的缺點，雖然在呈現時會很緊張又擔心怕自己做不好，但是還是很高興有這種機會可以學習。」

F：「感覺教學評鑑是整個環境、整個潮流趨勢使然，覺得自己必須努力一點，免得沒頭路。」

G：「因為可以互相觀摩，讓別人把自己的缺點告訴我，所以並不排斥。」

H：「剛開始在沒有商量、告知的情況下，有不受尊重的感覺。後來校長有做解釋且不強迫，比較瞭解就比較好。」

I：「會緊張、擔心。其實開始不是很願意，但在崑玉校長開過有關的說明會後，就覺得可以試試看。做了之後發現沒有想像那麼難。」（再問：為什麼會緊張、擔心？）「覺得很可怕，不好的地方會覺得不好意思。好像又再來一次教師甄試，而這次下面坐的是認識的人反而會更緊張。」

就在大家七嘴八舌聊到自己面對第一次做教學評鑑，那種欲拒還迎的心情時，數學老師勇伯突然冒出一句：「基於教師的專業與自信，教師有責任與義務不斷自我成長，提高教學品質並且有機會觀摩其他人的教學。」

他的「高調」一出，立刻遭到眾人一片圍剿，大家又笑又罵。很難想像怎麼會有人回以如此像官方說法的答案。我也認為他只是隨便說說場面話，敷衍我而已。不過勇伯繼續眼神嚴肅的用他的勇式語言，很有男子氣概拍拍胸脯說：「你身為一個老師，難道沒有責任自我要求嗎？」想到勇伯總是鐘聲一響立刻就出現在任課班裡，數年如一日；而且數學課上的板書不需輔助工具總是又整齊又清晰，想想他確實是如此自我要求。所以，還是有老師是舉雙手歡迎教學評鑑的。

幾天後，我又問了另外兩位老師同樣的問題。

J：「麻煩！不過如果真的要做還是得做。」

「無聊、很緊張。幹嘛這麼勞師動眾。」K師的答案果然一如我對她的認識。她繼續說她的想法：「當時學校只有我一個地理老師，（觀摩時）歷史老師只能來看我的上課方式，不同的科目，在教學方面很難給建議。上課方

式又和個人人格特質有關，去學別人的優點有點強人所難。像你的特質就不可能會去學書蘋。我覺得唯一可學的是老師對班級的常規及上課的掌控度。」

找不到同科老師擔任評鑑人員，這的確是國中階段的小型學校在找教學評鑑人員時，會有的困難。或許，對某些老師來說，「開門」並不是件困難的事，特別是對竹圍國中這所還算年輕的學校，在推行教學評鑑之初，年資五年以下的老師居多，且大多都經歷過真槍實彈的教師甄選取得教職，所以並不排斥「被人觀看」教學。然而在被「觀看」後，是否真能得到預期的成長，才是這樣的教學評鑑實施後，是否能夠獲得認同並得以繼續推行下去的關鍵。對本校老師來說，收穫顯然也並不相同。以下是進一步問老師們做完教學評鑑後，他們對教學評鑑的想法：

A：「做了之後覺得教學真的有進步。」

B：「教學評鑑當然有效果，但效果不是非常好，因為大家都很客氣，不會真的一一指出教學上的缺點。而且平常的工作量大，時間上不足以好好對談，也不深入，只能點到為止。參與教學評鑑的收穫在於比平常認真準備。對一個想不斷自我提昇的老師，可注意自己教學上的盲點。但教學評鑑仍可能會流於形式，畢竟原來的教學並不是那樣子。」

H：「教學評鑑有些許幫助。看錄影帶能看出自己的缺失，如口頭禪或因趕進度而忽略少部分的學生並不是很專心。」

J：「評鑑只做那麼一次，聽完別人的建議後，還是繼續會犯那些毛病，而且大家也都沒認真在批評，應該是說，不好意思批評同僚。而且當時社會科老師只有我們二人也不太有經驗，所以也批評不出個所以然來。」

在問完同事對於第一次做教學評鑑的想法後，發現同事們普遍的想法還蠻正面的。或許，抱持姑且一試的開放態度，而不是立刻有預設立場全盤否定學校任何的作為企圖，正是本校能順利持續辦理五年教學評鑑的原因之一吧！聽聽同事們對第一次做教學評鑑想法，想到我五年前的第一次教學評

鑑，這才恍然明白為什麼我當時的百般抗拒及消極抵制卻得不到共鳴的原因了。

貳、我的第一次教學評鑑

我的第一次教學評鑑，是在滿心抗拒、無奈焦慮的狀況下矇混過去的。

91學年，配合九年一貫的上路，各種研習如火如荼密集的接踵而至。校內的老師就像待填塞的北京烤鴨似的，該塞的、不該塞的，一股腦兒拚命的囫圇吞棗。大概就是在這些頻繁密集的研習下，我喪失了警戒心，迷迷糊糊的墜入了校長為所有老師織就的天羅地網。

那一年的寒假研習，地點居然不再是學校那個無趣漏水的會議室，而換到了漁人碼頭旁的淡水一信員工訓練所。更特別的是，這次的研習還擺脫往日教授主講、老師聽課的模式，由大家熟悉的教學組長甘霖為同仁做數學科教學演示，這次的觀摩研習就在新鮮又有趣的氣氛中展開，同仁們都樂意扮演學生的角色。有人上課有問必答，有人裝痴裝傻，有人則毫不專心一直和左右聊天。氣氛儼然就是真實的教學現場。

教學演示後就是現場回饋，甘霖組長優異的表現贏得不少教師同仁的稱讚，不過畢竟大家都是教師同行，還是有人針對教學部分提出了一些待改進之處與建議。此外，當時指導的朱惠芳教授另外安排了幾位實習老師做了語言流動及其他教室觀察。以一些具體的觀察數據，示範一些當時老師們並不熟悉的教室觀察技術。即使是如此，大家也不覺得有什麼不對勁。研習就是研習，參考而已。

然而，就在寒假的那場教學觀摩後，第二學期一開學，教務處即宣布希望大家能比照寒假研習的模式，在本學期，每人舉辦一次的教學觀摩，並依上學期各領域修訂的評鑑表，至少請一位同仁觀摩教學並做評鑑，觀摩可選擇「公開」或「不公開」，但無論公開與否，校長都將儘量參與每一場觀摩，

並給予老師評鑑。不過評鑑之後，評鑑結果是交給受評老師，不需交給教務處。

　　這樣的宣布，對我來說就像晴天霹靂一樣。事實上，從在師大開始，一直到試教、到實習，甚至到日後近十年的教學生涯裡，很神奇的，我居然「閃過了」所有的教學演示或觀摩，也就是說，根本沒有另一位同儕看過我教學，自然的，也不會有人評論我的教學。

　　所以，乍聽到這個要求時，我完全無法接受。我也理所當然的以為其他老師應該也不會接受。那次的宣布，我看看在場的同仁，一副無動於衷、冷眼旁觀的樣子，我猜，大家應該也很不認同這種方式。於是，我不禁期望，或許這只是新官上任三把火，雷聲大雨點小，拖過就算了。也或許，自然會有大砲型老師去砲轟這種「異想天開」又「干涉老師」的不合理要求，那麼，「大樹底下好遮蔭」，只要跟著大家「被動反抗」，那種被人觀看的「噩夢」或許不會成真。

　　我開始以不變應萬變的觀察情勢的變化。首先，我期待中的大砲型老師並沒有出現，沒有人在公開場合反對實施教學評鑑（當然，五年後的今天「解密後」，我才知道老師們那時真正的想法，難怪當時我的僥倖心理沒能得逞）。然後，教務處的行政人員包含實習老師都一馬當先陸續完成教學評鑑。接著，我發現全校大約三十位老師，其中有十位是實習指導老師，所以，只要有實習老師觀看他們的教學，他們就算達成學校的要求了。就這樣，全校將近超過三分之一的人完成此任務了。幾星期後，我打聽到陸續有幾位老師也去教務處登記教學觀摩時間，漸漸的，我很害怕的發現自己即將要變成「少數」沒完成教學觀摩的老師。

　　膽小本分的我，不得不開始思考非做教學觀摩不可的可能性。又隔了幾天，教務主任再度在會議上呼籲請老師儘快完成教學觀摩，如果有特殊困難，「校長願意個別和老師溝通」。我是絕沒有勇氣當面去和校長溝通的，畢

竟「拒絕教學觀摩」，對一個老師來說，實在名不正、言不順，我想不出什麼冠冕堂皇的理由去抗爭。

沒辦法了，一咬牙，我用兩天的時間構思我該選哪一課，可以稍有一些表現，我決定，「長痛不如短痛」，與其再花一個月準備，不如速戰速決。湊巧的是，就在我決定還是就範做教學觀摩時，發現再過兩天校長剛好公假不在學校，選那天，可避開校長的評鑑。於是我火速到教務處登記隔兩天做「不公開」的教學觀摩，至於附加服務拍照、攝影全免了。我也邀了我指導的實習老師當評鑑人員，有生以來，第一次，我讓別人進入我的教室。

直到多年後要將經歷寫出來的現在，我才開始思考，為什麼當時是找建文這位實習老師，卻不是找其他同仁？表面上，是因為我是他的實習指導老師。當時他是教務處硬塞給我的實習老師，只是我根本不想讓別人觀看我教學，只好拜託另外兩位英文老師提供他觀看教學，而自己再做其他指導。所以，讓他當第一位觀看我教學的人，算是對他一點小小的彌補。

但我再深入檢討下去，真正的理由可能在於：當時的我可能覺得，找個實習老師來評鑑我教學，會比正式老師殺傷力小吧。因為從沒有人看過我的教學，對於自己教學的評價，我只能模糊的從自己的判斷、學生上課的反應及成績，捕捉到一些對自己教學的輪廓。因為參與了許多研習，我被動的接受了許多教授、專家對何謂「優異英文教學技巧」的說法，所以我一直覺得自己的教學方式可能過於枯燥。當然就會更怕被其他老師「發現」自己教學的無聊，甚至專業能力的不足。

這讓我想到，如果一個老師心裡對自己的教學表現是心虛的，那麼排斥教學評鑑也就不足為奇了。因為我們會害怕教學評鑑「果真」會發掘出自己教學中的不足或不好。而找實習老師，則是想，或許因為他生嫩的經驗，大概就比較找不出我的缺點。這也算是一種鴕鳥心態吧！

另一方面，在意識到自己免不了要做教學觀摩時，為了讓一個陌生人進

入我教室觀看我一整節上課，我還是做了好幾天的心理建設與調整。當時正好是段考前後要幫學生口試的時期，由於建文是實習老師，所以我刻意請他每天花五至十分鐘在我的英文課上，坐在教室後幫少數學生做口試，我則在教室前做正常進度的教學。每次幾分鐘多了個陌生人坐在教室後，而且他其實是另有任務，並不是在看我教學，但我知道我依然感到緊張不自在，但也藉由這種方式，我一次次逐漸減輕了教室裡多了一個人看教學的焦慮。終於，正式開門迎接訪客的那一天來了。

即使他只是個實習老師，即使我已算準了當天校長不會出現，但為了面子好看，我還是花了一些時間構思了一下教學的流程。為了不顯出我教學的枯燥，我增加了不少學生活動，當日的教學流程大致為：(1)句型練習：用建文製作的道具時鐘練習What time is it? (2)單字練習：搭配圖卡及搶答；(3)小短劇角色扮演，引導學生演出課文及對話內容，以加深學習印象。

做完了，我總算鬆了一口氣，不禁歡呼「出運了！」壓在心頭好幾個月的重擔，一夕之間完全不見了。果然，推卸逃避，是得不到內心平靜的。

建文的回饋，則讓我第一次獲得了另一雙眼睛對我教學的評語。他除了完成教務處要求的評鑑項目外，還很詳實的記錄我那天的教學流程，他肯定我「活動引導合宜、個別練習紮實及教學設計順暢」，另外則對於活動計分及作業有小小的建議。這些建議，可能都是自己習以為常而容易忽略的，因為他的提醒，讓我得以跳出原有窠臼。

最後，在他給我一張滿滿A4版面的書面回饋裡，他寫著他那天評鑑的所見所聞：「……下課後，同學紛紛跑去看靜悅老師遊巴黎的照片，而我在後面寫教學評鑑單，一些學生湊過來時，我問：『英文課好不好玩？』只見他們笑傻了說：『好好玩！』我只想對靜悅老師說：妳真的上得很讚！一點都不無聊！我真的覺得其他老師沒看到、沒有攝影或拍照，好～可～惜！可以考慮下次開放，展現實力！謝謝妳！」

或許該說謝謝的人是我，因為他認真詳實的觀察及誠摯仔細的回饋，讓我有一次豐富美好的評鑑回憶，這也是第一次，我得到了其他同僚對我教學的讚美，意義非凡。

參、從抗拒者到推動者

92學年，我接任了教務主任。很諷刺的是，校長給我的首要任務卻是「持續且擴大學校本位教學評鑑」，而且他期望配合這學年學校爭取到的初級資訊種子學校，全面提昇教師資訊融入教學的能力。他要求老師繼續做教學評鑑，評鑑者增為三人，而且希望教學觀摩時儘量使用資訊融入教學。這一切推動的過程，還要寫成一份行動研究報告。

這個任務對我的挑戰是雙重的。首先，我必須要當教學評鑑的推動者，去帶領老師完成教學評鑑，促進專業成長；其次，我依然還是一個需要接受評鑑的老師，我又必須面對去年那種害怕焦慮的心情。但是，今年我是必須帶頭衝的教務主任，我不能再窩囊的故意選校長不在時，找實習老師當我的評鑑人員。

不多想我心裡對被人看教學的恐懼和擔憂，我只能向前看、往前走。這次多了大困難是要做資訊融入教學，但我只有基本的文書處理能力。那時的我，連校長要求我幫他做個電腦簡報時，都只能瞠目結舌、無能為力。於是，一半出於認命、一半覺得應以身作則，所以我參加了學校的每場資訊研習。包括了每週六的Intel E教師及每週三晚上的研習，慢慢的，我學會了做PowerPoint，我也學會了剪接影片，連使用網路和Word的能力也進步了些。

在推動教學評鑑時，可能自己有去年抗拒的經驗，所以我會更留意老師們私下是否有其他不一樣的想法或情緒，盡量去傾聽、理解。有時候也要適度在老師、校長之間扮演好意見傳達溝通的角色，盡可能先去設想老師可能會遭遇的困難，以便適時提供行政的支援協助。由於校長事先設定的目標明

確，該有的配套措施也都到位，加上本校老師大都是自我要求高且認真投入的老師，所以評鑑前的準備工作都能逐步順利展開。

終於到了下學期的驗收時期，要開始做教學評鑑了，我本能的又勾了「不開放」教學觀摩，教學組長卻馬上吐槽：「教務主任應該要以身作則啊！」我只好硬著頭皮勾了「開放」一場教學觀摩。當時全校每位老師都要做教學觀摩，多數老師會選乖巧配合的班，我也不例外，在任教的兩個班裡選了去年已有配合默契的那一班。沒被選中的那一班，好像也沒什麼老師敢選他們，因為這班多半時候實在太亂、太吵了。可是我發現他們班好像滿心期待有老師選他們班做教學觀摩，於是，我想，反正一場是被看、兩場也是被看，最後，我「開放」了兩個班都做教學觀摩。

我找了那一班最調皮多話的兩個學生來當我教學短片的主角，意外的發現平常上課不是睡覺就是吵鬧的他們，在拍片時，竟格外的認真及求好心切。短短的幾句英文台詞他們必須一再NG才說得好，但他們優異的表演天份彌補了英文說不好的缺點，也讓這部短片在教學觀摩時，獲得學生和觀看教師的一致好評。觀摩之後，那兩位同學上英文課竟然也偶爾有聽課或配合的時候了。

我發現，第一年克服了最困難的心防後，第二年雖然還是不由自主的害怕被人觀看教學，但比起第一年的緊張無奈，第二年及之後每次教學觀摩那種焦慮，已顯得微不足道了。首先，我已踏出第一步，走出處女秀的緊張；其次，我知道在場的那些人，大多都是帶著善意及學習的眼睛，在之後，他們回饋自己的教學時，固然聽到缺點時還是會有些沮喪難堪，但這也是鞭策自己繼續學習的動力，而對於自己優點的肯定，也讓我更清楚自己教學的特色，而不再如以前一樣，閉門造車想像自己的教學，不夠有自信，卻又不知從何改起。

另一個體會是，透過教學評鑑，老師有一種自我鞭策的動力，更認真去

學習一些以往沒有的能力（如資訊融入教學），或改進一個自己可能視而不見、聽而不聞的缺點（如口頭禪、與學生眼神的交會），持續一年年參與教學評鑑，確實能感受到自己有一點一滴的進步。

意外的收穫是，同儕之間彼此觀看教學，真誠的互動討論，讓我們更能敞開心胸分享彼此所知的一切。特別是為了資訊融入教學時，每個人各展絕活，拍了許多豐富有趣的短片及製作不少實用的教學簡報，大家發現集合眾人的智慧其實可節省各自單獨摸索的力氣及時間。所以我們也交流了自己的教學設計，那段時間，因為教學觀摩的壓力，讓我們都有了向上提昇的動力，於是無形中，學生似乎也受益了，因為，他們也發現，教師的教學更生動、更多樣化了。

作者簡介

曾靜悅，國立台灣師範大學教育研究所碩士；曾任南投縣宏仁國中教師、台北縣竹圍國中輔導組長、教務主任；現任台北縣竹圍國中總務主任。

11

從對話中學習，在合作中成長

夏淑琴

壹、在對話中學習

處在一個知識型的社會中，教師是否能快速適應，並隨時創新個人的專業知識內容與調整專業實踐方式，展現終身學習的能力，成為新時代教師應有的專業信念與態度。尤其在面對不斷推陳出新的教育改革措施和理念，實踐過程如果缺乏有效的溝通宣導和對話機制，許多良善的初衷和目標可能會遭致扭曲。過去的校園文化中，專業對話是較少被探討與耕耘的區塊，直至呼應九年一貫課程的實施，以及近年來學習型組織理念的推廣，校園內專業社群與課程組織運作慢慢步入正軌，專業對話的機制開始也受到重視。

長久以來，老師早已習慣由上對下的「線性關係」溝通模式，因而失去在問與答中學到的「學問」。教育的品質應該是在開放式的、創造性的，能引發質疑和思考的途徑中才有提昇的契機，透過不斷地驗證、反思和修正，共同來建立有效的教學知能。教學視導應該是引導教師發揮專業自主權，建構教師知識分享平台的專業對話機制。在專業對話的過程中，透過視導者系統性的引導，營造對話角色上的平衡與相互尊重的關係，才能共用專業智慧的實踐和成長。

基於上述的基本理念，本文擬依據我參與二年的教師專業發展評鑑試辦經驗中，如何與同儕進行有效的合作性對話與反省，分享不同的個人理論與知識脈絡，提出敘述性的經驗論述。為了呈現系統性的結構，另參考其他國內外學者對教學視導模式提出的理論基礎，歸納實務推展的參考依據，除了

彰顯專業對話有助於發展合作的專業文化，同時也期待以尊重、關懷的胸懷，發展團隊合作學習的學校生態。

貳、尊重，讓對話的窗口更寬闊

在93學年度下學期，本校參加北縣教學專業評鑑試辦，由於全校教師對於教學專業評鑑之實質意義和具體做法缺乏深入的瞭解，所以初期的啓程讓大家有茫然而無所適從的感覺。所幸在李美穗校長的引導下，利用教師朝會時間的宣導，以及專業對話的規劃，讓大家有充分的提問和解惑，共同確定具有校本特色的試辦方向。

有了校長的示範與引導，使我們開始習慣用對話來解決教育現場的問題。在對話的過程中，如何表達自己的想法，同時也能尊重他人的反應，這種尊重的態度和互信的傾聽，其實都需要透過持續性的長久練習來達成。

要發揮教學視導的效能，必須在植基於一個安全無慮的觀察現場與對話情境中。視導者（觀察者）與輔導者（被觀察）之間的對話討論是一種「異中求同」的尊重，而不是被要求「複製」結果，如果只是一味想傳授而不願傾聽，另一方便會被動地受到壓迫來接受，心中的不安和疑慮便因應而生。

回想起學校試辦初期，教學觀察是採用當天早上告知被觀察者的方式，在觀察的進行以及事後的討論對話中，即使觀察者已充分地表現出高度的善意和誠意，但總瀰漫著難以釋懷的疑慮和顧忌。在執行一學期之後，有感於老師對「臨時告知」的畏懼而無法發揮教學觀察實質成效，經由評鑑小組成員共同修正教學觀察模式，以觀察前的溝通會談，觀察時的初擬計畫以及觀察後的自主性對話討論，來提昇每位參與者做中學的成長。在執行層面更人性化的考量，可以營造更多有利的共用條件。

參、循序鋪陳、漸進導入

一、教學觀察前

　　過去國內所從事的教學觀察，常因缺乏充分的溝通基礎下而演變成兩種類型：沒有重點的教學觀察，以及太多重點的教學觀察（陳佩正譯，2002）。如果事先缺乏觀察重點的溝通，由被觀察者自己決定教學內容，觀察者當天可能會霧裡看花，無法聚焦觀察重點；但是如果只由觀察者獨斷地依據觀察表格進行記錄，可能得將教學事件做片段式地切割區隔，極易陷入偏頗的詮釋。因此，在觀察前，透過溝通會談，建立觀察重點的共識，將可發揮教學觀察的實質功效。

　　本校在教學觀察前的會談，主要著重在瞭解被觀察者之教學輔導需求，以決定教學觀察重點和教學內容。如果會談一開始就要被觀察者先歸納出自己在教學上有哪些無法突破的瓶頸，似乎又挑起一場心防戰。反之，如果由觀察者先闡述教學觀察的目的，並分享自己被觀察的經驗或是觀察後的獲得，讓被觀察者認同你的立場之後，話匣子才能順勢打開。

　　在幾次的會談中，我發現，如果教學觀察前的會談流程和目的能先讓被觀察者瞭解，鼓勵他們主動表達自己對教學觀察進行的想法和質疑，而觀察者先傾聽再講解，許多的疑慮可以在柔性的挑戰中得以澄清。發問的時候多，講解的時候少；輔導的時候多，教導的時候少，互謀其利，最終大家都是受惠者。

　　「國語課的生字教學，是在課文內容深究時遇到生字順便教，還是要將所有生字一起先教？」

　　「教學觀察和教學觀摩一樣嗎？上學期我已經做過教學觀摩，這學期爲什

麼又要做教學觀察？」

「以一節課的教學觀察來決定我的教學效能，是否有失其客觀性？」

問題問對了，答案自然就出來了。其實，每一個被觀察者提出的問題都應珍視其背後所潛藏的意涵。今天他勇於表達就代表他已認同教學觀察的功效是在解決問題，而不是製造問題。雖然每個問題並沒有一套令人信服的標準答案，但至少建立起一個有意義的對話議題，一個可以外顯內化信念的著力點。

二、教學觀察時

在專業對話過程中，一個系統性的探索議題以及思維縝密的導入是重要的關鍵，即使只是觀察前的前置作業也要牢繫後續的環節。在瞭解被觀察者對教學觀察的期待與關注需求，教學重點與觀察工具依此需求做適當的調整。採擇適用的觀察工具，有助於詮釋教學事件，以觀察者和被觀察者共同確定的觀察工具細目進行，將有助於後續觀察後的對話討論。

本校近半年來，開始針對教學技能，擬定適用的教學觀察工具（如表11-1）。甚至更進一步融入「微型教學」概念，簡化觀察流程，強調以被觀察者需求為導向的教學技能進行重點觀察（如表11-2）。這些觀察工具的擬定可以做為對話的主題架構，不僅能迅速找到問題癥結，也可以結合相關的理論基礎提供輔導與改善處方。這樣的發展趨勢結合了領域小組的運作，逐步地建構各領域有效教與學的策略。

表11-1 台北縣昌平國小教學觀察表

層面	指標與檢核重點	教師表現事實摘要敘述	結果			
			優良	滿意	待改進	未呈現
1. 課程設計與教學	1-1 編選適切的教材 □1-1-1 正確清楚呈現教材。 □1-1-2 由淺入深、具邏輯性呈現教材。 □1-1-3 完整呈現教學內容。 □1-1-4 依學生需要提供必要補充教材。		□	□	□	□
	1-2 有效運用教學資源，善用教學媒體進行教學 □1-2-1 應用校內外可用的教學資源。 □1-2-2 善用各項教學資源進行教學活動。 □1-2-3 依據教學目標選用適切的教學媒體，提昇學生的學習表現。 □1-2-4 瞭解可用的教學媒體及正確的使用知能。		□	□	□	□
	1-3 活用多元的教學方法 □1-3-1 依據學習領域特徵及學生特質，選用適切的教學方法。 □1-3-2 善用多元教學方法與學習策略達成教學目標。 □1-3-3 適時歸納教學重點。		□	□	□	□
	1-4 熟練有效的教學技巧 □1-4-1 有效掌握學生的學習動機。 □1-4-2 音量足夠、發音咬字清楚、清晰生動。 □1-4-3 善於使用問答技巧，鼓勵學生積極參與學習（如提問、候答、傾聽、澄清、提示、轉問、深究、回應、兼顧不同層次問題、兼顧高低成就學生的反應）。 □1-4-4 適當運用肢體語言與教室走動。		□	□	□	□
	1-5 規劃實施適切的學習評量 □1-5-1 適時進行形成性評量，瞭解學生學習狀況。 □1-5-2 依學生評量結果，適時調整教學。		□	□	□	□

2.班級經營與輔導	2-1 營造有利於學習的情境 □2-1-1 營造溫暖支持及肯定的學習氣氛。 □2-1-2 結合教學目標，布置適宜的教學環境。	□	□	□	□
	2-2 建立有助於學習的班級常規 □2-2-1 訂定及執行有效的班級管理規則。 □2-2-2 掌握班級偶發事件處理流程，及進行有效處理。				
	2-3 積極落實學生輔導 □2-3-1 善用輔導技巧處理學生不當行為。 □2-3-2 善用團體輔導，處理學生問題。				

表11-2　台北縣昌平國小體育教師回饋觀察表

次數		1	2	3	4	5	類目解釋
回饋形式	聽覺						教師以口語提供回饋。
	視覺						教師以動作示範提供回饋。
	觸覺						教師以肢體協助提供回饋。
	聽＋視						教師以口語說明和動作示範提供回饋。
	聽＋觸						教師以口語說明和肢體協助提供回饋。
	聽＋視＋觸						教師以口語說明、肢體協助和動作示範提供回饋。
回饋目的	描述						提供回饋是為了描述學生動作表現。例如：你的腳步沒移動。
	處方						提供回饋是為了提供學生正確的動作，糾正其錯誤。例如：手腕要控制好。
	評估						提供回饋是為了評估學生動作的優劣。例如：打得不錯。
	情意						提供回饋是為了增強學生學習態度或動機。例如：加油！
回饋特性	一般性						提供的回饋與動作要素表現無關。例如：眼睛注意看。
	特殊性						提供的回饋與動作要素表現有關，包含速度、力量、空間的因素。例如：腳往後退；眼睛注意看。

　　在教學觀察現場中，必須區隔教學事件的描述（descriptions）和詮釋（interpretations）。描述是對教學過程中真實發生的記錄，詮釋則是由那些事件推論出來的意義（陳佩正譯，2002）。在觀察過程中，盡可能在觀察工具的勾選記號之外，能輔以記錄一些有關現場教學事件的客觀文字描述，來佐證自己對觀察後的詮釋。

　　「甲師在講述課本內容時，大多數時間都站在第一排面中間位置，眼光集中在前半段同學（描述），你忽略了後半段同學的師生互動（詮釋）。」

　　「當乙師每次提問時，候答的時間不到三秒鐘（描述），沒有考慮到低年級學生思考時間的需求（詮釋）。」

　　當觀察者與被觀察者對教學事件詮釋相左時，觀察者不要把自己套入「教授」的角色，高談闊論地強迫被觀察接受自己的見解。如果可以深入淺出地引導被觀察者發現自己不容易覺知的盲點，或是輔以教學觀察實況錄影驗證，更易轉化理論的支持。「比起別人口中的知識，人們更相信自己所發現的知識」，對話時要應用鷹架理論，逐步引導被觀察者發現其實踐的智慧。

三、教學觀察後

　　在進行教學觀察後，一場理論與實踐的專業發展正啟航，如果方向錯誤可能會前功盡棄，但若能主題明確，目標一致，即使是立論不同的擦槍走火，仍可激盪衝擊後的成長。

　　教學觀察後所提供的有效回饋，可以幫助一個人確定自己當行的方向，並達到更理想的目標。有效的回饋必須重點明確，不要泛談，用中性描述的方式取代武斷的語氣，來說明自己對所見行為的感受，讓被觀察者自己決定要不要採納你的意見，才不會引起自我防衛的反應，這樣的形式就如同Handal與Lauvas（1987）所提出的「教師教學諮商」（counselling）。

　　Handal與Lauvas認為，教師應藉由他人諮商的過程，進行免於權力干擾的對話（power free dialogue）、質疑、批判反省，以及獲得真誠的支持，使教師有機會對個人理論與專業行為的適當性，產生更明晰而完整的理解。這樣的諮商途徑必須提供一個感覺安全而開放的情境，由諮商者（觀察者）透過教室觀察以及參與教學的方法，對教師的專業行為與個人理論提出積極的質疑，且諮詢者（被觀察者）必須為教學行為做辯護，並說明行為背後的個人理論依據。此種諮詢者與被諮詢者間相互質疑的過程，協助教師進行專業實踐理論的反省。

　　觀察者：「我發現你在安排學生練習時，都是採用一次一個學生試做，其他學生在後面排隊等待的方式。如果從有效的體育教學觀點來說（導入相關理論基礎），學生整節課動作參與的時間多寡是重要的因素，我發現十分鐘的練習中，每個學生只練習一次，而且他們也無法看到其他同學的練習結果，你的練習安排是否有考慮到這些相關要素？」

　　被觀察者：「其實這一點我當初也有考慮到，不過因為體操的地板動作有些危險性較高，加上班上有幾位學生比較好動，為了確保每一位學生練習的安全性（陳述自己的實踐考量依據），我還是決定一個一個試做練習，我可以瞭解他們的動作能力，以修正下一個教學重點。不過您剛才提出讓其他學生在一旁觀摩而不是排隊的方法，確實是我平時容易忽略的教學技巧。」

肆、在合作中成長

　　Nonaka與Takeuchi從組織發展的觀點，說明如何將個人的隱性知識與外界的顯性知識互動，以及如何將隱性知識轉換為組織及共享式的過程，這種知識轉換包括共同化（socialization）、外化（externalization）、內化（internalization），以及結合（combination）（楊子江、王美音譯，1995）。其中的共同

化就是希望透過彼此間的經驗分享、講故事或是學徒式的觀察、體會與模仿等，創造內隱性的知識；外化則是透過對話或合作反省的方法，或是應用隱喻、類比、假設及模式等形式，將內隱知識具體化為外顯知識。教學觀察的目的無外乎透過觀察的進行、對話，形塑教師組織間知識共享以及專業合作成長的文化。這種集體性的開放性溝通與對話，促成教師不斷地重塑與更新自己的專業智慧，之後再邁入另一個循環的知識層級。

在參與教師專業發展評鑑試辦的兩年中，對於校長全程參與每一次每一位教師的教學觀察、事後討論會議以及輔導計畫，我深感佩服，終究不是每位校長都有這樣的時間精力以及領導知能。其實剛開始，難免會因為觀念不清，或是目標不明確，造成未對話前就先對立的。身為學校的教學領導者要有氣度，展現互信對等的溝通民主；被領導者也要有主動積極的胸懷，接受外在的訊息資源，站在同一陣線，彼此合作成長。「如果我沒辦法學，我就沒辦法教。」～這應該是每一位教育工作者應有的反思（陳佩正譯，2002）。

作者簡介
夏淑琴，國立台灣師範大學體育學系碩士；曾任台北市永樂國小教師、私立康寧護專講師；現任台北縣昌平國小教師。

參考文獻

陳佩正（譯）（2002）。C. D. Glickman著。**教學視導——做老師最佳的學習拍檔**（Leadership for learning: How to help teachers succeed）。台北市：遠流。

楊子江、王美音譯（1995）。I. Nonaka & H. Takeuchi著。**創新求勝——智價企業論**（The knowledge-creating company）。台北市：遠流。

Handal, G., & Lauvas, P. (1987). *Promoting reflective teaching: Supervision in action.* London: Open University Press.

12

擔任輔導老師的心路歷程

蕭淑惠

壹、晴天霹靂的消息

一、該如何拒絕呢？

「什麼？？帶實習生？主任，不行啊！別開玩笑了，在昌隆論年資、論資歷還輪不到我這菜鳥呀！」

「昌隆人才濟濟，主任您還是另覓其他的優秀老師好了。」

「可是我們幾番考量之後還是覺得妳可以勝任這份工作。」

「希望蕭老師妳能考慮一下，好嗎？」

在不知如何拒絕下，勉強的答應主任接下這一年的挑戰性工作。接下來的每一天、每一分，甚至每一秒，心裡都在忐忑不安中度過，輾轉難眠了好幾天，實在很後悔沒有一嘴流利的口才拒絕主任這挑戰性的工作……。

二、既選之則愛之

我真的可以嗎？我沒嘗試過耶！萬一做不好那不就對不起大家了嗎？詢問過家人的意見後，家人依舊給我一個「我們尊重妳的想法」。唉！這對我而言等於是沒答案嘛！

過了幾天，我決定換個角度思考這件事對自己的意義。

「對！就是這樣了，雖然我教書的年資在這團體中不算資深，但從踏入教職以來，每一天我都以就就業業的態度去準備教學工作，努力經營班級和深

入做到親師互動。」

　　或許就是這樣的努力受到上級長官的肯定與信任，才敢交付我這份工作。既然如此，我就好好去做吧！把自己這幾年累積的經驗交給未來的教師吧！身邊的朋友也不斷催眠我帶實習生的好處有很多，例如：「多一個人幫你分攤工作妳就輕鬆多啦！如改作業呀！」好吧！這樣聽來，帶實習生好像也不錯嘛！

三、準備工作

　　調整好自己的心情後，決定以一種歡喜的心去面對接下來的日子，並開始列出自己能給的、該給的教學資源有哪些。回想起七年前短暫的實習一個月，之後考上代理教師以代課抵實習的方式，看書自我摸索如何學習當一個好老師的過程真的很辛苦，因為完全沒經驗，買了堆積如山的參考書籍，照書上寫的做，學校工作多到做不完，幾乎天天帶回家做，沒超過半夜一、二點是不可能上床睡，到學期末終於受到家長和校長、主任的肯定。這個辛苦的歷程只有自己最清楚。

　　有鑑於此，希望自己的實習生不要重蹈我的覆轍，因此利用空閒之餘整理這幾年自己的教學檔案，打電話問一些實習過的朋友或接過實習生的朋友和同事，並上網搜尋一些實習生在實習過程中的需求，希望綜合大家的意見做好一位稱職的輔導老師。

　　綜合實習生的需求：

　　1. 學習有關班級經營。

　　2. 學習如何和家長應對進退。

　　3. 學習處理學生的突發狀況。

　　4. 學習教學情境布置。

貳、相見歡

一、迎接新朋友

　　開學第一天懷著既期待又害怕的心情到校等待這位素未謀面的實習生，打聽之下，聽說她是一位非常積極的女孩子。嗯！聽起來不錯喔！這點和我很像。開完了教師晨會，一位戴著眼鏡、衣著樸素的長髮女孩走到我身邊並有禮貌的問著：「請問您是蕭老師嗎？」我立即收起平時在同事間的稚氣，為了表現自己的成熟老練，馬上正經八百的回答：「喔！是的。妳就是……」簡短自我介紹後，帶著她邊走邊聊回教室，並告訴她班上的一些趣事和帶領六年級孩子的一些要訣。

　　到了教室，舉辦一個簡單的相見歡，讓小朋友對這一位大姐姐有稍微的瞭解。孩子對未來的一年我們將多了一位老師感到好奇，對為什麼要加上「實習」兩個字格外有興趣，因此東南西北的問了一節課。

　　放學後留下佳佳（化名），向她介紹昌隆的環境和生態後，把自己手上的教學資源一一搬出來看看有什麼東西可以給她用，也順便和她聊一聊自己想學些什麼。

　　「喔！這樣喔！以考試為主，那我知道了。」

　　原來佳佳進入昌隆之前，已經聽說不少學長姐因為花太多時間和精力在實習工作上而沒時間讀書，因此實習完後沒考上正式老師。因此她希望能將主要要學的東西集中在上學期學一學，包括教學觀摩。下學期就專心準備考試，至於考試的方向不侷限於教師甄試，包括：研究所考試和教育類科的高普考試都希望去嘗試。

　　在瞭解她因為僧多粥少的市場需求下，選擇以筆試為今年的實習主要目標後，還是提醒她基本的班級經營功夫一定要學。

二、被盯著看的世界

接下來的幾個星期裡，每天都過著被盯的日子，被盯的日子讓我感到十分不自在，沒想到已有七年資歷的我竟然上課會緊張到說錯話。每天為了怕佳佳覺得自己教得不夠好，拚命的準備教案和教材，深怕給的不夠。幾個星期下來弄得人仰馬翻，心裡承受著極大的壓力。一天回家的路上，邊走邊問自己：「你到底在做什麼呀！為什麼每天都把自己弄成這樣呢？何必演戲或作秀呢！我應該以最真實的一面呈現出來呀！人家還要跟著你一年呢！」

三、自然就是美

經過一晚的思緒整理，決定以最真實的方式表現自己，讓她清楚的看到實際上的教學生活和班級的經營。尤其在和高年級的孩子互動上必須要有技巧和經驗，萬萬不得來硬的，恩威並施是我一貫的做法。面對家庭失溫的孩子又有一套相處模式也是要靠經驗去判斷，否則容易傷到孩子的自尊。自然的將班級經營方式交給她，讓她深入瞭解真實的班級狀況才是她需要學習的。

參、衝突與學習

一、教室的衝突與無所適從

開學後的幾個星期，全班為了教室布置開始全體總動員，全班選了一位學藝股長帶領幾個學生做教室情境規劃。可是……不久後班上開始瀰漫著一股詭異的氣氛，有些孩子以一些藉口和理由不去上科任課；孩子之間出現一些排擠與衝突；有些孩子排擠實習老師……敏感的我立即嗅出其中的不對勁，決定私底下問個究竟。「天啊！怎麼會這樣呢？實習老師在科任課留你

們下來做教室布置。學藝股長被實習老師換掉！怎麼會呢……」聽到此心裡直覺慘了！慘了！一定得趕緊處理，不然情況還會更嚴重。

趁著小朋友上科任課時間趕緊和佳佳聊一聊，並讓她瞭解，科任課留學生下來是剝奪孩子的受教權；私下撤換學藝股長這件事情並未處理妥當，讓孩子有非常不舒服的感受，並教導她六年級孩子一定是要和他們交心、當朋友，而不是扮演上對下的關係。最後告訴她畢竟我是這個班級的導師，希望她做決定前要尊重我，很多事情若不清楚就要請教後再處理。

班上的氣氛依舊凝重了一陣子，陸陸續續有孩子抱怨班上多了一位老師讓他們覺得無所適從，他們發現兩個老師的標準不一不知該如何是好。這是我未料到的事情。

二、溝通與協調

開學已經快兩個月了，接了實習生之後，還沒享受到多一位助手的好處，還得處理接踵而至的學生和家長的抱怨，教書這麼多年也從未接過這麼多的抱怨，心情真是跌到谷底。好多話其實也和佳佳說過了，為什麼還會一而再、再而三的錯呢？這是因為六年級生和七年級生的代溝嗎？困擾之餘，請教同事、朋友後，決定找時間和佳佳委婉的再談一談她所扮演的角色和這陣子發生的事情，這次我決定把話慢慢說清楚，希望她能瞭解我的感受和事態的嚴重性。

三、彼此的學習和成長

一直是當班級中的王，「老師最大」，有哪個學生回家不是說：「我們老師說……」「我們老師說的才對。」幾次的溝通中也讓我反省，習慣被當偶像崇拜後，是不是忽略了去接納別人的想法和意見？於是決定多花一些時間和佳佳聊聊，舉凡生活中瑣碎的事情、教學上的瓶頸、人際關係的處理、學生

的危機處理都可以聊。我則希望藉著輕鬆的閒聊方式，更瞭解這位七年級生的想法，而她有時也會分享回校座談時或參加的不錯研習活動。至此，我才開始享受多一位助手的好處。

肆、教學觀摩

一、全體總動員

12月27日是佳佳的教學觀摩，兩個星期前，就開始看她忙進忙出。她是一位自我要求高的女孩，仔細的布置教室的每一個角落，對於我們提出的幫忙要求，她都回絕我們。她希望能夠按照自己的模式弄，因此他花了絕大部分的時間準備情境布置。

至於兩個星期後就要上場的教學觀摩，佳佳還是有點拿捏不定到底要上哪一課，這可急壞了我這位輔導老師。原來是她覺得我給她的那幾課建議都不錯，只是還沒決定好可以用什麼方式呈現。瞭解她的問題後，我告訴她，台上者說得再怎麼精采，都不如和學生之間的互動是否良好，以及學生這節是否學到東西來得重要。因此，建議她既然要上布袋戲，若可以和藝術與人文統整完成戲偶，並於國語課撥一點時間做戲劇演出，相信學生這節會上得很有意義。

於是請教了美勞老師能否在兩星期內做出戲偶和舞台的可行性後，全體開始總動員，大家分工合作先從全班的戲偶中挑出幾個具有特色的戲偶，再由話劇組編稿設計故事情節，最後挑選幾個音量大敢秀的學生當幕後配音，並由我帶領幾位美勞不錯的學生製作舞台，讓佳佳安心的準備教案。

二、迎戰了

12月27日，全體師生都以謹慎的態度迎接這天，一些孩子的日記簿裡描

述著：明天會有教授、校長、主任來看我們上課，我實在很緊張，我睡不著覺。天哪！沒想到連學生也這麼緊張。我告訴孩子：「你們放輕鬆表現和平常一樣就好，老師在後面負責攝影，為你們留下紀念。」果然，這群孩子如臨大敵般戒慎恐懼，讓我感覺：你們怎麼變得這麼乖了？學年的老師則稱讚：「你們班好乖喲！」可是對我這班導而言，你們平時已經夠聽話了，今天又更……喔！My God！我還真不習慣呢！

三、事後的省思

教學觀摩結束後，我告訴這群孩子：「你們表現得好棒！好棒！老師好……喜歡、喜歡你們喔！」這是我最常跟他們說的話。孩子們很在乎他們剛才的布袋戲演得怎麼樣？他們確實演得非常棒！非常自然！這讓他們愛上了布袋戲，問我可不可以再演一次給台語老師看？大家都盡力了，你們每個都好棒喔！

伍、自我省思

一、回首……

回想起七年前自己放棄實習，而選擇以代課抵實習的方式自我摸索的過程，一路上跌跌撞撞、謹言慎行，深怕因為經驗不足，班級經營不好而誤人子弟，這自我學習的歷程雖是辛苦萬分，但卻為我奠下扎實的基礎。教師甄試一年比一年難考，目前仍有許多流浪教師無法進入校園任教的情況下，讓這些剛畢業的莘莘學子備感壓力。他們得一面實習一面準備考試，相信心裡的壓力並非旁人所能瞭解。我常在想如果今天換作是我當實習生，在這麼競爭的市場需求下，魚與熊掌該如何兼得呢？

二、自我警惕

　　對於我們這些已踏入教職的現職教師們，在少子化的衝擊和教師分級制的即將實施下，我們應該時時警惕自己，隨時保持一顆赤子之心並自我進修，切勿成為萬年教師，為教育生態注入永流的活泉。

作者簡介

蕭淑惠，國立屏東師範大學師資班畢業、私立輔仁大學兒童與家庭學系碩士班；現任台北縣昌隆國小教師。

教學視導被觀察者的成長經驗
——乘著創意的翅膀

張家寧

壹、迎向挑戰

　　初出校園，我是位充滿教學熱忱、期望學生快樂學習與成長的初任教師。實習結束後，來到了純樸的泰山鄉，展開我的教學生涯。

　　在教學的第一年，參加了「教學視導」。我所教授的科目為健康教育，教學觀摩那節課的課程名稱為「體型」，希望學生經過這個單元的學習後，擁有正向的體態自我意象，認識體重的組成，也能編製簡易的瘦身操。

　　教學觀摩前，我跟學生預告一個月之後，會有其他老師跟他們一起上課，叮嚀學生要乖乖的，而學生似乎開玩笑著說我選錯班級，但吵吵鬧鬧中仍答應我教學觀摩時一定會乖，讓我還真有點不放心呢！但我覺得要在教室管理上，給自己一個挑戰，所以還是選擇了這班。我也在課前好幾次陪班上的五個小助教練習教學觀摩時需要用到的舞步，學生願意配合、付出時間辛苦的練習，讓我很感動！

　　教學觀摩的日子一天天靠近了，我抱著興奮又擔心的矛盾心情，迎接那天的到來！

貳、挑戰開始囉

　　令人意想不到的事情發生了……在教學觀摩那節課，原本活潑、好動的學生全都安靜地坐在位置上，課程中我請幾位學生在黑板上分別畫出男女性容易囤積脂肪的部位，而他們個個小心翼翼地每畫一筆就看我一眼，並小小

聲的問我：「老師，這樣對嗎？」我微笑地示意，告訴他們：「你們畫的很正確，放心，OK的啦！」接著我將這部分的內容做了小結。

到了分組討論瘦身動作時，我說明完編舞原則，並請各組小助教開始帶領組員學習五個動作，在分組討論的過程中，我卻發現那些小助教異常地害羞……，只做出了小小的動作，於是我到各組去確定他們的情形，信翔問我說：「老師，我不太會跳舞，一定要跳嗎？」我趕緊回答說：「不用像專業那樣啦，只要做五個動作就好了，你們討論出動作後就重複練習，把動作練熟，待會發表的時候，動作做大一點就可以了！」學生們聽完後回答：「是喔！」並點點頭，繼續練習。此時我心中不安的感覺油然而生，心想，萬一學生怯場怎麼辦？

到了成果發表時，我先請比較有默契的組開始呈現，然而當這組學生在台前時，幾乎都不敢做動作，只有小助教自己稍微做了幾個動作，我鼓勵他們，又再給他們一次機會，這次的確有動起來了。接著第二組發表，我認為第二組的小助教個性活潑大方，所以預期他較能常態表現，但是沒想到在音樂播放時，他卻蹲在講桌下，靦腆地對我笑一笑，偷偷地跟我說：「老師我會害羞啦！」後來第二次表演時，在我及全班同學百般地鼓勵下，雖然他選擇站在靠近角落處表演，不過動作做得很漂亮，也很流暢。接著第三組表現還不錯。

活動進行到這裡時，我決定把最後兩組順延到下次再發表。於是我做了這堂課的總結，這時下課鐘聲也響起，在我跟同學說：「今天我們上課到這裡結束，謝謝大家」時，班上同學不約而同地起立鼓掌且熱烈地歡呼！但此時我的心情很複雜，總覺得今天的教學沒有達到預期的結果，也不曉得學生的學習感受如何……。

這時候小老師前來收教具，一群天真活潑的同學們熱絡地上前跟我說：「老師喔，又要分開一個禮拜了啦！」我立即調整了心情，回應他們說：「對

啊！下禮拜再見面囉！」

　　班上號稱「三姊妹」的姊妹淘們也來圍著我，問我班上今天表現得好不好，我說：「妳們今天真的特別乖喔！」她們聽了很開心的回答說：「啊！謝謝誇獎！沒什麼啦，這是一定要的啦！」我對她們笑了笑，心想，為什麼學生們好像都沒感覺今天的活動進行得不順利，難道是我太敏感了嗎？

　　這時，細心的庭嘉跑過來抱著我說：「老師我們對不起妳，老師不要生氣、不要難過……。」庭嘉似乎一語道破了我的心情，不過我並沒有生孩子們的氣，而是氣自己沒有把活動帶好，於是我跟她說：「沒有關係，你們有學到東西最重要。」最後她幫忙拿道具並陪我走回辦公室，一路上還是一直安慰著我，真是個貼心的小女孩啊！

參、開會囉

　　在還未正式開始會議前，我聽到幾位老師在談論著：「好久沒上健教課囉！以前我們那個年代只有國一才有咧，而且又要考試！現在的學生上健教課感覺都很快樂呢！」我回應說：「對啊！現在的學生上健教課不會有壓力，不過，我有另一種壓力，呵呵！因為這一科沒有升學的壓力後，老師的教學方式要從傳統講解知識內容的講述教學，轉化成生活化、趣味化的動態教學，才能吸引學生專心參與課程，有時也是很累呀！常常都在想新點子，但是我也喜歡活潑的教學，這樣上起課來心情也比較Happy！」

　　Betty老師說：「對阿！像妳上課用圖片跟字卡來吸引學生的注意力，教具很精美，圖片也非常可愛呢！所以妳還要花時間額外找適合的圖片來用在教學上啊！真是辛苦，第一年教書都很辛苦。那我就開始分享我今天觀摩的想法啦！我覺得妳台風還蠻穩健的，妳今天準備很多道具，在需要用時從容不迫地呈現。而妳幾乎記得每個學生的名字，不管走動教學到哪個位置都可以叫出妳想要叫的學生名字，這代表妳很用心。

　　但有些小建議，比方說妳說話時，『然後』這樣的連接詞有點多，應該用不同的語詞替換。還有流行歌曲舞蹈部分，因為學生會害羞，也準備得不是非常充分，雖然妳課前有指導他們練習基本動作，再讓他們發揮創意，妳也沒有要求他們要跳得很有水準，但是他們可能自己期待自己要很厲害才敢表演！所以這個活動改成下堂課來驗收，會比較有舒緩。」「喔！這個提議不錯耶！我以後可以試試看。」

　　Peter老師說：「妳今天有設計一個活動，讓學生畫男生跟女生哪個部位的脂肪比較多，妳很好的是，在畫的時候就會詢問他們這是哪個部位，有適時做引導。要注意的是，譬如妳用圓形教具輔助說明講細胞變化方式，這個設計很好，但因為我是在教室後面看，會覺得想建議妳可以先畫一個範圍出來，多餘的細胞假使變胖後就會超出那個範圍，這樣解說學生會更有概念。

　　另外妳要叫學生起來做活動，起來跳舞，他不跟著做的話，我覺得妳可以在旁邊幫忙喊一些口令，例如喊『1、2、3、4』、『2、2、3、4』，學生也許會比較有慾望想要跟著做！而妳教這些瘦身動作，可以自己稍微做示範，先總結這些動作，或是請妳的小助教上來示範，這樣收尾效果會更好。」

　　Helen老師說：「妳面對學生時非常親切自然，聲音讓人聽起來感覺很舒服。我覺得妳有個很大的特點，就是在敘述一些價值觀時，用的語句、語詞很適切，讓人感同身受，這是妳在觀念引導部分非常好的地方。像妳講說：『減肥有的人花很多錢，但效果呢？』然後妳還會再繼續講下去，這就是我辦不到的地方，所以我蠻欣賞妳這一點。

　　另外整節課下來，妳在全班鼓掌的次數蠻多的，很多時候妳都有運用到或是同學們自己就會鼓掌，代表妳跟這個班的互動很好。至於安排瘦身操活動，其實妳這個活動點子蠻不錯的，一般老師不太知道怎麼樣去把這個單元活化，但妳今天這樣設計，蠻創新的，這個部分值得肯定。不過活動進行上，學生剛上台表演時，有些同學可能在比較後面或是他可能在等著別人帶

頭，我是建議這個時候先不要放音樂，讓學生把他們設計的幾個動作先做過，也跟學生確認說：『我這個動作是要瘦哪一個部位？』想清楚後再放音樂跳，在呈現上會比較清楚。」

Jane老師說：「妳的口齒清晰，音量適中，但在教學設計上，場地的安排很重要，今天分組活動的場地太受限，若有桌椅在，空間有限不方便活動，我們就乾脆後半節課到戶外，或者如果不影響到隔壁班上課，也可以安排兩組到走廊上編舞，這樣學生間的討論會比較容易進行。

另外，這次分組活動雖然安排了小老師，可是小老師沒有發揮太大的效果，我想原因是，這個年紀的孩子，不太願意在全班面前表現肢體動作！但最後我還是要肯定妳是一位非常有教學熱忱的老師，敢於創新、嘗試，在教學生涯的前幾年挑戰自己也挑戰學生。在課程中安排學生活動，符合九年一貫的精神，讓學生有動態性的學習，妳帶給我們另一種教學成就感，發揮創意讓學生樂在其中，學生真的是在學習，而不是在接受老師灌輸知識，這是蠻好的理念。」

肆、乘著創意的翅膀

聽完同事們的觀摩感想與建議，我收穫滿滿，雖然教學過程中有美中不足、令人遺憾的地方，但我也由這次觀摩中認識到孩子的特質，瞭解到即使學生平常那樣敢秀個性的另外一面，其實也是會害羞的！我想今後若再安排分組活動，除了增加學生參與的動機與適時引導表現外，不管學生的表現是否與自己預期的有落差，都需要更多地鼓勵他們，流露肯定、稱讚的語氣，這部分的臨場反應是我需要多加強磨練的。

一、沒有失敗，只要在其中學到經驗，就是成功！

經過一段時間的心情調適，仔細想想，覺得其實學生每一次的表現，反

而能成為我很好的教學指導，讓我在理想與現實中做平衡！我也非常感謝教育夥伴們，給我這麼多回饋，使我的教學設計更具執行力，也有動力繼續在教學路上往前邁進。

二、視野更廣闊，寫下精彩人生

還是生手教師的我，知道需要更多充實自己，累積教育前輩的經驗。於是我做了以下幾方面的規劃，來增進自己的教學效能。

（一）專業進修成長

我到國立台北教育大學短期進修「健康促進與休閒專長增能學分班」，充實專業上的知能，並在進修時間重新思考每個單元的教法，透過書籍、相關網站，以及教育夥伴來獲得更多教學靈感及吸取經驗，並在兼顧學生的身心發展為前提下，設計活潑、生活化、有創意的課程！

（二）雙向溝通的班級經營

為讓學生專注學習與得知自己在教學時是否眼神有掃描到每一位學生，除了運用攝影機外，我請學生配合記錄一堂課下來，我與他們眼神交會的次數，從回收的表格中，我可以知道自己習慣性忽略學生的角度在哪一區，也能知道學生是否專心上課。例如：我確定有注意到某位學生許多次，但是那位學生卻在看其他地方，而我與他的眼神沒有交會是因為我的忽略，還是他本身沒有在注視我；若是前者，是我要注意的，若是後者，則需要去探討是經常性還是偶發性的不專心；不專心的原因是老師教學沒有吸引力，或是因為其他事造成情緒困擾而無法學習！這個方法幫助我更瞭解學生的學習狀況，也跟學生建立更密切的關係！我也在每個單元結束後發給學生回饋問卷，由此得知學生的學習效果，並定期與幾位學生交換意見，雙向溝通，得

知學生的學習感受，做爲修正自己教學盲點的參考！

（三）教學方式的多元化

　　日後我試著把所見所聞與自己教學內容連結，例如：腰圍廣告可以與健康飲食的單元結合，另外我也著手將每個單元知識性的部分，編製成口訣幫助學生記憶，我自創了一套「每日飲食指南」之各類食物建議攝取份數的記憶法，學生學了之後，覺得的確很好記住。還有一次我看電視節目「超級大富翁」時，突然有個點子，就是將節目的設計理念運用在總複習的活動安排中，希望藉此更貼近學生的生活，學生可以選擇當參賽者，答題過程同樣有三種求救方法可用，或是當call in觀眾，答對題目後同樣可以參加「機會」或「命運」加倍獎勵，學生爲得到榮譽，在遊戲前個個都認眞複習，整體表現積極！

　　事後學生告訴我，以前都只能看著電視節目中的來賓玩遊戲，現在自己能親身來體驗玩遊戲的樂趣，而且也有學到東西，他們覺得若是每一科課程都能有一兩節像這樣的活動設計，那學習會變得更快樂，上學也會是一件令人期待的事！

　　我也從與學生的對話交流中，收到很多訊息，這即是教學相長！我也教導學生將課程內容錄製成廣播劇，播放給全校師生聽，與更多人分享健康訊息，從編劇至錄製的過程中當然免不了會面對許多難題，但我將克服問題的過程，視爲訓練自己的機會，在這過程中與學生一同學習成長！

（四）運用教學視導模式

　　半年後，我針對先前教學觀摩的課程加以改良，並商請Annie老師及Steven老師來觀摩教學並做回饋與指導。這次我克服了場地問題，將學生帶到戶外做分組活動！沒有桌椅的阻礙，學生們更自由、更活潑的展現肢體動作了！

教學結束後，Annie老師及Steven老師與我分享觀摩後的感想，Annie老師說：「家寧老師表現蠻不錯的喔，跟學生互動時，嘗試用他們的語言或是用他們的方式去貼近他們的生活，語言用詞的表達上很自然。不過在戶外上課時的秩序管理，較難掌控，所以要即時提醒學生專注於活動進行，來提昇學生的學習效果！

至於課程部分，一般老師在講課時，知識性內容很多，但如果都強調知識性，沒有帶情意的部分，對學生來講會覺得，那只是一個死板板的東西，但今天在上課時感覺內容很生活化、很真實。

妳講課的特色是用一些例子或生活經驗，來建立一個正確的價值觀或是澄清一個錯誤的觀念，學生就會去想自己過去的想法是不是健康而正確的，雖然也有提到專有名詞等知識性的部分，但整體感覺那部分是用來輔助自己穩固價值觀用的，學生會因為懂愈多知識而愈肯定了自己的價值觀，自然而然就有想去記住知識的動機！」

Steven老師說：「妳會引導學生認同能擁有正確的觀念是一件了不起的事，若又能不受別人不同的價值觀影響而動搖原本的觀點，甚至能反過來幫助別人，更是一種偉大的行為呢！這對於在國中階段容易受同儕影響的學生而言，也可以幫助他們建立自信心喔！」

（五）擴大教學空間

除了以上單元的教學場地往教室外移，我也嘗試將知識性比例較重、學習容易有枯燥乏味感的課程，轉換為雙向式的教學，例如：設計對抗遊戲或闖關比賽等活動，提高學生學習意願。我將其中一個單元課程，與其他兩位教師做討論，並以資訊融入教學，一起參加「台北縣中小學教師教學創意方案比賽」，在與教育夥伴討論的過程中，我發現行政的配合也能讓教學更有效果，所以教師與行政人員的良好溝通與善用校園中的教學資源，也是有力教

學的要素！這點是我在準備參賽的過程中，所得出的重要心得。

　　教學需要不斷的成長、突破與累積經驗，並常與其他教育夥伴共同討論、經驗交流與分享，使自己進步！

　　自從走出教室上課後，我發現教學更能吸引學生，學生喜歡在一節又一節的靜態教學中來個動態教學，雖然要準備大型教具輔助教學，但教室外教學有它的優點與吸引力，儘管同時也要面臨學生很興奮而有秩序管理方面的挑戰……，但我告訴自己不要怕，加油吧！

　　這一次我又有新點子了，我想要嘗試在課堂中舉行小型辯論會，事前需要與學生有一些討論與蒐集資料等準備工作。不知這個構想在執行過程中，會遇到什麼難題呢？但至少這又是個能繼續讓我成長的機會了！

伍、永不熄滅的夢想

　　這是一個嶄新的階段，教學方式的變化，不僅沖淡我的教學倦怠感，也使師生間彼此腦力激盪出更有創意的點子，正是「創造力帶出創造力」的寫照！

　　不論現在所在的位置（起跑點）為何，都可以繼續向前邁進！在這專業發展的過程中，我經歷了酸甜苦辣，但相信這是每位老師教學成長必經的過程。我也期許自己在未來能更上層樓，繼續帶著熱忱與勇氣，實踐「創意中有專業，專業中有創意」的教育理念，每天帶著快樂與感恩的心情，來增加孩子的幸福！這是我想與所有的教育夥伴分享我在「教學視導」上的收穫與喜悅！

作者簡介

張家寧，私立輔仁大學公共衛生學系畢業；曾任台北縣泰山國中健教科代理教師；現任台北縣泰山國中健教科兼任教師、台北市興福國中健教科兼任教師、台北市稻江商職健康與護理科兼任教師。

14

魔鏡

吳昌期、陳宛宜

魔鏡，魔鏡，請你告訴我，是不是認真的女人最美麗？

魔鏡，魔鏡，也請你告訴我，怎樣當一個最美麗的女人？

壹、前言：教育專業的辨證與實踐

教學究竟是一門藝術抑或是科學？或者說，教育是否為專業？這句話點出了長久以來對於教育做為一門科學或領域的爭議；身為教育工作者一定相信教育絕對是一門專業，但對於專業人員應有的行為表徵與倫理規範，則是目前社會對於教育人員的期待，教育人員不可能一方面高舉專業的大纛，一方面又不接受專業的檢視，而依然沉溺於自以為是的專業成長之中。

教育專業發展是經營教育品質的必要之道，在探討發展活動做法的大前提，首先要確認教學的專業性，也就是說教師不但要具備無可取代的執行工作的特殊知識與能力，而且要遵守專業倫理，還要參與自我規範的專業組織；另外還須透過各種方式持續不斷的學習與成長，方能善盡教導學生的職責（陳伯璋，2004：99）。

教育專業的論點已無需過多強調，重點是它必須是一項實踐的舉動，實踐的方法誠如陳伯璋教授所言，除了具備無可取代的特殊知識與能力，還要遵守專業倫理，參加專業組織與透過各種不同方式持續不斷的學習與成長，試問多少第一線的老師已達成，或者是盡力去達成上述的要求呢？

回到本文主題，教學視導不過是眾多專業成長與學習方式之一，但不可否認的是，與教師教學的品質息息相關，且有直接的關聯。吳清山（2004）

便指出：教師經過適切評鑑之後，一則可以瞭解其教學績效，提供肯定與獎賞；二則可以瞭解教學缺失做為改進的參考。但問題是，如何化解老師的抗拒，真正達到藉由教學視導達成專業成長的目的？本文即以此做為出發，藉由被觀察者與觀察者的交互敘說，為上述疑惑找到解答，也許可以提供各校做為推展類似活動的參考。

貳、被觀察者的經驗

一、當我還是菜鳥

我們都曾經年輕，年輕不是原罪，專業成長不該是年輕教師的專利。

想起三年前，在北市國小服務時，教務主任說：「請問你想參加教學輔導方案嗎？這可以提昇教師的專業能力喔！」當時，礙於是代課老師，當然是點頭如搗蒜，在還不知道這是什麼時，已經莫名其妙參與了張德銳教授所推動的教學輔導方案，後來才發現，當時服務的小學，很多老師其實都已經接受過初階的訓練；但是願意參與的老師，不是像我這種尷尬的代課老師，就是透過人情壓力的老師們，參與的人數實在少之又少，絕大部分是因為，不想讓人來看自己的教學，和額外的書面資料壓力。也許是因為實習時，大量教學觀摩，養成厚臉皮的性格，對於教學觀察這一塊，我稍微比較不在意，請留意，我使用的是「稍微」，也就是打從心裡，我也覺得這是一個奇怪的制度。

在國民小學之中，普遍存在一個現象，不論是教學視導或是教學觀摩，永遠會出現一種聲音，誰是「該」教學評鑑或是擔任教學演示的對象？

應該由年輕教師，因為他們缺乏教學經驗，需要磨練。

應該是由資深教師來擔任，因為他們教學經驗豐富。

這兩種說法都有道理，但一向缺乏一種聲音：

每位教師都應該被評鑑或是被觀摩，因為每一位教師都需要專業成長！

這個問題直接涉及教師工作權的保障，因為保障好像說教師不成長也沒有關係，如果學校一定要做教學觀摩或教學評鑑，那就由「菜鳥」、「代課老師」開始吧！在這種辦法底下，「新人」、「代課老師」只好乖乖地摸著鼻子「認了」，但他們可能忘記，當有一天當新人變老人、菜鳥變老鳥，他們會認為這樣的制度是習以為常，屆時就不會聽到他們說這是奇怪的制度。有一次，我參加一個研討會，有一位教師夥伴表示：「*教師專業成長是各憑良心！*」

如果教師專業成長是各憑良心，那是否每位孩子上學前都要到廟裡燒香拜拜，還要擲筊，祈求遇到好老師；有些家長有能力會想辦法選擇心目中的好老師，那沒有能力的家長，是否只能憑運氣決定孩子受教的品質呢？

二、換了學校還是評鑑

經過一年，來到台北縣，想不到服務的學校，又是教師評鑑試辦學校，經過校務會議通過，全校皆參加。第一年的試辦，校長大人在教師晨會說：「*學校會組成評鑑團體，到各班進行教學觀察。*」而這評鑑的團體就是——校長和家長會代表兩人；各位看倌，你絕對沒有看錯，是兩位家長會代表。想起校長和我約的那一天，「*宛宜，你哪天比較有空？*」校長親自來教室約時間，誠意十足啊！可是看看課表，實在不曉得該給校長觀察哪一門課，國語課我戲稱為「聊天課」，透過師生的言語互動，提昇孩子的語文能力，本來想邀請校長來看生字教學，因為，我認為自己浪費太多時間在生字教學，不知道這是否正確，想請高手來告訴我如何提昇有效率又有效能的教學；但是生字教學幾乎為寶貝學生所上，加上校長希望看老師教學，所以，只好作罷，

轉而請校長來看數學課。

評鑑小組成員的適切性與專業性是悠關教師是否願意接受評鑑的重要關鍵，本校在初次試辦時曾引進家長參與教學評鑑，雖然評價不一，特別是家長能否進入教室觀察的這個點上，引起日後的許多討論[1]。姑且撇開家長是否適宜進入教室的討論，還是要先就評鑑人員的「專業性」來做出發。

我國在教師評鑑人員或所謂教學視導者的專業資格並不多，美國紐約州的做法十分值得我們借鏡。在紐約州，教師評鑑或教學視導者是由校長及副校長（相當於我國的主任）擔任，學校規模較小者（五百人以下），由校長擔任評鑑觀察者，大型學校則由校長與副校長共同擔任，他們的校長與副校長在受訓期間就必須修畢相關教育評鑑的訓練課程；因此，取得校長、副校長資格就取得評鑑者的資格，不必另外受訓，這是非常值得我們參考的（羅漢中，2006：15）。

國內一直在這一部分有相當大的爭議，誰來評鑑一直無法令人信服，事實上校長及主任是非常適當的人選，尤其校長負有教學領導之職，校長及主任進入教室原本就屬合理；但從另一個層面來看，在紐約州副校長是專任，也就是沒有課務的問題，因此隨時都可以進入教室進行觀察，而我國的主任身分上仍屬教師，仍有課務需要處理，理想的做法應該減少主任的課務，並且在主任及校長儲訓的課程，加入教學視導的訓練，讓校長及主任取得專業資格來進行這項工作。

說真的，雖然經過教師甄試的洗鍊，但是校長要來看教學，還是十分緊張，事先當然會想準備，但是自己做教具，沒有這多餘的時間，頂多是把廠商的教具先拿出來準備好，將教材預習的比較仔細，再把教室擺放的比較整齊，這樣看來好像額外的準備並不多，和教學現場上十分雷同。但是，真正準備的不是外在的環境與設備，而是內在心理的準備，想起在北市的第一場

---

[1] 本校家長參與教學評鑑者的工作，已在第二年試辦時取消，但仍保留家長參與評鑑小組的工作。

教學觀察，前一晚還睡得不太好，這次在北縣，雖然沒有睡不好，但是心裡還是有頗大的壓力存在，加上有兩位家長代表一同前來，這次的壓力可不亞於北市。雖然說，教室不應該是老師一個人的國度，但是敞開大門歡迎家長代表進行教學觀察，真是讓我匪夷所思，如果說當時的校園是風聲鶴唳，絕不誇張，大家私底下都會去詢問已經進行過的老師，校長和家長說了什麼啊！曾經有老師說：「自己就像在照X光機，雖然穿著衣服但卻感覺赤裸裸地攤在大家面前。」更有人說：「東挑西揀，感覺好像被檢視，好的不多說一點，盡說些缺點，好像這堂課被批評的一無是處。」可見，負面的聲音勝於正面的聲音，這叫小女子我，不緊張都不行囉！雖然沒有當過兵，但此刻可以體會，數饅頭過日子，期盼教學觀察快快結束的那天。

　　當然，整個教學視導希望看到愈真實的事情愈好，當然就一位老師的立場，必定會加以準備，甚至「表演」。過去，教學觀摩之所以被批評，就是與教學者刻意的準備有關，讓教學觀摩與真正教學的現況有所落差，看不到真相或者流於形式的應付，就失去意義。問題是，今天是誰造成這種流於表演型態的教學觀摩？是「教學者」抑或是「觀察者」？恐怕教學者才是原兇，如果這原兇必須歸責於老師，而老師又批評教學觀摩流於形式，這恐怕非常矛盾。問題是如何讓老師卸下心防，呈現真正的教學現況？

三、醜媳婦終要見公婆，魔鏡揭開了真相

　　正所謂「百聞不如一見」，終於到了那天；已經是五年級的孩童，後頭有人來「參觀」，上課反應都和平常不太相同，變得比較不敢發言，也比較沒反應。說到我呢！剛開始比較緊張，把「線對稱」的「線」漏寫了兩撇，接著上起課來，視線就只停留在前半部，並不是不敢和後頭的評鑑團眼光有所交會，而是兩個家長在後頭，交頭接耳的談論著，讓我著實不舒服，彷彿正在對我打分數，不僅不尊重教學者，也讓教室裡的孩子受到影響。正所謂「如

人飲水，冷暖自知」，此刻的我，忽然也覺得像是躺在手術台上待宰的羔羊。還好，還有一個教學的專業者——校長坐在後頭，至少他是專心的聽我上課，並在課後，和我進行專業的談話分享。從中，校長不僅讓我看評鑑表單，更讓我發現到自己教學時的盲點，多了一雙眼睛果真有差。從評鑑表上，雖然家長們是肯定我的教學，但是上課中，有人在後頭對我「品頭論足」，真的是不太舒服。

　　經過這第一次的洗禮，我認為教學評鑑的團體，必須要讓教學者覺得他是專業的。像這次，我就認為校長是教學的專業，而家長並不是，所以不太能接受家長進班觀察；而且，班上的孩子和老師的互動，會因為有其他人的進入，而有所改變。因此，我認為無法光靠一堂課的觀察，就能對老師真正有所幫助；反觀，在台北市時，在進行教學觀察前，輔導老師必須和夥伴老師取得信任（我為夥伴老師，資深老師為輔導老師），因此，我們的排課，在週四的下午皆為空堂，這個時間我們可以先進行對話和分享，讓夥伴老師先相信自己的輔導老師能協助自己成長，因此，當輔導老師隨班觀察時，會比較容易敞開心房。

　　教學視導的本身並不是整個評鑑方案中的關鍵，最重要的是事後的反思及回饋的專業對談，透過討論，彼此可以針對教學上的疑惑進行討論甚至辯論，然後進行深度的會談。討論是不同觀點的呈現與辯護，同時能對整個情境提供有利的分析。而深度會談則是將不同的觀點呈現後，據以發現新的觀點。在討論中需要做決定，而在深度會談中則是探討複雜的議題。當一個團隊必須達成共識並且做決定時，此時必須以討論來達成此目的。在此基礎之上討論是權衡不同的觀點並從中做出合適的選擇。討論乃凝聚不同觀點以產生結論或是導致行動。而深度會談的重點並不在於尋求共識，而是強調不同意見的表達，以豐富複雜的議題。深度會談與討論兩者均能引導行動的方向，然而討論的焦點往往是行動，而新的行動則是深度會談所產生的副產品。

參、被觀察者的省思

一、一水之差的悲歌

　　本校位在台北縣市交界，一水之隔仰望北市，同樣的國民教育卻有不同的待遇，這曲彈奏已久的悲歌，要等到哪一天才有改變的可能呢？

　　北縣導師每週二十三節課，北市導師每週十七節課，加入教學輔導制度還可以再減課一節；因此，排課時間還可以因此而錯開，輔導老師才有時間去看夥伴老師的教學，並且有多餘的時間進行專業的對話。我知道北市和北縣編制本就不同，福利當然不可相比。但是，產出的結果或是效果，卻希望相同，這不是「又要馬兒好，又要馬兒不吃草」嗎？

　　反觀本校，我們不僅有校長或主任來視導，更有同儕視導，但往往我們找不出時間來看對方教學，常常學年的空堂時間是相同（學年只有兩班），無法進行教學觀察，如果真的要進行視導，那就是看對方的科任課。但別忘了，在二十三節課的壓力下，大家可是得犧牲自己改作業的時間，更別談看完後的對話，週三進修時間都被學校排滿，沒有多大自由的空間。所以，就得利用下班後的時間，對於沒有家庭的老師，當然執行起來比較容易；但是，對於有家庭又有孩子的老師，下班後職業父母的工作接踵而來，這如何真正落實教學視導的用意。雖然我們是老師，社會期許我們要有高道德良知，但是在現場的困境和沒有任何福利下，大家還不是填表了事，唉！並不是老師沒良知，只是大家尚未正視教學評鑑的優點。

　　「平平十六歲，體格怎麼差那麼多？」這絕對是不公平的，台北縣民永遠是二等國民，可是教育主管當局從來不正視的這個問題，自然許多老師「良禽擇木而棲」，不論我們如何大聲疾呼，宛如消失的空谷跫音，永遠等不到回應。就以教學視導為例，台北縣的學校課務比台北市多，還要辦相同的活

動，卻是困難得多，老師的反應沒有共堂（因為老師都是用授課上限在排課），最後只好犧牲行政，由行政同仁加排一節課，校長加排兩節課來解決，反觀對岸（台北市）的學校，卻不必如此犧牲，除了感嘆二等公民的無奈，別無他法。

二、魔鏡照不出假面下的真實

此外，填表時會我們還要考慮到要說真話還是假話，說太多對方的缺點，會害怕破壞同事的感情，因此，表上優點的註記往往是多於改進的建議，但是我們真正需要的卻是改進的建議。當然，當你在看對方教學時，至少有一樣是真實的學習，那就是「見賢思齊，見不賢而內自省」。但是這就無法幫助對方成長，無法有雙贏的學習。

在教育團體中，有一股稱之為「平凡規範」的文化，一切只要平凡即可，凡事不必強求，正如在一般常見的教學觀摩研討會上，多數的老師所提的意見也是場面話，不會真正觸及意見的核心：「這一次老師給我面子，下次我也不要為難別人。」久而久之，就形成了一種虛偽不講真話的習慣，這一種對話是永遠不會進步的。

我常在回想，在實習的時候，五個實習老師進行教學演示後，總會懇切地提出自己的想法，無論是優點或是缺點方面，大家都不吝嗇的回饋。因為，大家互相信任，教不好是天經地義，只有不斷的修正自己的教學，才能提昇教學的效能，而這修正的方式，就是靠大家熱切的回饋，我不會因為對方的回饋是不好而有所生氣，反而會感謝，因為有你們，我提早發現自己教學的盲點與錯誤。但是，現在當自己是正式教師，對象不同時，我卻沒有那股勇氣，必須考慮校園的倫理與文化，畢竟，要天天見面與合作，自己又是菜鳥，似乎沒必要、也沒立場來提醒別人，我想大家不願意說出心裡的想法，最大的癥結就是沒有信賴和希望自己和對方成長感的建立，這就像你與

好朋友的相處一樣，當你看見對方的缺點時，你會希望他有所修正，而對方也願意自我改進時，你就願意並長久提出自己的忠告，如此，必不會破壞這段友誼，反而會讓兩人愈來愈好，這也就能達到孔子所說：「友直，友諒，友多聞」的境界；而現在，我們欠缺的就是如此，唯有讓教師從心裡相信這是一項能幫助自己和對方的制度時，而不會增加過多的負擔時，才能發揮教學視導的功能。

教學視導要進步，夥伴之間形成一種「信任」的關係，彼此不會因會說真話而傷了彼此的感情，台灣的教育什麼時候可以走到這一步，就代表我國教育重生的契機到了，否則流於形式，永遠也達不到專業成長的目的。

肆、擦亮魔鏡，檢視真我

不管是美麗的白雪公主，還是可惡的巫婆，魔鏡依然真實地呈現。

教學視導是教師專業成長的一面鏡子，古有明訓：「以銅為鏡可以正衣冠，以史為鏡可以知興替」，人要有照鏡子的勇氣，才有進步的機會。教師專業評鑑或是教學視導要能成功，必須有讓人擦亮鏡子的勇氣，當然，評鑑者的專業認證、行政制度的配合與信任的關係三者缺一不可，但更重要的是，老師必須願意，將教學視導視為專業成長的有效方法，心態上願意開放，否則再多技術層面的配合都是枉然，也就是大家必須勇敢地擦亮魔鏡，檢視真我，這才是方案成功的所在。

作者簡介

吳昌期，國立台北教育大學教育政策與管理研究所博士；曾任國小教師、組長、主任、校長、台北縣教育局輔導員；現任台北縣白雲國小校長。

陳宛宜，台北市立師範學院初等教育學系畢業；曾任台北市成德國小教師、台北縣白雲國小教師；現任台北縣新埔國小教師。

參考文獻

吳清山（2004）。提昇教師素質之探究。**教育研究月刊，127**，5-17。

陳伯璋（2004）。追求生命意義的教師專業發展。**教育研究月刊，126**，99-105。

羅漢中（2006）。美國紐約州教師專業發展評鑑制度。**教育部2006教師專業發展評鑑國際學術研討會手冊**（頁15-23）。

營造1＋1＞2的教學效能

張文斌、陳湘媛

93學年度，瑞柑國小在林校長的示意下，試辦同儕視導制度。在那一年，學校編制的九位教師就有六位是新進老師，而新進教師除了陳主任有十幾年的豐富教學經驗外，其他不是公費生，就是剛考上教師甄選的老師；而留在瑞柑比較有年資的就屬張主任，其他二位老師的教學年資則分別爲一年和三年。

全校每一個老師都要做同儕視導，連兩位資深主任、2688（教育部補充小學教師人力資源專案名稱）教師都得下海一起進行同儕視導。雖然有老師提出：「爲什麼要有一個人來看我的教學，那會讓我感到渾身不自在！」但是，大家似乎找不出什麼正當理由可以拒絕不去做同儕視導這一件事。

壹、幹嘛，要來打分數的喔！

長久以來，我已習慣當一個孤島課堂裡的國王，獨自一個人面對一群孩子，發號司令、傳授知識，平常只要適當的與同事保持良好情誼，善盡本分教導學生，是不會有太多的問題。因爲在學校行政或同儕教師間，不會有白目的人會故意來挑釁你的王國。這樣的空間，實在太安全了。

我很喜歡這種樣態，一切都在我的掌握中，我不喜歡別人進入我孤島式的課堂，挑戰我的王國。這種抗拒有著領土被他人入侵的主權宣示，也隱含著教學以來內心深深的疑惑：「你真的懂我的教學及想法嗎？」

當時內心很排斥，只是校長意志貫徹，教務行政也開始啓動執行了，知道非做不可，好吧！就陪瑞柑玩玩吧！

貳、不能太漏氣！

「教書教這麼久！我的教學怎麼可以輸給那些年輕人！輸人不輸陣，我自己的教學可不能太漏氣！」這是教書多年來不服輸的個性表露。

「我已經在瑞柑待這麼久了！什麼樣的教師專業成長方式我沒做過，有什麼好怕的！」話雖然如此，但我真的是沒有同儕視導的經驗，要做同儕視導，心裡還是有些怕怕的，不過為了讓大家能有立即性的教學回饋及提昇大家在家長心目中具有專業的形象，我們只好開始進行同儕視導。

參、準備好了沒有？

我是新到瑞柑的人，林校長曾說：「要瞭解瑞柑的文化，不要移植原校的經驗做法到這裡。」所以，我與瑞柑保持著一種觀察中的距離，不想貿然出招。但是對於同儕視導的夥伴，我希望觀察我教學的人是我相信的人，是瞭解我的人，是真的懂我的教學及想法的人，是能和我進行生命深度對話的同事，更是我可以真心相待的朋友。

＊　＊　＊　＊　＊　＊

「我到底要找什麼人當我的夥伴呢？」這實在蠻傷腦筋。學校的新任老師都太年輕，而且都是今年才進來，如果找他們當我的教學觀察員，不知道他們會不會害怕主任我，而不敢與我進行良好的教學互動與教學討論？於是我就轉向擔任總務的陳主任發出邀請的訊息，因為我們二個人的教學年資最相近，而且同樣是行政人員，那種互動的默契與信任感最為貼近。

於是，我邀請了陳主任，希望我們二人能成為同儕視導的夥伴，沒想到她一口就答應了！這著實讓我高興萬分，因為我覺得在邀請老師擔任教學視

導的夥伴，就像是在邀請女朋友進行第一次約會一樣，既期待又怕受傷害。

* * * * * *

由於張主任先邀請我成為一組同儕視導夥伴，我答應了。這解除了我需要做選擇的困境，因為我對瑞柑真陌生，資訊不夠多，對人的認識僅知道名字，有人先邀請，就解除了我會被拒絕的擔心。

肆、多了一雙眼睛的教室

在進行同儕視導之前，我會事先提早幾分鐘進教室觀察，看我是要坐在哪裡才不會影響教學者，而我也會提早確認我想要什麼？觀察什麼？並記錄什麼樣的東西和內容。因為，我如果是教學者，我也會希望觀察者提供我一些有用的資料。

於是我內心盤算對張主任進行同儕視導時，採用在研究所課堂所學到有關「質性研究」中教室陳設圖、教師流動圖及觀察者評論等的方式進行記錄，以避免流於形式及泛泛統觀陳述之濫調。

* * * * * *

為了不讓我的教學漏氣，所以我在這星期的教學，特地把我之前所寫的教學計畫拿來看，並檢視學生目前的學習成果，看看除了目前的進度以外，我還可以教什麼東西給陳主任看？

在目前的教學進度，能做的實驗就只剩太陽的高度角和方位角測量的實驗。為確保每一學生都會測量，我特別花一些時間讓學生先在教室練習測量，最後再到中庭去觀測太陽。透過這樣的程序，學生都學會測量太陽高度

角和方位角的方法，對於陳主任在下一節課要進到我的教室進行同儕視導，我就不再那麼害怕了！

也因為學生都有觀測太陽的成功經驗，所以，雖然教室多了一位客人，我仍按照我既定的流程讓學生發表他們上一節課觀測太陽的結果，並讓他們討論觀察紀錄的結果是否合理。因此，上課時的師生對話還算OK，我自己也滿意我在那一節課的表現，尤其是聽到「噹！噹！噹！」的鐘聲，更是讓我心裡的一塊石頭放了下來！因為，終於解脫了！

伍、眾聲喧嘩中的看見

進行完同儕視導，緊接著就是要進行觀察紀錄的整理。同儕視導最精彩的部分不是在教室中觀察，而是同儕視導後的討論（作者對話）。

在進行討論前，觀察者是需要時間整理他的觀察紀錄，所以我們的討論是在教學視導後的一星期，利用週三下午的教師進修來進行討論的。當我們看到每一個人的紀錄時，大家不免發出會心的微笑，因為十二場次的同儕視導紀錄，每個人的記錄方式竟然都不一樣。

＊ ＊ ＊ ＊ ＊ ＊

當我看到陳主任對我的教學所寫的觀察紀錄，我真的嚇一跳！因為，陳主任竟然用電腦軟體把我上課走動的路線圖給畫出來，這實在太厲害了！因為我給她的紀錄只有純文字，並沒有美美的圖。為什麼陳主任會畫出這樣的圖，原來是她在研究所上課中，有修過同儕視導這一門課，所以她知道哪裡有工具可以幫我們呈現我們所觀察到的紀錄。

不過在仔細看了我的紀錄以後，我發現陳主任的第一次觀察，似乎只注意到我的移動路線，至於對於我當時上課到底是解釋什麼重點給學生知道，

從紀錄中似乎看不出來。不過，從陳主任的紀錄仍然可以發現，有兩位同學在那互相動來動去，而我似乎沒有發現，更不要說有去制止，以致於有些同學反受到他們的影響而不認真上課。對於這麼重要的一點，我似乎在上課的當下都沒有發現，原來我的教學還是有那小小的盲點發生。

＊＊＊＊＊＊

　　瑞柑的老師都很喜歡討論，因為透過發表和討論可能瞭解到每個人的不同觀點。雖然我們每個人的紀錄都不同，但我們透過每一個人的不同記錄方式，瞭解大家對同儕視導的不同觀點與記錄方法，最重要的是還可以利用討論時調侃彼此的優缺點，因為我們的教學信任感已經建立。

　　看到大家在討論的熱情，也看見內心愧疚的我。我居然用敷衍的態度進行觀察，知道有專業形式的支撐，記錄出來的東西，是可以交差的，只是「教育生命」在哪裡？於是，我在第二次的教學視導中，我改變了我觀察者的心態，問自己是否要呈現教學現場的真實？或一味的媚俗？

　　我應該是一位有反省能力的實務工作者，可以更深入課堂觀察，記錄教室言行、教學進行過程、重要事件、身體語言等現象，以提供教學者另一個看見及比照的省思，於是我竭盡所學做了第二次同儕視導紀錄。

陸、如實習新生般重生

　　經過同儕視導後的討論，因為夥伴們的討論熱情，熔化了我先前那個「就陪瑞柑玩玩吧！」的消極態度，也點燃了我內心那盞教學改革希望之火，好似在教改衝撞的黑暗路上，彷彿看見有光的一條可能可行之路吧！

　　於是，我以更細微的、更真確的以觀察者身分，記錄第二堂同儕視導的觀察，在「分享」和「相互學習」的夥伴關係基調下，我小心使用記錄的語

言，注意自己的觀察態度是否寬厚、開闊與包容，盡量避免落入過度的評論，並期許這些紀錄對教學者真實有用。於是，我做了第二次的課堂觀察紀錄，並嘗試進行第一次與第二次的觀察紀錄比較。並將課堂教學觀察做更有結構的記錄分析，好似一首歌，起承轉合、陰陽頓挫；並如合音般給予教學者另一個聲音，讓教學者與觀察者奏出多音交響和諧的課堂協奏曲。

以下是我第二次觀察的部分紀錄：

（師）星期一的實驗很辛苦，知道這個實驗在做什麼的舉手。

教學者一問完，學生們七嘴八舌直接回答。

（師）我是說知道的舉手。（老師糾正學生）

小智（化名）仍然沒舉手直接說答案。

（師）我說知道的舉手！小智第二次警告，再一次，我會告訴你媽媽。

（小智）知道啦！

（師）那天上課挺辛苦的，知道做什麼實驗的舉手。

（生）做沙子溫度實驗。

學生發言的次序如下：男8、男9、男1、男8（補充）、男12。

學生發表比較完整的看法後，教學者為星期一實驗做了歸納式的總結。

＜觀察者評論＞

教學者強調知道的舉手，應該是想藉此過程讓學生自己澄清對星期一實驗的理解。而學生是否真的因此而沉澱，瞭解那天的實驗在做什麼，其實後來學生陸續的發言，從單一句話到描述情境的過程中，重建星期一實驗的情景。學習的深度是需要不斷對話與建構的過程，學習者的口頭回答是很重要的方式。在這個師生對話過程中，男生與老師的互動情形較為熱絡。（陳湘媛931006教學視導觀察紀錄）

柒、再看見教學法

　　於第二次的觀察紀錄完成後，我開始思索哪些教學法較適合進行自然與科技學習領域教學？於是我在觀察紀錄的附註中，提出個人對於自然與科技學習領域教學上較適用的問思教學法及探究式教學法的一些文獻；其實，也是回應張主任教學中可能已用到這些教學法的精神與步驟。這樣的提醒，卻也讓我反觀自己的教學，我想：「我在教學現場太久，已經對於自己的教學模式太習慣了，習慣到就像生活呼吸一樣自然。我是否能重新看見教學成長的模式，如實習新生般重生，重新喚醒、重視教學策略的呈現，如：發問技巧、班級經營等相關策略……每節課都能思考何種教學模式、教學法更適合這堂課內容……。」

＊＊＊＊＊＊

　　對於觀察紀錄的方法，我自己雖然做了一些調整，沒想到陳主任的同儕視導紀錄比上次更棒！不僅做了教室陳設、學生位置與教師流動圖，還把第一次和第二次的繪圖做一呈現，瞭解教學者在二次教學的流動上，看有沒有什麼差異。此外，陳主任亦將我在課堂中師生對話的觀察做成六大重點的紀錄與評論，像對說話要舉手的班級常規，陳主任就明顯發現：

　　學生明顯能遵守並舉手後發言，這節課學生參與討論及班級常規較第一次觀察時為佳，所以學生參與討論的情形亦非常熱絡。但從引導學生的觀察討論到教學者給的需要測量的結論，學習過程可以再更細緻些。（陳主任931006教學視導觀察紀錄）

　　我想這樣的建議，也是我在未來教學需要改進的地方。

　　至於學生從具象經驗抽離至觀念的操作能力，陳主任在看完我的教學之後，提出她的建議：

　　從教學者嘗試從實驗觀察中，引導學生理解太陽高度角與方位角代表的涵義，並試圖從具體的現象觀察中，推論出抽象科學理論，這樣的科學理論建構過程，建議「操作型」定義的操作可能需要更多實驗現場中的討論。對於實驗結果出現與假設或理論明顯不符時，最好能介紹及理解自然科學研究的方法，若時間夠，與學生深入探討，因為實驗必須控制變數。（陳主任931006教學視導觀察紀錄）

　　對於陳主任給我的建議，我也有相同的感覺，因為我們在教學時，常常不小心就會急於將實驗結果所連結的科學概念介紹給學生，如此反而妨礙學生自己建立科學概念，形成錯誤的教學。有時因為實驗結果的不正確，反而可以跟學生討論為什麼我們的實驗結果會錯誤，是否是控制變因或實驗的方法有誤，如此反而可以讓學生從錯誤當中學習，瞭解正確的科學研究方法。還好有陳主任的同儕視導，我才能瞭解我自己教學上的盲點，讓我有更多教學省思與成長的空間，不然我還會誤以為自己的教學是很OK的。

　　透過此次的同儕視導，讓我們發現同儕視導不是一種取與給之間的掠奪，而是透過生命經驗的分享和觀照，希望使彼此─被觀察者與觀察者─都能成為互為有收穫的人，互相造就對方；這也是一種在協作中生成能量流動的相互學習。

捌、No problem, I can do it！

　　在經歷二次同儕視導的洗禮之後，我們對同儕視導這一件事並不會像剛開始那麼害怕。透過行政溫和及有效的策略推動，每一位老師都能接受同儕視導，也很喜歡同儕視導的討論，因為那是我們向每一位老師學習的最好機會。

　　在那段同儕視導的日子裡，我們除了在正式的同儕視導的討論之外，我們也會用非正式的時間來討論老師的教學，討論某位老師所使用的教學方法與結果，我們需要如何改變才能像那一位老師解決學生的學習問題……等等，像這些正式與非正式的教學對話與討論，都是在非常自然的氣氛中蘊育與進行，我想這都是實施同儕視導所帶來的好處與改變吧！

　　雖然那一學期的同儕視導，因為納坦颱風對學校造成嚴重災害而暫時停止，不過我們也發現到同儕視導帶給瑞柑夥伴的幫助很多。尤其是我們老師在隔年4月20日東北角策略聯盟的研習，分享我們試辦教師專業發展評鑑的發展經驗，會中就有一半以上的老師不約而同的提到他們進行同儕視導所獲得的成長經驗和成果，這也顯示出學校進行同儕視導的效果有在老師的教學現場中發生。

　　因為，同儕視導透過另外一隻眼睛，讓我們瞭解自己教學的盲點，提供我們教學的建議與回饋；而更重要的是，透過真誠的同儕視導，營造1＋1＞2的教學生命。所以，即使現在要我們要再做一次同儕視導，我們也都會馬上說 "No problem, I can do it!"

作者簡介

張文斌，國立台北教育大學課程與教學研究所碩士；曾任台北縣石門國小教師、台北縣江翠國小教師、台北縣瑞柑國小主任；現任台北縣崇德國小教務主任。

陳湘媛，輔仁大學織品服裝學系畢業；曾參與「少年監獄」服務的社團、天主教善牧基金會預防中輟生輔導工作；現任台北縣瑞濱國小教導主任。

16

突破教學逆境
——記一段與六年級生的互動經驗

盧娟娟、林憲平

壹、初出茅蘆的小老師

　　1999年，我初任國小教職工作。我的第一所服務的小學是位在台北縣的偏遠學校，學校置在群山圍繞，涓涓細流交錯其間，民風純樸的村莊中。全校學生只有三十多人，多是來自務農、打零工、單親或隔代教養的家庭，父母親忙於工作，對孩子的教育全然託付給學校，對學校極度信賴及支持。在這風景優美，人情濃郁的村莊教書，悄悄地我將對教育這群孩子的那份無形責任扛在肩上。

　　那一年正是教育改革言論化為行動的時刻，九年一貫試辦課程在各縣市進行。我初任的小學也是試辦學校之一，校長鑑於新人新氣息，於是將我安排教務組長一職，進行課程的研發工作，純粹擔任科任教師。一週節數只有十二節，主要是擔任高年級的藝術與人文及健康與體育的課程。

　　看似簡單也非主科課程，上課應該輕鬆愜意的事，而初任教師的我，面對高年級學生總是又期待又怕受傷害，因為高年級學生自主的能力愈來愈強，且頗有挑戰權威的氣勢。在我求學及生活經驗，總是在有那麼一些威嚴的氛圍中，所以常常是「聽從」多於「表達」，而要面對這青黃不接的孩子，在我心中已產生了一股壓力，以及一股要對教育付出的責任感，兩種情感的交錯，讓我總是戰戰兢兢的面對教學。

貳、被孩子挑動情緒的教師

　　走進六年級的教室，迎面而來的是爽朗的笑聲，應該是小游在搞笑的聲音。這個年級只有七個小朋友，不多，但也是全校第二大班級呢！七個小朋友的教室，教室頓時覺得好大喔，說話還會有回音的感覺。記得那節課要進行藝文課程，我沒有多留意那笑聲，一心只想趕快進入課程，我一開口就說：「將該準備的東西拿到桌面上來，不是這堂課的東西收起來。」等了一會兒，全沒動靜，我再開口：「為什麼還沒拿出來呢？」阿福斜坐在椅子上，手拿著筆晃啊晃的說：「沒帶！」「沒……帶？」我的口氣有些上揚，同時帶著不耐煩，心想：「怎麼這麼懶散呢？」其他同學也回答：「沒帶。」全班就二位女生有帶材料（全班七人有五個男生、二個女生），我回問同學：「沒帶材料，我們這堂課怎麼進行呢？」小游自言自語但仍讓我聽得仔仔細細：「那就別上啊！」其他同學竊竊的笑，而我心中已有萬把烈火熊熊的燒著，我臉上已換上怒不可遏的表情，用權威的口氣，要求全班站起來，我似乎在確立我的「教師地位」，學生也紛紛站起來，但是站立的姿勢，卻又讓我怒髮衝冠。我期待他們是筆直站好，面帶慚愧，然後我像軍隊中的軍官，巡視行間的訓話，大概會是「要有學習的態度」、「學生要有學生的責任」諸如此類的話。然而卻不是我想像，七個學生各有站姿，我將他們的「站姿」，解讀成挑戰，於是，我將材料當作出氣筒，往地上一摔，並告訴學生：「你們的態度讓我很生氣，我上不下去，去請你們老師來。」說完我就離開教室。

　　其實，當我踏出教室那一刻，我就非常懊惱及後悔，為什麼我的情緒會讓孩子挑起，為什麼我連對只有七個學生的班級都沒輒？未來我有辦法勝任一班三十五個學生的班級嗎？我的班級經營出現了什麼問題？我的課程為什麼無法吸引孩子呢？孩子要的是什麼？一些問題浮現在我的腦海中，心中充滿了惶恐與不安，我告訴自己不可以讓這份惶恐與不安擱置心中太久，我要

找方法，來化解教學的困境。

參、迷網的師生關係

經歷教室衝突後，我向六年級林老師說明事情經過，尋求她的指導。沒想到，她竟熱心的要求我：「我可不可以到班級看你上課的情形呢？」當下，我有一些愣住，心想：「這真是可怕的事。」林老師見我沒回應，她接著說：「因為你提到班級經營似乎出現困難，我想透過實際到班觀察，找出可以幫助你的方法，如果你不方便……。」這時，我趕緊的說：「我不是不讓妳到班級看我教學，而是感到滿有壓力的，所以……。」林老師笑著說：「教室裡出現了一雙觀察的眼睛，必然有一些壓力，不過，你會找我幫你，相信你是信賴我的，我們試一試吧！」就這樣，我們進行了一場教室內的教學情境研究。

一樣上著藝文課程，林老師就在教室後排看著我的教學，並用攝影機記錄我的教學現況，剛開始，還真有一些不習慣，後來「不習慣」的感覺被渴望教好的心態所湮滅了，就在林老師的觀察及錄影下，完成了我的第一次「教室觀察」，而我是那想尋求教學精進的被觀察者。

完成觀察後，林老師和我相約放學後，在教室裡觀看我的教學錄影帶，看完錄影帶後，林老師問我：「你覺得哪裡很不錯？」我很訝異，林老師一開口就問我「好」的教學，而非「壞」的教學。當時，我心中一抹喜悅，侃侃而談我的教學。其次，林老師又再問我：「哪些教學歷程，你想更好呢？可以怎麼做？」我記得我是這樣回答林老師的：「我希望我的教學是跟孩子有互動的，跟孩子的關係是友善的，我除了教學要創意外，還要先瞭解孩子的需求跟起始能力。」林老師似乎很滿意微笑著說：「去認識孩子，你可以做得到的。」

整個觀察及對話過程，林老師擔任觀察者，用提問的方式，讓我覺知教

學發生的事情，自己省思找出方法。與林老師的對話過程，我由忐忑的心到自信開放的態度，我很喜歡這樣促進教學成長的方式。

肆、重新認識孩子，閱讀孩子

透過與林老師的對話，我省思到要「教」好，先要瞭解你的顧客需求。所以我開始閱讀我的學生。

這七個學生，各有一個動人故事。就小游來說，是一個男孩，家中排行老二，父親入監服刑，哥哥離家到都會區就讀高中，家中就只有他與妹妹和媽媽相依為命，他認為他需要扮演好保護媽媽和妹妹的責任，不論在媽媽或師生面前，他常常表現出一副「大哥」的樣子。還有一個阿福，他的父親是家長會長，一般認為家長會長都是有錢人才能當的，在我們那偏遠小學，家長會長是古道熱腸的人士擔任的，阿福的家仍是土角仔厝，父母都是辛苦看天吃飯的農人，經濟狀況不甚理想，也因此阿福常常沒帶「材料」上學。小游和阿福是班上的「頭頭」，小游有著正義感的氣質，常會保護弱小，贏得全校學生的喜愛。而阿福是一個自然生態解說好手，對校園內的昆蟲及植物如數家珍，常是外賓接待解說員。我瞭解孩子的背景以及他們的專才後，我開始製造機會成就他們的自信。在一次全校性自然體驗活動中，我讓小游擔任隊長，阿福擔任解說員。在活動準備過程中，小游與阿福主動的找我商談活動進行細節，他們期望他們能勝任這角色。在籌劃活動的過程中，聆聽他們的想法，信任他們，同時給予他們最大支持及鼓勵。正式活動時，他們也發揮了專才，獲得全校師生及家長的肯定，在他們臉龐上看到喜悅與自信。這整個活動，我的收穫最大，因為我與學生的情誼，重新緊密了起來。

伍、貼近孩子的心，與孩子做朋友

六年級的學生，屬青春期階段，是一個非常動態、變化非常大的時期，已有自己的是非判斷，雖然他的判斷可能和社會的不一樣。有時候可能有反社會、反權威的情形，因爲他想嘗試自己判斷的對或錯。對社會生活敏感，如當時的流行語、流行的衣著、打扮，對男女性別差異及自己身體很敏感，在意自己的外表，喜歡照鏡子，甚至擠青春痘。也很在意別人的批評，若有人說他怎樣，常會激烈反彈。反思，我與孩子的衝突，肇因我想從權威去壓制孩子，沒有聆聽孩子，進入孩子的世界。當傷害造成，要去彌補，需要更多的互信機制，這是那次衝突後的感受。於是，我從孩子敏感的事開始著手，與他們討論。討論偶像的穿著，延伸到色系原理。有一次，我用星座來和孩子聊個性及喜惡，當他們聽到自己的星座時，莫不神采奕奕，眼神發亮，順勢我進行了星座設計的課程，學生不斷發揮創意，設計屬於個人特色的星座。這一堂課上起來眞是有勁啊！

溝通讓人更接近！放下教師權威的羈絆，傾聽孩子，和孩子做朋友。師生關係更有情感。同時，要成就一個「共好」的教學活動，就從觀察孩子的課堂外活動開始吧！瞭解他們的意向，並結合教師的意向，讓教與學是互相流動與成長。

陸、在經驗中成長

與孩子的對立，當下可能是老師的權威獲勝，但無形間也擴大與孩子的距離，那種的失落，令人非常難受。因爲深刻經驗過，再面對學生，我學習不將情緒轉移到學生身上，因爲那是無意義的，仍無法解決問題，同時加深對彼此鴻溝。情緒的產生或因身體因素，那要重視自己的身體健康；或因心理因素，那要時時自我進行心理的調適與修煉。我感謝在那事件的當時，六

年級林老師的鼓勵，她告訴我：「事情會過去，每一個初任教師都會面臨到的，檢視歷程，找方法解決。」同儕的相知，會在迷惘時，看到一線生機。

　　或許，在經歷教師生涯中，或多或少，都有被學生挑起情緒，如何將自己的情緒有效管理，先從珍愛自己的身、心開始，一個快樂的老師，才有快樂的學生。

　　我只能說「師生對立」這經驗不好，但它讓我重新檢視我的教育觀，重新認識孩子及聆聽他們的聲音，重新獲得他們的情誼。在之後的教學中，我謹記在心，避免重蹈覆轍。同時，在課堂前，我會再做好一件事——認識孩子。我相信「對學生的認識愈清楚，師生間的關係愈緊密」，而通常學生喜歡和自己喜歡的教師學習，我期望自己能成為學生學習的對象，不愧教育之責。

柒、使命感就存在於聆聽當中

　　進行一個深刻的教學經驗省思後，我發現「使命感就存在於聆聽當中——聆聽孩子的召喚，並以適當的方式行動」。

　　真切的反應我的錯誤經驗盲點。給自己教育的使命感，卻不知我們的使命感的對象是孩子，一味的用教師的理解和意向與孩子相處，沒有聆聽孩子的召喚。

　　還好，也因對教育的使命感，讓我當下自我省思，從認識孩子、聆聽孩子的召喚，改變教學活動與孩子興趣更加連結，再度與孩子建立互信的情誼。

　　最後，用潘慶輝校長的詩，來呈現當老師的喜悅：

　　面對孩子的日子
　　每天都覺得新穎而奇特

總覺得自然界中的天真與無邪

都在我們用心的生活當中

他日

天涯相見

我們相視而笑的

會是那先柳入簾帶來一片童音稚語的春風

　　我很沉醉在當老師的樂趣中，孩子天真無邪的笑臉，常映在我腦海中，不會散去。他日再見，相視而笑，回憶湧上心頭，這是多美的人生啊！

作者簡介

盧娟娟，國立台東師範學院幼兒教育學系學士、國立新竹教育大學區域人文社會學系碩士；曾任台北縣國教輔導團綜合學習領域輔導員、台北縣直潭國小教導主任、總務主任、台北縣光復國小教師、台北縣柑林國小教務組長；現任台北縣直潭國小教師。

林憲平，台北市立教育大學初等教育學系學士、國立高雄第一科技大學行銷與流通管理學系學士畢業；曾任台北縣直潭國小資訊教師、訓導組長；現任台北市靜心國小系統管理師。

17

被觀察者的心路歷程與省思

陳仙子

壹、轉換跑道，擴展生命的可能性

一、一通電話，開啟奇異之旅

　　1999年，火傘高張時節，我正在台北市某國中行政實習，一個雷聲轟隆、風雨交加的午後，接到一通電話，是台北縣某國中通知代理教師甄試結果——錄取了！翌日，上午到實習學校報告並辦理離校手續，下午備妥相關證件興奮地到代課學校教務處報到。之後，教務主任告知要擔任的課務是三個國三班的國文課，我聽了悄然變色，他接著幽默地說：「我們也是冒著很大的險（指排給我的課），但考慮到妳是碩士，應該沒問題吧！？」語氣中摻雜著期許和不放心。我聽了勉強擠出笑容卻無言回應。心想：「主任排給一個新手教師如此的課，要上國三課程加上總複習以準備升學考，的確是個大冒險！」報到後立刻到台灣書局買齊一到五冊的國文課本。

二、代課抵實習，雙重學習

　　代課抵實習得一邊執行教學，一邊進行實習，例如：每週寫心得報告、每個月回母校座談、寒暑假實習行政、完成各項考核等。幸運的，我遇到兩位學養兼備的指導老師，在教學和行政是阿耀教務主任，行政和教學資歷完整，任教國文科，具香港僑生背景，大學時曾以讀辭海來精進其國文程度，行事作風條理周延，是個謀略果斷的悍將；母校則是亦師亦友的余教授，曾

在國內外大學和研究所任教多年，鑽研遊憩休閒教育和性別教育領域，行事作風創意簡約，是個反省力強的學者。「更幸運」的是，我是這所新學校的第一個實習老師，受到強烈的關注！阿耀主任告知：「我在處理行政事務之餘，會盡量抽空去看妳上課，三個班都會去看，但無法事先告訴妳什麼時候會去。」我聽了腎上腺激素急速上昇，開始焦慮……。

三、一切歸零，重新開始

在擔任國中教師前，我學習過護理、中國文學和成人教育，具護理師和助產士執照，從事過護理、華語教師、研究助理等工作，有護理和成人教育的實習和接受臨床視導的經驗。在認知層面，理解臨床視導能促成技能的養成和專業的精進，但在心理層面，卻難以克服因被觀察所引發的恐懼感。「凡事豫則立，不豫則廢」，我壓縮了很多休閒時間，專注地經營國中教學生涯，回去請教我的國中國文老師，遵循教學理論，將一到五冊的國文課文拆成活頁式，詳實地備課、蒐集每一課引發動機的小故事、分析考古題、補充一大堆資料、整理相關歌曲和圖片、製作精美獎勵卡，也運用一些護理和成人教育領域的法寶在教學上，例如訂定學習契約等，以迎接新挑戰。在一陣忙亂中，展開了國中教學生涯。

貳、校園電影的聳動情節

一、馬路消息，眾說紛紜

上課前，好幾位熱心的同事告訴我關於這三個班的點滴，並且叮嚀我要小心一點！例如：「這屆採國、英、數三科分組跑班」、「這三個班分別是由五個班組成的『大雜燴』A組班、另兩個則是『二二六六』的B組班」、「那是別人挑剩下的班才留給妳」、「某個導師相當精明能幹而且愛干涉任課老

師」，也描繪其中一班的「輝煌事蹟」，例如：「將板擦放在半掩的門板上，讓任課老師推開門進教室時被板擦打到」、「對老師罵三字經」、「在講桌上寫著XXX（某老師的姓名）之墓」、「上課吵到需要生教在後面鎮暴」、「平時考集體作弊」、「惡整代導師，將她氣到提早退休」……。天啊！簡直是校園電影的聳動情節。報到後的第三天即將開學正式上課，我像個技巧不純熟的魔術師，擔心在台上會破綻百出，讓觀眾失望。

二、三個班級，三種考驗

懷著一顆忐忑不安的心上場了，一是籠罩在低氣壓的班，孩子們大多苦著一張臉。教室構造很奇特，雙走廊的一邊是導師辦公室，導師可隨時透過玻璃窗看到教室內的狀況，教室後面是導師們進出辦公室的走道，有一扇形同虛設的活動式拉門，難怪孩子們不敢有反應，因為逃不出導師的視野，為避免麻煩所以少開口為妙。二是傳說中的惡魔班，比夜市還熱鬧，痰漬、口香糖、垃圾霸占著走道，班上有幾股惡勢力在較勁。這間教室一邊有對外窗戶，一邊窗戶打開則是一面大牆壁，教室左後方的門是唯一的出入口，站在講台面對言語粗暴的少年們環伺，很沒安全感！三是學習動機較強的A組班，孩子們分別來自五個班，彼此互動有點陌生。我分別請教三個班的導師，以瞭解孩子們的個別狀況和特別需要關注之處。

三、孩子們給我的見面禮

場景一：「各位同學，請你們開口回答好嗎？」我一再重複這句話，依然沒有反應，我獨自唱獨腳戲到下課。

場景二：全班背對黑板，將椅子向後轉，坐著「迎接」我。我走到教室後方。老師：「各位同學，你們以前都這樣上國文課嗎？」孩子挑釁地：「對呀！不行嗎？」老師：「我習慣站在講台上課而不是站在教室後面的垃圾

筒旁上課」、「現在請各位面向黑板坐好！」幾個大姊頭立刻使眼色，全班沒有動靜。老師：「好！這節課我就站在這裡上課，但是無法板書，所以你們要將我講的重點寫在課本上，我會收回來改，開始上課！」幾分鐘後，大姊頭又在使眼色，接著全班陸續將椅子轉向黑板坐定。有人嚷嚷著：「奇怪，她沒生氣耶？」當我走向講台時，果真看到講桌上用刀刻的「XXX之墓」和骷顱頭，心裡感到毛毛的。

　　場景三：一個趾高氣揚的男生：「老師，這個字怎麼唸？」老師：「我不太確定，我去查一下！」孩子：「拜託！妳是老師耶！」老師：「我念的是中文系不是字典系。」孩子：「嗯！妳說得也有道理！」一整天下來，上了特質迥異的三個班級的課，心情如同洗了三溫暖。

參、被攤在陽光下檢視

一、課堂中，餘震來了

　　那年正值「九二一地震」，之後常有餘震和分區停電，每個老師都被要求在地震時要正確地指導學生避震或是疏散，在課堂中也不斷地宣導，學校也多次舉行震災演習。有一天，第五節課，正在檢討考題時，突然間，教室上下猛烈震動，「哇！地震了！」滿耳盡是此起彼落的尖叫聲，我惶恐地丟下考卷，立刻躲進講桌底下。不久，伶俐的國文小老師在昏暗中爬向前來說：「老師，主任站在後門看，妳要指導我們怎麼躲啦！」頓時，我連忙站起來說：「各位同學，請把書包放在頭上然後蹲下……。」孩子：「老師，妳慢半拍喔！妳趕快躲好啦！」其實孩子們早就迅速關燈並蹲在桌下了。此刻，我看到阿耀主任站在後門口表情凝重，心想：「他會不會以為我是個『秀逗』的人。」

二、忘詞，我被點穴了

　　積極的阿耀主任開始在辦公之餘到教室看我上課，或巡堂時也會進來看一下。剛開始，不知道他何時會出現，所以隨時在備戰中，每堂課都戰戰兢兢的，絲毫馬虎不得；但當他的身影出現在教室時，緊張因子便開始在血液中竄奔，念錯音、寫錯字，或講課不流暢是家常便飯。有一次，正以身作則地背「勤訓」給全班聽，看到他進來，頓時結巴忘詞，便對孩子說：「對不起，我被點穴了！忘詞了！」引起哄堂大笑。此後，每當我出狀況，孩子們總會頑皮地說：「老師，妳被點穴了！」來化解尷尬場面。還有一次，緊張到走動時竟被自己的腳絆倒在講台，前排的孩子問：「老師，妳在幹嘛？」老師：「我在綁鞋帶。」孩子：「妳的鞋子沒鞋帶啊！」當我堅強地爬起來時，看著學生強忍住笑意的表情，心想：「我可能會被主任扣光分數。」

三、宏哥對我嗆聲

　　初冬，一個令人昏昏欲睡的午後，平日習慣在上課時要求上廁所的宏哥，又舉手用台語叫囂：「老師，我要去尿尿！」引起全班側目，我心裡自忖他可能要去廁所抽菸（導師曾告知該生行為偏差，菸癮大，在校會偷抽菸），便提醒該生若沒有不舒服，下課再去上廁所。不料，該生不斷地咆哮：「我現在要尿出來了！」站起來將椅子舉高並摔在地上，繼續用台語放狠話：「妳太囂張了，我要和妳釘孤枝（單挑）！」此暴力舉止驚動辦公室裡的導師們走到教室後面觀看，巡堂的組長也進來了，全班的孩子更盯著看我的反應，此刻，我的腦海裡出現以前在醫院急診室和流氓病人互動的情形。重要的一刻來了！在眾目睽睽之下，深呼吸後，硬著頭皮請他到講台隔著講桌對話（參見註1）。最後有驚無險地處理了此事件。

肆、做個有骨氣的國中老師

一、導師和生教組長也來教室觀察

　　教室旁是導師辦公室的那班，該班導師常隔著窗戶或站在教室後方看我上課，喔！不！她說是要盯打瞌睡不認真的孩子。每次從教室後方走道經過時，會「順便」掃視教室，然後走到幾位精神頹靡的孩子旁拉其耳朵，高分貝地叮嚀要專心聽課。她這些舉止，讓站在講台的我，有種領土被侵略的焦慮和不舒服。另一傳說中的惡魔班，生教組長則常在上課中，站在教室後門口加強巡視，以預防幾個「大尾的」少年暴動，這種情境讓人彷彿置身在新竹某感化教育學校，教學的興致常會因這些小插曲而中斷。在課堂中，除了指導老師之外，每天多了好幾雙眼睛盯著我，就像水族箱裡隔著透明玻璃被窺視的魚，無所遁逃！這對勇於嘗試各種教學法的我而言，感到渾身不對勁，裹足不前，深怕自己不完善的教學方式引起非議。

二、一連串的問題接踵而至

　　很快的，一連串的考驗接踵而至，面對如何提昇學生成績的現實問題，對國三生而言是刻不容緩的，部分家長和學生對我這個第三任或第四任的國文老師是充滿期待的。我在課堂中花很多時間教孩子們寫學習契約、如何寫筆記和標示重點、如何做系統性思考、如何管理時間等。孩子們剛開始感到新鮮，但隨著被要求預習小考、批改課本筆記、考試訂正、口語表達、分組報告……，便怨聲載道地說：「以前都沒這樣，現在要求這麼多，受不了！」有兩班導師告知部分學生在聯絡簿上抱怨功課太多，之後指導老師提醒我：「要適合國中生的程度。」於是立刻修正，漸漸的，每天待在學校的時間至少十個小時，除了上課和備課，改作業、考卷，或是留學生補考和個別加強。

為了改善成績，在兩位導師「強力要求」下，內心經過一番掙扎，終於違背
自己的教育理念，為了提昇分數而體罰孩子。

三、指導老師的反應

當日向阿耀主任請教自己為了提昇分數而體罰孩子的事，他先是分享在
香港接受中學教育的經驗，然後反問我：「需要這樣嗎？妳再思考一下！」
又到了每個月回母校座談的時刻了，會後帶著代課抵實習的心得報告和余教
授晤談，當她知道此事件後，大發雷霆，狠狠地訓了我一頓並告訴我：「當
初反對妳去當國中老師，就是擔心妳會變成這個樣子。」晚上搭飛機回台北
後，接到她的手機殷切叮嚀，當下想到自己所堅持的理念竟然被現實瓦解，
挫敗感油然而生。幾天後，她在百忙中撥冗親筆寫信給我，提醒我：「不要
受環境影響、不要被制約，要忠於自己的想法，做一個『有骨氣的國中老
師』。」這些話在我心中翻騰不已。想起理論與實務之間的落差，作為受綑
綁，不禁問自己：「還要繼續努力成為一個正式的國中老師嗎？」

伍、省思

一、教學視導對我的意義

阿耀主任就這樣觀察我上課一年，接受視導是個喜悅與困頓交錯的經
驗，從未觀摩過指導老師上課，而是直接上台教學；並非在教學觀摩中，而
是在實際教學過程中被觀察。被觀察的次數頻繁且為期一年。當時，盡量將
所有教學細節攤在陽光下被檢視，勇於嘗試各種教學方式，懇請指導老師不
吝指出我所有的缺失，並誠心地接受其糾正；此外，我也聆聽孩子們的意
見，畢竟他們經歷過三到四任的國文老師，總會有所比較。不斷地自我反省
改進也是必要的！唯有如此，才能盡快勝任教學工作，在這個過程中，壓力

不曾一天停歇過，卻也為日後的教學工作奠定良好的基礎。當教室觀察被界定是改進的工具時，其關鍵在於觀察者與被觀察者彼此必須是互相信任的。

二、教室觀察動線的延展性

然而，觀察只能發生在教室裡嗎？在學校，教學活動並非只侷限在教室裡，視導上的教室觀察動線是可以延伸出教室外的。走出教室後，阿耀主任審視過我所批閱的作文和教學檔案，提醒我不要和學生玩騎馬打仗，留意師生間的份際，髮型要適當避免造成學生的不當模仿等，他在觀察後的指點發揮了很大的效能。這種師徒式的教室觀察具有明確的目標和功能性，兩者的角色為師徒，隱含上下的位階，較能讓被觀察者接受、信服。相對的，到了自己成為正式教師之後，曾經與同儕教師彼此視導，兩者是平行位階，心理壓力卻較師徒式高，探究理由可能是因為互相比較所引起的「面子」問題而放不開。被觀察者要建立「他是來幫助我」的觀念，而觀察者則要抱著「協助而非批判」的心態。如此，「教室觀察是改進的工具」的功能方能被彰顯。

三、翻山越嶺看到繁花似錦

當初，我懷著理想進入國中教學領域，從代課抵實習迄今八年，期間連續七年擔任導師，繽紛夢想已經褪色，但工作熱忱依舊。相當認同德國教育家第斯多惠（Friedrich Adolf Wilhelm Diesterweg）：「教學的藝術不在於傳授的本領，而在於激勵、喚醒、鼓舞。」我想，教學視導的教室觀察藝術也是如此。前年，我被學校安排帶實習老師，秉持著溫厚和尊重的態度去引導他，這即是一種善的傳承和授受。那一年在被觀察過程中所獲得的能量，克服了這一路來在教學工作上的風雨。毋庸置疑，教育工作是一種專業，得發揮團隊精神，自成學習型組織，不斷地精進專業，方能經得起考驗。這一路

難免會遇到挫折，但僅記當初進入國中教學的初衷，繼續向前攀行，我相信，翻山越嶺後將看到繁花似錦。

〔註1〕

宏哥心不甘情不願地走到講台……。

老師：「宏哥，請你站在這裡。」（老師和他各站在講桌兩旁，保持一段距離，以策安全！）

宏哥表情不屑地說：「好啦！」

老師問全班：「如果宏哥和我單挑，誰會輸？」（拋出問題讓全班思索以共同解決問題。）

全班異口同聲：「老師會輸！」

老師問：「為什麼？」

孩子回答：「老師比較矮、比宏哥瘦、女生比較沒力氣、年老力衰反應慢……。」

接著老師問宏哥：「你在家會和媽媽吵架嗎？」

宏哥：「當然會啊！」

老師：「那妳會找媽媽單挑或是打媽媽嗎？」

宏哥冷笑：「才不會，我又不是神經病！」

老師：「我是你的老師，算是你的長輩嗎？」

宏哥不耐煩：「是啦！」

老師：「我和媽媽都是你的長輩，那你想找我單挑或是打我嗎？」

宏哥表情變柔和：「歹勢啦（對不起）！我剛剛是在和妳開玩笑啦！」

老師：「宏哥，你以後不要開這種玩笑，剛才老師真的感到害怕！」

宏哥露出驚訝狀：「老師，對不起啦！」（說完話，傻笑……。）

老師公開肯定宏哥勇於認錯的行為，全班掌聲鼓勵。後面圍觀的同事也

散去了。

　　下課後，我告訴宏哥，如果你是耐不住菸癮想去廁所抽菸的話，這樣表示抽菸過量了，對健康很不好喔！他點點頭說小學就開始抽了，很難改！

　　從此，宏哥對我很客氣，上課依然會趴著睡覺，但不再亂吼吵著要上廁所了。

作者簡介
陳仙子，國立高雄師範大學成人教育研究所碩士；曾任華語教師、護理師、研究助理；曾合撰《人際關係的理論與實務》、合譯《兒童發展心理學》；現任台北縣明志國中國文科教師兼導師。

入門篇

18

當Irene遇見Ruby
——發現好朋友的微型教學

洪詠善、黃淑玲

壹、故事開始

「好想看你教學哦！」

「不會吧！你教英文，我教藝文，你說ABC，我唱DoReMi，上一次全縣英語歌謠比賽終於是將咱們湊在一塊兒了，但是，我的教學你怎麼可能會有興趣？」

「我想你教書那麼久了，而且又常到外校分享，所以我很好奇你是怎麼教的？」

「Really?」

Ruby的瑋瑋和我的孩子丁丁是Buddy——叮叮咚咚二人組，因為他們讓我們成為無所不談的好朋友，不過，大部分是媽媽經。像進入教室看教學這麼嚴肅的問題，倒著實讓我嚇了一跳。因為，多年來被觀看、觀看他人的教學經驗是很豐富，但是都是被指定或行政要求的，像這樣被主動熱情誠摯地請求倒是第一次；因此，我Irene，心動了！

貳、走過十七年的教學觀摩

是你

在沒有人舉手的時候望向我

是他

在你望向我的時候，微笑地點頭
是我
在他微笑的時候，慷慨就義地接受邀請
於是，我們大家終究得在一起了！

記得師專剛畢業，初接任一年級導師不久，即被學年無異議地推派辦理全學年教學觀摩。當時的教學觀摩，多由剛結業的毛頭小子擔綱，印象深刻的是，當時教務主任指定國語科教學課文是「三個球」，在準備的一週裡，每天過著提心吊膽的生活，拿著長短牌，一筆一劃地務求端正地刻上注音符號，拿起「國語科教材教法」一個字一個字地複習，在鏡子前反覆練習，深怕哪個步驟錯了。終於，上場了，全學年二十多位同事隨同教務主任一下課就在教室後面排排坐，等著好戲上場。而我，新手教師，只記得整場教學在不斷地更換長短牌與反覆數著一個球、兩個球、三個球中結束；隨後，在教務主任與同事們已經忘記了的讚美與建議裡，完成我教師生涯的首場教學觀摩。

十多年來，教學觀摩的活動持續進行著，那是所有實習教師共同的青澀記憶，再回首，究竟它幫助了我們什麼？為什麼大家只要聽到教學觀摩，就不禁「哎～又來了！」一聲，無論是觀察者或教學者都一樣。如果，它真能夠協助教師精進教學專業之成長，為什麼多數人感受到的總是壓力與無奈？

終於，在網路科技蓬勃發展的時代裡，創造了另外的可能——網路視訊教學觀摩。透過教學攝影並將之上網，提供所有老師利用課餘時間上網觀看後，並給予教學者回饋與建議的方式，改善了長久以來許多老師往往眼觀教學，心繫教室裡孩子們的不安；問題似乎是完美的解決了。

「除非是規定吧！否則我不會主動上網點選觀看影片。」另一種聲音又出現了，為什麼教師自己的專業成長總是要依賴別人的規定呢？我一直迷惑

著！有沒有一種可能，將專業發展的主導權交給我們，讓我們在自覺中自行規劃安排自己的專業成長計畫？

很欽佩Ruby，周旋於學校與家庭間，每天如此忙碌的現代職業婦女，對於教學，仍然有極高的熱情，「我一直告訴自己要成為不誤人子弟的老師。」正因為有她的熱情，於是有了這篇故事。

我不是擅長說動人故事的人，我的文筆也乏善可陳，但是，我仍然有自信地將這段偶然的故事分享給所有關心教學視導的夥伴。在這兒，我要介紹的是一位不想誤人子弟的Ruby與不想辜負麻吉的Irene，所發展的一段緊張中有詼諧，嚴肅中有歡笑，在一片只圖個交待的世界裡，Irene與Ruby所搭建起的六人小組，發展了一個亟欲突破困境的教師專業成長的故事。

我不只想談教學視導，我更想談教學的關懷；我不只想談教師專業發展，我更想談教師的熱情。接下來……

參、Irene、Ruby還有……

「親愛的Ruby：因為您，讓我毅然決然地投入進行一場教學觀摩，歡迎您來參加，不過，因為您教的是英文，所以我希望再邀請幾個同事一起來共襄盛舉，您覺得好不好？」於是，一段快樂的故事就此展開。

該邀請誰呢？阿寶是我第一個想到的夥伴，他是專業的美術教師，向來在我遇到視覺藝術教學問題時，他總是我的導師。更因為在辦公室裡，他的座位就在我對面，每天的哈啦讓我們成為藝術與人文領域教學的諍友，常常在舌槍唇戰間挑戰彼此的教學理念。

「寶哥，能不能斗膽請您來看一下我的教學？」

「怎麼好意思！不過，盛情難卻，就答應妳吧！需要我幫忙攝影嗎？」

阿寶老師總是要一毛給一塊，不過久而久之也就不奇怪了，好夥伴就是這樣情義相挺！幾天後，正在研究所進修的小玲老師希望我去看看她的國語

文教學，於是，基於互惠互助的關係，小玲也成為我教學觀察的夥伴，接下來，又陸續邀請教務主任阿銘和六年級的導師小蓮，終於，我的夢幻團隊成立了。

為什麼是夢幻團隊？因為大家都是基於友好的情誼，自願加入，不管是熱心助人喜歡踢館的阿寶，還是好奇的Ruby，或是尋求合作的小玲，和被我誠意感動的主任和小蓮老師，我們都是彼此信任的好夥伴！

肆、小而美，小而省的微型教學發想

教學觀摩者首先面臨的問題是：要教什麼？怎麼設計活動？需要請協同觀察者幫我看什麼？教學觀摩一定得進行一堂完整的四十分鐘嗎？即使看了一節課，就能看到所有的檢核項目嗎？先從目前的教學現場談起吧！

在我服務的樂利國小實施同儕教學視導是近兩年的事。從傳統的集體教學觀摩，到網路影片的觀摩，再至目前實施的同儕視導，往往是經由教務處妥善的規劃後，依據實施辦法執行。因此，往往在緊張與壓力中，教學者細心地設法將心中構想的教學藍圖在一堂教學觀摩中實現。但是，卻常發現當初的教學想像和現實的差距與任教年資成反比，尤其是實習老師感受更深。如何縮短這些差距，讓教師在實際教學時已經具備較熟練的教學技術，再入教室面對千變萬化的教學情境，於是STAR產生了。

伍、啥是STAR？

我們的STAR微型教學模式方案是Seminar、Team Practice、Action、Reflection的縮寫，希望藉由此微型教學模式精進教師教學，使之成為閃耀的教育之星，並在自己的教學生涯中發光發熱。

整個STAR的發展主要是希望藉由自願組成的小組針對特定教學方法的研討後，先在小組內教學演示，獲得小組成員的回饋意見，隨後進行教學之修

正，再回到班級進行教學。整個過程掌握人數微、時間微、教學單位微的原則，每次教學技術練習進行約十五分鐘，並將之錄影，透過同儕教師的檢核表檢視與觀看影片後的討論與反思，優點可以做爲同儕教師的參考，需要修正的之處，再重複進行第二次教學與檢視反思後，達到精進教學者教學之目標。

陸、Irene的藝術與人文領域的體驗式欣賞教學

　　教什麼？這是每個進行教學觀摩教師面臨的第一個問題。記得我在五年級曾爲土城桐花節設計一個教學方案，學生興致盎然，於是，想延續此方案教學──土城桐花之美，本單元教學方案以六年級藝術與人文領域的「自然生態藝術」之「桐花山林」爲教學主題。藉由樂利所在的土城市四月「桐花節」系列文化活動，並以社區文化資源共享的一分子自居，期望透過教學引領學生認識家鄉的文化活動與文化產業，激發其熱愛家鄉之情懷，與文化創意行動之動能。

　　蔣勳2006年的《美的覺醒》一書，觸發了我運用體驗式欣賞教學法於藝術與人文領域的欣賞教學上。「多元感官」教學是主要的教學方法，「體驗、想像與創作」則是主要的教學活動。整個教學的流程，首先以標題音樂引發學生之學習動機，再運用生態音樂[1]欣賞激發學生對於自然生態之感官覺醒；其次藉由多元感官的體驗活動，從聽覺聆賞、視覺欣賞到肢體開發，從感知、情感、抽象思考到創作的美感經驗歷程，讓學生應用藝術技能表現自然與人的關係，並能夠從中反思自己與自然間的關切，並將此美感經驗轉化爲進一步創作之能力。

---

[1] 我使用了韋瓦第的小提琴協奏曲《四季》和普羅柯非夫・高沙可夫的《大黃蜂的飛行》等標題音樂，解說音樂家如何以音樂描寫自然生態。直到近年來直接取自自然界聲音的生態音樂大行其道，在本教學，我採用馬修連恩在1999年由風潮音樂發行《海角一樂園》專輯裡的「雨・花蓮」這首動聽的樂曲，引導學生敞開心胸，進入想像的世界，並與音樂對話。

柒、當我們同在一起

　　記得第一次的聚會是在寒冷的中午，在溫馨的教師會辦公室裡，我為每個人點了一杯熱咖啡，就這樣，開始了我的教學報告。阿寶一直點頭，Ruby則時而蹙眉，時而微笑，在報告完十五分鐘的教學單元與教學活動後，阿銘主任先是一句：「不好意思，我對音樂比較不熟！」接著拋一句：「什麼是體驗式欣賞教學，它和一般欣賞教學有什麼不同？」小蓮接著問：「是啊！一般我們聽音樂是用耳朵，我比較無法理解體驗的意義。」這就是Seminar的存在價值，我想教學觀摩應該允許每個成員有機會釐清教學的細節，無論是領域專門與教學知識、一般教學知識，甚至是教學理念，如果能夠在進入教室觀察前獲得詳細的瞭解，那麼，進一步的教學對話才可能有意義的發生。

捌、嘿嘿嘿！來玩扮演遊戲吧！

　　「大家都瞭解我即將進行的教學了吧！」接下來，來玩扮演的遊戲吧！我當老師，你們都是我的寶貝學生。（奇怪，心中竟有莫名的興奮，大概只有這時，可以盡情地捉弄眾好友吧！哈哈！）

　　為了讓合作的夥伴熟悉我的教學流程並期望他們寶貴的意見，於是，一場扮演遊戲就此開始，在十五分鐘內的教學中，我引導、解說、發問，當然也包括班級管理，令我訝異的是，他們的反應超乎我的想像，有人是超級乖寶寶，有人則是進入異想世界裡與我對話，有人答不對題，有人不專心，有人愛問為什麼，真是太妙了，不愧是好夥伴，憑著他們平日教學的經驗，將真實的課堂移植到我的遊戲裡，提前考驗我的臨場反應。

　　這就是小組內教學（team practice）的迷人之處，在同儕前，照常理應該會很緊張，但是，由於大家彼此已經有默契，這是Irene的舞台，不管是來拆台的或是給掌聲捧場的，這兒都歡迎；更重要的是，教學中包括了即興表演

的成分,這往往是教師最大的挑戰,即興式問題隨著演員們(師生)的互動開展,何況,我面對的是教學經驗豐富的夥伴,所以,當小組內教學結束後,Ruby問我:你真的一點都不緊張嗎?

當Irene與Ruby四目交接

詭異的笑

真詭異的笑

於是

我拿起鈴鼓,輕拍了三下

告訴大家,別作怪

也告訴自己,好戲開始囉!

因為只有短短十五分鐘的體驗式欣賞小組內的教學練習,發現同儕們給的問題與建議都相當務實,畢竟如何在短短十五分鐘表現所有的精彩,對我而言,是一項挑戰。不過很棒的感覺是,當我在小組內試教時,看到每個同伴們專注投入的眼神,並認真地給予建議時,那份感動,無以言之。從微型教學裡,我看到鉅型感動。

玖、整裝後重新出發

「你教學的重點應該不是前頭的引起動機,這部分建議先行教學,應該將精彩留給十五分鐘的體驗式欣賞教學活動。」「我覺得心的敞開需要情境,像太亮、太擁擠的空間,就比較不容易達到目標。」「後續肢體創作應該給予其他觀眾發表意見的機會。」

最後,帶著大家的叮嚀,將六年十二班三十二個孩子帶往地下室舞蹈教室,幽靜卻不悶熱的寬敞空間,躺在軟墊上是最舒服的享受了。

十五分鐘的教學,真的很快,當馬修連恩的《雨·花蓮》緩緩流入空氣

裡，竄進每個人的心中，我提醒自己謹慎地說出每一個引導語，將所有人心門敞開，想像力奔馳，當下，自己也深深地陶醉其中，「那是一個難忘的經驗，從來沒有靜靜地、舒服地躺下來聽音樂，感覺自己好像來到另一個世界，不知不覺地都快睡著了，真的好享受。」孩子教學後的回饋讓我知道，我的教學目標達成了。

教學的最後在小組故事與肢體的創作中結束，依循著第一次小組教學的建議，讓觀看的孩子們發表並提出建議，有了互動式的觀點，感覺好多了，感謝我的夥伴們。

拾、當我們又在一起

「我好羨慕你的學生，真享受，連我都深深感動。情境布置和你的引導很不錯哦！」是的，我們又在一起了。

回到我們的秘密基地──教師會辦公室，開始了第二次正式教學後的討論。小組根據檢核表檢討班級教學影片內容，針對檢核表再次進行檢視與討論，給予教學者回饋，教學者並進行教學省思。

歷經此次的STAR微型教學，我們發現將教學切割為約十五分鐘的單位行為後，教學者更能精準地設計、練習與執行目標教學行為。更重要的是透過跨領域與年資的團隊協助，教學者從Seminar開始能夠更進一步的澄清教學理念與關鍵技術，同儕們在小組練習過程中，給予教學者的意見，足以讓教學者在進入班級教學時，已經預先發覺教學問題並能夠熟練教學技術。除此之外，觀察者透過Seminar，更能瞭解教學者之意圖與技術之理論背景與關鍵行為，在進行觀察時更能掌握教學者欲精進之教學技術。

我們肯定STAR微型教學有助於新手教師，或嘗試新教學法的教師精進其教學技巧。更重要的是透過STAR模式，教學者自助亦能助人，同儕在合作間達到雙贏之專業發展。STAR微型教學模式乃一循環的精進歷程。透過此模式

之發展，期待精進教學者之教學能力，使之成為教育界閃耀之星。

拾壹、意外的獎

　　這是一個關於友誼的故事，當Irene遇見Ruby，許多可愛的事接連的發生，包括我們親密且隨傳隨到的六人小組，終於結束整個微型教學，大夥竟然說：挺好，不是很磨人，因為時間短。而且挺有趣，因為大家都愛搞笑，真是一個夢幻團隊。阿寶將整個過程錄影記錄，並且參加當時台北縣舉辦的微型教學模式徵選，竟然在一個放學後的會議桌前接到電話：「恭喜，你們獲獎了，是特優哦！」

　　Irene告訴Ruby：「我們的故事有人欣賞囉！」

　　Ruby告訴Irene：「感謝我吧！」

　　意外的獲獎是很大的鼓舞，微型教學模式的教學視導是拉近同儕關係的好方式，聽到許多現場的教務主任或老師們對於它在實務上實踐的質疑，一定要錄影嗎？哪有機器？找誰拍攝？要建立跨年資且相互信任的小組成員並不容易？多少人一組比較好？

　　這些都是好問題，教育的進步需要許多好問題？更需要創意解決好問題！這兒是樂利，我是Irene，遇到了熱情的Ruby，因緣際會地拉進幾個好夥伴，彼此知道這場教學絕非攸關去留，而是一場分享的遊戲，在戲裡，我們尋找讓自己覺得舒服的方式進行，如果沒有錄影，而是利用中午午休或打掃時間的十五分鐘進行，我的夥伴說：我願意！

　　山不動，我動。如果我們都認為教學需要多雙善意的眼睛，如果我們相信教學視導是為瞭解決自己的教學問題，假如我們不願意總是在行政命令中「交待」了事，就拿回主控權吧！我們的教學專業成長，我們自己來規劃！

　　無論是一對一，或一對多同儕視導、微型教學、傳統或網路教學觀摩，先確認自己的需要與目的，不過，當然，得先承認自己有需要，不必拘泥於

理論，理論是實踐的參考，而不是說明書。相信，有一天，你會發現，這挺簡單，挺有趣，也挺有意義。

拾貳、後記：Ruby現身

什麼「Ruby現身」？把我說成好像藏鏡人似的。不過想想，自己還真的是Irene這一場微型教學的幕後推（黑）手。真正的故事，說來話長。總之，Irene和我會合作，一半是老天爺安排的，另一半呢，則是我們彼此的交情囉！當她商請我幫忙完成後記時，雖然我嘴裡嚷嚷著：「喂！我有好幾疊的作業沒改，別再陷害我了！」其實，心裡是覺得萬分榮幸。因為我的名字居然出現在Irene分享的故事裡，更重要的是，因為同儕的合作經驗，使我深刻地認識微型教學。更重要的是我們的合作總是不分領域、不論教學年資；我們只有溝通與協調，以及彼此激勵成長。在未來，我們還是會持續合作。也許是在英文課裡介紹「桐花山林」，或是「Irene and Ruby鋼琴四手聯彈」。不論下一個合作是什麼，我們都希望透過夥伴關係能夠精進自己的教學專業成長。相信您的周遭也有許多的Irene或Ruby，希望大家都能找到志趣相同的好夥伴。

作者簡介

洪詠善，國立台北教育大學課程與教學研究所博士班候選人；曾任國小教職十八年，擔任導師、藝術與人文領域科任教師、組長、主任等職；專長領域為音樂教育、教學輔導、課程設計與評鑑；現任台北縣藝術與人文領域輔導員、台北縣樂利國小藝術與人文領域教師兼課程研究組組長。

黃淑玲，美國達拉斯浸信會大學學士；曾任台中市陳平國小英語領域科任教師；現任台北縣樂利國小英語領域科任教師兼英語領域召集人。

打開教室裡王國的鑰匙

洪中明、褚一璇、魏虹枝

壹、楔子

打開報紙看見斗大的報導「教師不當管教」的新聞大刺刺的映在眼簾，不禁令我倒抽了一口氣，想起之前班級上一些調皮的學生，剛接下教職才兩年的我，常常大動肝火，稍有不當，就會攬上「不當管教」的名號，不過危機就是轉機，剛好本校試辦教育部的教師專業發展評鑑，個人就在其他同仁都參加的情況下，半推半就的簽下自願參與同意書，同時也揭開了這個故事的開始。

貳、不是冤家不聚頭

清晨微露，五色鳥如國王般披著湛藍華麗的長袍，兀自在靜謐的校園中巡視著。擁抱早晨這份渾然天成的寧靜，等待七點三十分的那一聲破曉，學生們活力充沛的笑聲由遠而近，昂首闊步的小腳印深刻的印在雨後溼漉漉的泥土，準時的：「老師好！」如同我們之間早已約定好的暗號，喚醒了老師上揚的嘴角，合不攏的笑，滿溢教室的每個角落。

「老……師……早……！！」不用抬頭就知道來者何人，班上永遠不會被忽略的一個人——小駿。理著小平頭，帶著一副老學究般的鈦合金眼鏡後永遠瞇著的雙眼，雙手大動作的揮舞、腳步踉蹌的走進了教室。看見他的模樣，心中升起一個念頭，又是難待的一天，想苛責他屢勸不聽，哦！不是！不是屢勸不聽，而是屢罵不聽，常常上課時搞得我不知所措。

課堂外的教室格外寧靜，試想著他其實已經很努力的改進他自己！五年級的孩子雖然長高了些，但畢竟仍是個孩子，「時勢造英雄」大家耳熟能詳，但老師是這個王國的主宰，卻可以創造時勢不是嗎？這是考驗你能力的時候了！

就在這樣的教室情境中，為了找出小駿不喜歡參與活動的動機，同時配合教師專業發展評鑑的進行，便促使我第一次不好意思的詢問主任以及多位老師的建議，看如何改善班級經營。

就在某一個星期三的下午，研習結束後，突然好想喝杯咖啡，同時也可以請教前輩一些教學問題。

「魏老師，等會兒有空嗎？」帶點愛慕的眼神問著。

「怎麼啦？想和我約會，喝杯咖啡嗎？」

「是呀！看來我對妳的愛慕之情全寫在臉上了呢！」

「有空呀！那我們去問問主任要不要和我們一起去，好不好呀？」心中想著，找主任一起去最好了。

「好主意！那就和主任說有兩位大美女陪他喝咖啡，看看主任要不要請客囉！」

接著，我們踏著愉快的腳步，一邊哼著蔡依琳的歌，一邊想等會兒要去哪喝咖啡。

魏老師：「主任，我們想喝咖啡耶！不知道你有沒有空呀？」

「我們想要一邊喝咖啡，一邊討論教室班級經營的注意事項？」

我帶點玩笑的口吻：「主任要請客，對不對？」

魏老師：「主任最大方了！真好呢！」

主任豪爽地說：「那有什麼問題呢！我知道一家店的咖啡不錯，帶妳們去唷！」

坐上主任的車，前往那家頗受好評的店，對於別人的推薦，總是滿心期待。

「哇！這家店的風格我喜歡！落地窗加上夢幻的窗簾，讓人好放鬆！沒想到主任喜歡的風格和我一樣耶！」魏老師興奮地說。

我們選了靠窗的位子坐了下來，各點了一杯咖啡。

「主任，我們班最近有些同學上課很頑皮，有什麼辦法可以解決呢？」我迫不及待想要聽聽主任的意見。

「其實一個班級經營的好不好，和你的教學方式有很大的因素喔！」

「嗯！這部分之前我和魏老師討論，她也有說到這點！」

「主任，那要怎麼做？」

「我想，我們需要做一些教室觀察，從中找出教學的盲點來。」啜著手中現泡的咖啡，茵蘊的白煙冉冉，主任悠悠的說著。

「那要如何進行呢？」我迫不及待的問。

「魏老師，您覺得呢？」主任轉頭詢問我的同儕視導夥伴。

「我覺得可以用研習、示範教學、指導式練習和回饋、獨立練習和回饋這四個模式來解決問題。」魏老師熱切的回答著。

「不錯，不過那是發現問題後的訓練與改進。」主任糾正魏老師的建議。

「主任，那要怎樣呢？」

「我是覺得我們可以使用教師同儕觀察表，先找出褚老師最需要加強的部分，再做深入的觀察，最後進行行為的訓練與改善。」

「原來如此！」我和魏老師都同時說了出來。

「可是主任，同儕觀察表要如何做？」我提出疑問。

「褚老師，就我們學校研發的觀察表來使用。」

「那主任，你哪一天有空，可以和魏老師一起來作教師觀察嗎？」

「好！就下星期三。」主任一口答應。

　　「三人行必有我師焉」此話不斷的撞擊著我，這一次主任提到「同儕視導」的區塊，但是以往實習時期「教學觀摩」的緊張、不適感又排山倒海而來！「同儕視導」的感覺，對我來說，是因為自己教不好、有問題，所以才需要別人來監督你！幫你打分數！下評斷！而且教學時，有一個人在後面用放大鏡審視著你！不自然和刻意的教學就容易出現！所以這樣的建議讓我考慮了好久，也設想到了孩子是否會因為教室中多了一個上課的老師而感到不自在。但若不試試看，又怎麼知道能不能找出改善班級教學的方式？又怎能在一面倒的頹勢中發現希望？經過彼此的討論，潛意識告訴我，要好好把握被觀察的機會。

參、三折肱而成良醫

　　在隔週的星期一，主任和魏老師帶著我們學校的同儕視導觀察表來找我。

　　「褚老師，後天妳要做教學觀察，這張觀察表妳看看有沒有不適合的地方？」主任熱心的解釋著，每個班級班風不同，所以不是一張觀察表就能打遍天下，需要事先和老師溝通作修正。

　　「主任，我覺得要融入校本課程這個部分，好像比較不能表現。」

　　「用三種教學媒體，這部分好像也有一點困難。」我述說著我的困難。

　　「好，就先不要觀察這些部分。」主任一口答應。

　　「那就後天見了。」

　　下著毛毛細雨的早晨，開始了嶄新的體驗，雖然不知道結果如何，但是卻是個企盼，第二節課的鐘聲一響，在唸完易經後的安靜中，瀰漫著一絲絲好奇的氛圍，主任和魏老師一同進入教室觀看我上國語課，坐在後面的魏老師，努力的讓自己隱形在教室的一角，正用著我們所修改後的同儕觀察紀錄

表，王國與王國的交流就此展開……。

「老師……我有問題！」班長聰慧狡黠的雙眼亮晶晶的望著我，舉著手提出了她的疑問：「老師，您這堂課是教學觀摩嗎？為什麼後面坐了主任和老師？」真是個好問題！老師想當然爾你們會這麼問，所以給了一個似是而非的答案：「嗯……當然不是！他們只是來教室看大家上課的情形而已。」學生一副了然於心的表情讓我放了心，真的很抱歉啊！孩子們！標榜著誠實為上的老師，實在不得已說出了善意的謊言，只是因為想讓觀察的老師，能看到自然且真實的上課情形，才能準確的找出解決的方式！

就在這樣緊張的心情下，我天馬行空的結束了四十分鐘的教學。

「褚老師，妳上得不錯，只是有一些地方需要再討論，看妳什麼時間有空？」主任以鼓勵的口氣對我說。

「那就星期五下午，我的科任課時。」

「好，到時就在教務處了」

「唔？妳們來了？」「等我一下！就快好了！」努力盯著電腦的銳利雙眼，藏在一副厚厚的眼鏡下，顯得容易親近，在說話的同時，鍵盤上的雙手也從沒停過的主任，看來正努力的寫著他最擅長的計畫！真是一位學養令人折服的主任！

「褚老師，從妳上課的表現與同學們的表情，我從中發現了一些有趣的現象，或許，妳早就察覺了！只是妳不自知而已！」主任拿出當天的同儕視導觀察表緩緩的述說著。

不斷點頭如搗蒜，以表示有在聆聽主任的說明，此時，努力的在同儕表上揮舞著原子筆的虹枝，停下了方才舞動於手中的簽字筆，似乎從我剛才的話語中，找到了些什麼蛛絲馬跡，抬起了頭從齒縫擠出了一聲嗯……之後。

「主任，我覺得這份觀察表似乎有些地方不適用。」

「的確，雖然有些修改，但實際操作上還是有盲點。」主任依然述說著。

「不過我們從中可以發現褚老師在與同學的互動中似乎比較偏向某一邊。」

「真的嗎？」我疑惑著。

「沒關係，我們可以使用另外一種觀察表來作細部分析。」主任說著。

「主任，有哪一種？」

「就我知道，有選擇性的逐字記錄法、以座位表為基礎的觀察法、廣角鏡技巧、Flanders互動分析系統。」

「沒錯！透過以座位表為基礎的觀察法，就可以知道我們是不是在與同學的互動過程中，會不會只是較偏向哪一邊？」魏老師認同地說。

「或許我們知道都要兼顧每個角落，但是人都是會有盲點的。」

「真的很不錯唷！」

「其實我一向都自認為自己很公平！絕對不會只顧到某些同學。沒想到還真的有盲點呢！」

「是呀？透過座位的觀察表，互動過程就會一覽無遺。我們就可以從中分析哪些部分是不錯的，而哪些部分是還要再加強改進的唷！」主任娓娓道來。

「那我們要使用選擇性的逐字記錄法嗎？」魏老師問著。

「我知道選擇性的逐字記錄法，是不是類似讀大學時，教授要求我們把一堂課的試教，課堂中所講的任何一句話，都要寫成逐字稿？」

「所以選擇性的逐字稿，也就是不必從頭寫到尾囉！只要選擇我們所要觀察的部分，再逐字記錄就好了，對吧？」

「這樣就好？」魏老師擔心地說著。

「現在學校的事物真的很多，如果觀察的工具不能簡單、容易實施，那麼使用起來就會覺得有無力感！」

「畢竟回家後還要備課，有時作業還要帶回家改，真的覺得很累呢？」

「放心！選擇性的逐字記錄法，只是針對要觀察的部分來寫，所以不用覺得有太大的壓力唷！」主任安慰地說著。

「主任，那以座位表為基礎的觀察法和廣角鏡技巧，我們是不是就選一種來做就可以了呢？」

「其實廣角鏡技巧就是透過攝錄的過程，讓我們清楚地看到教學中的各種情境。」

「所以如果觀察表中有表現不錯的地方，就可以當作是好的示範教學，大家都可以學習。」

「沒錯！」魏老師。

「雖然想透過同儕觀察來檢視自己的班級經營與教學成效。但是如果缺點多於優點，也會很沮喪呢！」我憂慮地說。

「當然囉！不只是學生需要鼓勵呀！老師也是一樣要受到肯定的唷！」魏老師說。

「褚老師，放心！對於表現好的部分。我們是不會吝嗇給予鼓勵的！」主任說。

「所以從攝錄的帶子，就可以透過討論，瞭解更多細部的部分。」

「不清楚的部分，還可以再倒帶呢！」

「針對褚老師會偏向某一方的部分，我今天回去做以座位表為基礎的觀察法的分析！」魏老師說。

「那我就先借VCD回去，今天回去我也把主任說的那一段寫成逐字稿。」

「主任，下禮拜哪天有空呢？我們再來討論討論！」魏老師。

「我想一下，剛好下禮拜有三個會要開，有三個下午都不在學校呢！」

「星期二的早上你們有空堂嗎？」

「我第三節有空堂！」

「我是第四節，我再跟陳老師調調看，若調成了，再和主任確認唷！」

「沒有問題的啦！」

肆、山窮水盡疑無路，柳暗花明又一村

這個週末陰雨綿綿，坐在電腦桌前，一邊喝著咖啡，一邊看著VCD打著逐字稿。離開學校後，就不曾做過這功課了，好像又回到了學生時代。記得那時為了打一節課的逐字稿，可是花了好幾天的時間呢！因為要一直暫停，不清楚的地方，還要再倒帶呢！想起大學時代，要做的這份作業，還會怕怕的，真的挺費時的。還好現在要做的是選擇性的逐字稿，否則會覺得疲累不堪！檢視的工具愈是簡單，操作起來方便，相信我會比較願意接受。

真快！又到了星期二，我們約好的日子。我懷著忐忑的心情，和魏老師踏進主任的辦公室。

「主任，這個週末過得好嗎？」

「不錯！我們全家去大安森林公園聽音樂會，氣氛很好唷！」

「好羨慕唷！主任真有情調呢！」魏老師說。

「主任，這是我這禮拜做的功課。利用座位表為基礎的觀察法所畫出來的圖。」

「我看看！」主任仔細端詳著。

「褚老師，透過這圖表，我們可以發現，你的發問過程，會較偏重右邊的第一組，有回饋的組別也是第一組。」

「是呀！在這堂課有十二次的提問，而第一組的回答就占了七次之多。」魏老師說。

「真的耶！以為自己很公平地對待每一組，結果有些組別好像被冷落了，成了教室裡的客人！」

「褚老師，這箭頭是代表你在教室移動的次數。在四次的移動過程，也是比較偏向第一組唷！」魏老師說。

「主任，我的移動方式和同學的回饋會有直接的關係嗎？」

「如果移動的方位是較全面性的，老師就可以間接提醒孩子注意老師的提問。」

「我知道了，適當的走動，也可提醒不專心的同學，或者對較沒信心的同學，給予支持與鼓勵。」

「沒錯！有些孩子覺得老師離他很遠，因此與老師的互動也就會比較少呢！」

「褚老師，這裡的箭頭是代表這堂課你給予同學鼓勵的次數，就次數來說，比例很高，不論學生的回答是否正確，你都會給予正面的回饋與鼓勵！很不錯！」主任說。

「嗯！這個部分是我一直提醒自己要注意的地方！」

「沒錯！不論大人或小孩，都非常需要鼓勵呢！」

「今天我又學到了一課呢！利用座位表來觀察，透過簡單的符號，就可以清楚地知道哪些地方做得不錯！哪些地方需要改進與加強！」

「在還沒做之前，心裡都還蠻緊張的，不知做的過程會不會很麻煩。經過幾次的討論，覺得舒坦不少呢！」魏老師。

「是呀！之前好緊張唷！不過，想一想，有夥伴願意抽空幫我看，增進自己的教學實力，真的很不錯！」

「主任！魏老師！謝謝你們唷！」

「大家都是工作上的好夥伴，能一起努力是件幸福的事唷！」主任開心地笑著。

伍、結語

我深信孩子們的成長是可以潛移默化的，在不經意間所發現的改變，更讓我興奮異常！漸漸的一個學期就快要過了！

幫助我同儕視導的虹枝，呵！真是感謝妳的義氣相挺啊！陪著我一起找尋方法、賦予孩子更多的愛與力量！在職場上，有這樣氣味相投的夥伴，還真是件幸福的事！

回想從一開學以來，經歷的一連串難熬的過程，老師的驚覺、求助時的慌亂，加上主任、同事們的用心與關心，以致於產生出同儕表以幫助觀察，「旁觀者清，當局者迷」看來是有跡可循的！古言之上行下效，風行草偃，是建立在良好的溝通管道上，唯有行政與現在實戰的老師們有心於教學，沒有什麼是不可能的！一顆熱誠的心，是解決問題的根基，再加上好的工具，畢竟「工欲善其事，必先利其器」，這次因為這樣的契機，所研發出來的「同儕視導表」，雖然只是一張量表，但卻占了舉足輕重的地位，才能清楚明確的點出老師上課時，所未注意與發覺的盲點；再者，如果沒有老師之間的互信，教學時的不自然，是會矇蔽了實際的狀況。所以視導表的使用，雖只是一項工具，但搭配上教師與行政之間、教師與教師之間、教師與學生之間的自然而然，卻是教學上具體而微的利器。

作者簡介

洪中明，國立台北教育大學課程與教學研究所碩士；曾任國小導師、學年主任、領域召集人、教學組長、訓導組長、事務組長、學務主任；現任台北縣白雲國小教務主任。

褚一璇，現任台北縣白雲國小教師。

魏虹枝，私立淡江大學中文系學士、國立花蓮教育大學初等教育學系學士、國立花蓮師範學院幼稚園教師師資職前學分班畢業；曾任桃園縣龜山國小自然科代理教師、台北縣白雲國小低年級代理教師、台北縣白雲國小高年級代理教師；現任台北縣白雲國小低年級課後照顧教師。

20

掌聲響起時
——也看我們的教學檔案：建置、分享再成長

林國榮、張孟熙

文件檔案不會說話，資料的累積也未必讓人成長；

真正會讓人成長的是「對話與分享」！

透過經驗的分享、心情的對話，我們討論彼此的困境、分享彼此的故事；

所以我們共同擁有舞台，

也共同分享許許多多的掌聲……。

國榮&孟熙

壹、楔子

　　2003年4月，揹著厚重的資料夾到台北市某國小分享教學檔案……；隔月再受邀約，依然揹著厚重的資料夾到台北市另一所學校分享教學檔案；第三回受邀，又揹著厚重的……，回程的時候開始覺得背包好重。如果一切都轉換成電子檔案就沒這沉重的感覺了！於是開始著手進行所有資料的轉換動作……。

　　2005年初春，校務評鑑剛結束，滿是紙本資料的檔案夾；心中在想，如果教師教學檔案一切都是電子檔案呈現，既省空間又不浪費紙張。於是決定與資訊組開辦教師電子教學檔案研習活動……。

　　過去經驗顯示，檔案的分享如果只是個人的一場秀，通常當下可以感動一群人，回頭之後有多少人會付諸行動？答案似乎微乎其微。

　　2004年冬，決定在電腦教室正式與學校老師分享自己電子檔案建置的歷程；透過分享並且鼓勵老師同步操作，提供老師們另一種知識與資料建構的

模式。

貳、緣起：心動不如馬上行動

之一

原以為只是單純的教學檔案分享與建置，沒想到卻開啟了我與國榮之間在教學檔案建置過程中一連串的對話與分享……。

〜阿熙

坐在電腦教室裡，隨著阿熙主任的分享（主題：用感動作檔案）與說明逐步建立自己的檔案，踏出教室之後依然保持過去的心態「心動不如馬上行動」，毫不遲疑的加緊趕工，打鐵趁熱，不然一旦停下來，就怕會因為放鬆而停止作業。經過一夜奮鬥，終於有了成果，決定拿給阿熙主任看一下！

〜國榮

「主任，我的檔案做好了，你要不要看一下？」

「天呀！這麼快！當然要看！」

（昨天研習完今天馬上有人立即回饋，讓人無比振奮！）

「我保留一些主任原來的話，還把主任主檔加一些套圖，感覺更美觀！」

「太好了！可以留給我嗎？這一套底圖檔案如果可以提供給學校老師用，大家做檔案一定更省事，更有興趣！」

之二

2005年秋，加入輔導團，教學參考資料突然多了許多。教學檔案主檔連結常常找不到資料放置的位址，原有的模式似乎需要有所改變。我開始覺得資料儲存需要有系統的資料夾，於是著手進行資料夾的樹狀規劃。

〜國榮

「主任，我把教學檔案內容的系統做了樹狀系統的分類規劃，你參考看看。」

「嗯！這架構比我做的更完整，更有系統！對一般老師而言，在製作教學檔案時會更有參考價值。可以複製給我吧？讓我也跟著修改！下回和其他老師分享時，可以與其他老師分享。」

「我只是覺得資料太多太雜，有必要進一步分類儲存，如果你覺得有參考價值，那就複製下來用吧！」

「你這樣的架構規劃，會讓老師更加有系統的整理自己的檔案，而且還可以逐年不斷的發展與整理，整個構思更具有參考價值，你不介意我用你的檔案去向其他學校做分享嗎？」

「沒關係！」

國榮教學檔案架構的改變，讓我在自己的檔案整理更有層次，結構更趨於完整。我知道未來有關「教學檔案分享與實作」的專題講座會更具有說服力！

參、同行再出發

翻閱莊胡新浩所寫《月下披雲笑一聲》（註：1999年12月，鄉城文教基金會出版），正好看見一句話：「成就他人便是圓滿自我」。

心中在想「一所學校愈多人擁有掌聲，代表這學校素質愈高」，如果我扮演經紀人的角色，而站在講台上分享的人是國榮，當掌聲響起時，喜悅與成就將不再是私有的，而是共榮共享的！

心中開始有衝動，急著想推薦國榮走上講台！

～阿熙

2006年4月，在北縣教學評鑑工作分享會中，第一次展示國榮的教學檔案。5月，區內教務主任會議工作分享中，鄰近學校為了校務評鑑與教師教學檔案建置的問題，希望邀約我到學校做「教學檔案分享」。

　　會中我分享當初對於紙本資料的看法，以及電子檔案的構思，同時介紹國榮的教學檔案以及他所建構的樹狀資料系統，受到大家的認可與歡迎，於是大家急於邀請我們到校分享。

　　「國榮，最近我在幾個場合談你的教學檔案，大家的反應都很好，好幾位教務主任都希望邀請你做分享喔！看來我快要成為你的經紀人了！」

　　「別開玩笑了！我不會講啦！」

　　「你一定可以啦，我已經準備幫你接單了。」

　　語末順便開玩笑的說：「到時候講師費可別忘了讓我抽成！」

　　「真的不行啦！」

　　「不然這樣吧，下一回你跟著我去，先聽我講，之後有機會我們一起去，分工合作，我講一部分，你講一部分，這樣你就可以慢慢上手了！」

　　「真的要這樣嗎？」

　　「當然，最近我的講題愈來愈多，教學檔案的部分如果不請你分攤，我怕接不完，你絕對是個理想的人選！」

　　「好吧！那就試試看吧！」

　　2006年7月，我們第一次共同擁有掌聲，因為～我們一起走進金山國小……。那一夜，我們邀約所有教務處夥伴在富基漁港吃晚餐。

肆、成長與分享

一、從經驗分享中再成長

之一

總覺得少了什麼？

發現長期擔任科任在教學檔案中缺少了班級經營的區塊，也因此不管是教學檔案的建置，或者是公開場合的分享，就是少了一點點的說服力。

也許我和阿熙主任的差別也就在這一點上面。

決定擔任班級導師，讓自己走過一遭，也可以補足闕疑之處。

～國榮

一般人大概難以想像一個大男人會去帶領低年級學生。

意外的是國榮決定擔任一年級老師！

我想這該是他另一個開始，也是另一種嘗試的開始……。

～阿熙

9月

「主任，你要不要看看我當導師以後改版的檔案？」

「當然要！刺激一下我自己，才有繼續前進的動力！」

「很有效率喔！才接班級一個多月，你的檔案已有全新的風貌！」

「你看我還缺少什麼？」「其實很完備了！」

「給點意見吧？」「如果是我，我會再一次審視自己的教學理念。」

「為什麼？」

「我覺得教學理念是需要一些哲思，不僅僅只是簡單的文字堆砌，它其實或多或少都有一點點形成因素，以我來說，理念源自於自己求學期間的成長

經驗，慢慢的沉澱與反思而來！」「你呢？」

「我沒有真的想得那麼深。」

「我建議你多想想，因為教育的理念與理想是真正支撐一個教育工作者走得可長可久的動力源頭。對我來說那是一種讓自己產生源源不盡的熱力根源。」

「我得回去花些時間想想……。」

…………

「主任，我昨天和老婆討論了一個晚上！」「關於教育理念，我的想法是：相信每個孩子未來的路是無限寬廣，不放棄孩子任何的可能性；更期望孩子在學習的過程當中能健康快樂、多元適性的發展。」

「你很有想法，如果搭配你原來的生活信念：『人無我有、人有我優、人優我更優』的想法，那麼你在教學上的作為思路會更清楚。」

之二

「主任，我現在有一點點困惑？」「教學省思這個區塊很重要，但是要如何去做？」

「我以前的經驗可以分為兩大方向，一個是針對課程內容與教學方法的檢討，另一方面則是針對教學工作與師生互動歷程的省思。」

「那記錄的方式呢？」

「往常我做的時候有我個人紀錄的格式。記錄的方法可以以『記事』的方式，依照事情發生的狀態做記錄與反省；另一種方式則是以『記傳』的模式，透過人物為主體的描述與反省方式。」

「主任，你的範例我看了，不過你的簡報裡沒有呈現，你得加油喔！」「至於我嘗試著也用簡單的記事本記事，你覺得呢？」

「你說的建議我會去努力，你要嘗試的部分也要加油囉！」

　　再一次攜手走向另一個學校的講台，看著主任的報告，聽著他緩緩的說明，我知道自己還需要再補強「班級經營的相關紀錄與論述」。我想這一年導師當完之後，我的資料一定更精采！

～國榮

　　在一旁靜靜欣賞國榮的分享，只覺得他成長速度飛快；猛然發現「經驗分享也是另一個成長的開始！」

～阿熙

二、You are best. I am best. So We are best. 省思

　　關於「檔案」

　　2007年我們主題依舊，但是兩人的行程卻漸漸的必須分流……。

　　2月寒假，我（國榮）試著自己走進集美國小，作40分鐘的（主題：「玩」教學「作」檔案）分享；3月底我們一齊走進實踐國小。

　　同一時間，集美（國榮）的分享反應熱烈！一連邀約作四場的實作經驗分享！

　　4月初豐珠國中小邀約分享。

　　於是，4月底我（國榮）在集美分享，同時，主任（阿熙）也在思賢做報告……。

　　關於「檔案」，

　　一開始這個名詞，老實說我對它有點？？？

　　而現在

　　因為它

　　給我一種挺專業的感覺！

～2007.4.13.國榮寫在檔案第一頁

每一次面對優秀的老師，

心中就激盪著一股聲音：「給我機會，讓我證明你的優越！」

對國榮的感覺尤其明顯！

他讓我深深感受到：「You are best. I am best. So we are best.」

也讓我相信：「惟有優秀的夥伴老師，才更顯得出團隊的優秀！」

～阿熙

伍、後記

一、教學工作實踐紀錄的時代

看著檔案一張又一張的相片，是一種曾經付出的成就；看著一年又一年的資料，是一種曾經走過的喜悅，每一段歷程都會帶給自己一些回憶與省思。心中也許百般滋味，但是真實的紀錄帶給自己更多的成長，感覺更是踏實。

一場接著一場的分享，讓自己愈來愈接近專業，每次想要更上層樓，就會發現不足，所以想更深入追求專業。而每一次探索之後，就讓自己更加成長茁壯。

經驗讓自己知道：「檔案一開始也許只是基本資料的累積，一旦成形之後就會緩緩的產生質變，一個區塊接著一個區塊，逐步形成豐富的內容。」

就我自己成長的歷程而言，真正的成長是依據檔案建置的歷程走來，每一個區塊在建置的過程中發現問題、思索問題、解決問題，於是讓自己在建置的歷程中不斷的增強能力；另一方面則透過資料的蒐集以及和主任的對話，探究更深一層的理論依據，也藉由自己與主任之間的檔案分享，在相互觀摩中學習成長，那是一種與以往不同的成長路徑與模式；可以確信的是檔

案建置與補實真的可以讓自己在建置歷程中獲得更多無形知能，使自己更加茁壯。……

〜國榮

二、教師教學經驗分享的年代

「主任，你當初在外面做教學檔案分享時，目的在哪裡？」

「以前做教學檔案分享時，一開始純粹只是分享，慢慢的開始覺得聽演講是一回事，作檔案是一回事，一場演講真正的效益其實有限！所以做法上做了修正，我會希望聽我分享的老師，聽完之後會有實際的行動，因此開始修正方向，改為一邊聽我分享，同時也和我同步操作檔案，這樣子一場演講完之後，老師或多或少有一些半成品可以持續建檔。」

「你為什麼會這麼想？」

「沒有時間是老師不作檔案的最大問題，我只是單純的覺得凡事起頭難，如果聽我的分享同時，老師也同步操作，一旦有了基本的檔案雛型，老師就會比較有心再往下去做。」「其實最原始的想法就是提供老師一個基礎的支援與支架，讓老師不會從零開始！」

「那你覺得改變做法之後效果如何？」

「其實真正的成效是你做了樹狀資料夾之後，讓更多的人接受度提高；再加上你分享學生作品與相片呈現的方式，也增加老師的興趣，這才是關鍵點！」

「我也覺得學生作品與相片呈現的方式，是老師最感興趣的地方。」

「老實說我也是透過與你分享中不斷的蛻變與成長，在你這裡學到不少東西！」……

最近幾次專題分享完，當掌聲響起時，心中一直有一種意念：「分享並

不是單方面的給予。」「在給予的過程中，有些時候會因為互動的關係，反而使自己更加成長！」國榮之於我就是如此。

他讓我相信「對話是彼此成長的開始」、「分享是彼此喜悅的源頭」。

～阿熙

三、教學同儕成長共榮的期待

心中在想：「在學校外面，自己的教學檔案建置與做法頗受歡迎，也受到許多人的肯定，但是學校老師是否也一樣的認同呢？」

「在外面帶著許多學校老師作檔案，回到學校我可以做什麼呢？……」

～國榮

內心思索著：

「是時候了！國榮的教學檔案應該可以適時的呈現在學校老師的眼前。」

「我們走過許多學校，該是回頭協助自己學校老師的時候了。」

「也許我們可以從學校尋找再一次出發的時機，又一次帶動其他人一起作檔案。」

～阿熙

「主任，最近在外面分享時，心中始終浮現一個問題，我們學校老師的檔案作的如何？我們的做法受到外面的肯定，回頭看自己學校時，心中總覺得不踏實。」

「真巧！我正想和你說這件事，沒想到你先提起。」

「我正想說這次學校參加教學評鑑試辦，有部分老師選擇教學檔案建置與分享，我們是不是先找個適當的時間和大家分享檔案，同時也協助大家建置教學檔案。」

「這樣很好啊，之前我也曾經利用學年會議時間和同學年老師分享，如果

我們可以規劃和學校老師分享，並協助老師建置，一定會有更多老師會發展出更可觀的檔案資料。」

「其實我也很期待，如果透過分享和協助能夠有更多像你一樣的種子發芽，我們學校未來在這個區塊將會成為老師工作分享與專業互動的橋樑！」

「這才是我幾年前最期待的場景！」

「老實說我當時我並不奢望會有多少老師向你一樣跟進！但是因為你讓我更相信這件事是可以促成的！」

「主任預定什麼時候辦呢？」

「我想依照評鑑的時程做安排，預計5月中旬以後，我們可以和幾位老師一起分享與實作，也讓他們與我們一起玩『檔案』。」

5月，我們正在期待下一個夥伴的加入……。

作者簡介

林國榮，國立嘉義師範學院初等教育學系體育組學士；曾任台北縣九年一貫課程國教輔導團健康與體育輔導員、台北縣立中小學校務評鑑委員、台北縣教師康樂輔導人員聯誼會組長、總幹事、副會長、會長；現任台北縣永福國小教師、設備組長、田徑隊指導教練（台北縣、三重市）。

張孟熙，台北師範專科學校普通師資科語文組、國立台北師範學院社會科教育學系學士、現就讀國立台北教育大學教育政策與管理研究所學校行政碩士班；曾任花蓮縣豐濱國小教師兼任主計、台北縣永福國小教師、生教組長、訓導主任、總務主任、教務主任；現任台北縣東山國小校長。

21

英語嘉年華
——永福國小英語團隊課程設計與實施之分享

林淑暖

前言

一、再續前緣？

開學後不久，素君來找我，對我說：「淑暖！我想今年度還是要麻煩您，再幫我們接任一下英語領域的召集人，可不可以？」

聽完，臉上傻笑著，心裡卻驚了一下，腦海裡驀然出現了之前擔任行政工作時，兼任英語領域召集人時所發生的種種，想到那時的眼淚——因為自己的不夠堅強、因為同事之間的話語齟齬，我真的很猶豫、害怕！

二、告訴自己——我不害怕！

思考了許久，我答應了，我想用這兩年建立的信心、勇氣，去面對！

壹、英語領域團隊老師的運作模式

自從實施九年一貫課程，積極推展校本課程，學校一直希望各領域教師能針對本校學生的學習，提出一套足以讓各學年學生都能有所發展的縱向聯貫課程，並能成為學校的特色課程；基於此，全校老師紛紛選擇加入各個專長的領域，參加研習或討論各領域的課程發展，學校也為此，每個月排一次的領域研習時間，讓老師們能專心研討。

英語領域教師們針對學校行事，結合節慶教學，將之融入課程中，並利用每個月一次的領域研習時間，一起討論、仔細規劃每一個活動細節。

貳、各年級課程活動規劃與實施簡介

一、課程活動規劃

在英語教學中，聖誕節是一個不容忽視的課程題材，因為它是西洋文化中很重要的一個節慶。我們學校以往的聖誕節活動，總是在操場舉行；又為了配合課程，因為是利用彈性課程裡的學校行事時間，如果占用級任的上課時間，怕會引起反彈（很多老師很認真的想要多上課，也不希望太強調英語活動），所以通常會將全校劃分為兩場，一、二、三年級一場，四、五、六年級一場，英語老師在台上努力的帶著學生唱跳，激發全場的熱情，家長會的委員們當起聖誕老公公，背著一袋袋的糖果，還要練習舞蹈，企鵝舞、排舞通通來，表演完後，再把袋裡誘人的餅乾、糖果分送到小朋友的手中，小朋友們爭相圍著Santa要糖果，活動也在熱鬧中落幕。

今年，因為學校改建，操場被挖空，正在蓋新校舍，無法沿用之前的招式，因此英語老師們經過討論，決定各個擊破，給每個學年設計一個不同的聖誕節主題活動。大家先提出自己的上課重點規劃，Lisa老師說她上課會教一些英語歌曲，流行歌或經典西洋歌曲，歌曲有時是她提供，有時是學生提出，讓全班表決要唱哪一首，因為唱歌的氣氛比較輕鬆，也是一個學習英語的好方法，學生們也愛唱；因為她是教五年級的，所以就決定五年級的主題是「聖誕歌謠觀摩賽」，將原本的歌曲改成配合聖誕節主題的歌曲，是蠻不錯的想法，大家都說好！為什麼說是觀摩呢？因為不希望給小朋友和班級導師有太大的壓力。

「那麼主持人要找誰呢？」Lisa老師這樣問。通常教務處會去幫忙尋找、聘請適合的人選，但我說：「當然就是妳囉！」

「啊！不要啦！我會緊張的啦！而且我很少上台的耶！」Lisa老師急著補充。這時，Jenny老師說：「五年級各班狀況妳最清楚，上台表演曲目妳也都瞭解、熟悉，妳當然是最佳人選囉！沒有人比妳更適合的了！」

「嗯！還是不要啦！我真的會緊張！」Lisa說。

「沒關係啦！不然先暫定，如果到時真的有狀況，再請教務處幫忙囉！」我說。

三、四年級因為剛學英文，很多基礎尚未打穩，像二十六個字母的字母音和語音，很多小朋友還不是十分清楚，所以就結合課程內容和聖誕節的相關字彙做闖關設計，對活動方式、關卡內容也做了諸多討論，最後敲定有五個關卡。

「六年級不喜歡蹦蹦跳跳，就安排他們去做有氣質的活動吧！那就是到其他年級各班去報佳音。」教六年級的Angela老師這麼說。

「那一、二年級怎麼辦？他們今年開始沒有英語課耶！都沒有活動，好像有點可憐！」Lisa如此說。

我說：「那就請校長、主任和家長會委員們打扮成聖誕老公公，帶著糖果到一、二年級各班教室去發放吧！順便教他們說一句：『Merry Christmas！』」

Jenny也說：「可以請六年級的大哥哥、大姐姐到一、二年級各班去報佳音啊！讓他們感受一下聖誕節的氣氛！」

「那時間呢？」Lisa說。

「不能同時都擠在同一天吧！這樣會分身乏術耶！」Jenny也說：「對喔！觀摩賽需要裁判老師，闖關活動也需要我們去handle啊！」

「那我們分兩個星期辦好了，這樣就可以彼此互相支援囉！」

「對呀！歌曲觀摩比賽時，我們可以去幫忙當裁判；闖關時，妳們可以來幫忙照相、處理偶發事件，我們才不用樓上、樓下跑得很累！」

「那怎麼分配呢？」我說。查了一下記事本，發現聖誕節前後的兩個星期彈性課時間是12月19日和12月26日。

Lisa說：「Xmas song好像應該在聖誕節前夕唱，之後唱好像就沒啥意義耶！」

Jenny說：「對呀！就當是聖誕嘉年華的暖身活動吧，先辦聖誕歌曲觀摩賽，炒熱Xmas的氣氛吧！」

「That's right! 表現出色的班級，還可以在Xmas當天，到別班做表演喔！」我說。

於是最後敲定12月19日舉辦「五年級英語聖誕歌謠觀摩賽」，12月25日六年級報佳音，12月26日三、四年級聖誕英語闖關活動。

確認所有的活動內容後，我將計畫提交給教務處，並請他們協助場地借用及布置事宜。

二、突來一筆的「聖誕奇蹟」

就在各項規劃逐步進行之時，一天，在學務處偶遇了教務主任和家長會長，寒暄了幾句之後，主任請我跟會長說明聖誕節的活動規劃，問她有沒有什麼想法？

會長反問：「你有沒有什麼新想法呢？」

我隨口回答：「12月25日是星期一耶！妳們要不要打扮好，在校門口發糖果，迎接來上課的小朋友們，給他們一個驚喜呢？這樣，一到六年級的小朋友，連全校老師都會有一個surprise吧！」

　　會長眼睛一亮，說：「這樣很好耶！星期一的早上……小朋友們一定想都沒想到！」

　　「是啊！再把穿堂布置一下，一定很有Xmas的感覺喔！」

　　「嗯！我會請家長會幹事去處理禮物的事情，也會去找其他委員來共襄盛舉！」

　　「嗯！好！」嘴裡答好，我心裡卻開始想：怎麼布置啊？自己好像又多承攬了一件事耶！

三、活動準備

（一）五年級的聖誕歌謠觀摩賽

　　在和教學組討論整個聖誕英語系列活動時，提過比賽場地布置的問題，她說：「最基本的道具就是聖誕樹吧！一擺上聖誕樹，聖誕氣氛自然就出現了！我會申請經費去購買兩棵聖誕樹的。其他細項，到時我再帶領實習老師一起討論怎樣裝飾，場地的問題就交給我們吧！妳們只要將孩子們訓練好就可以了。而且觀摩賽結束後，兩棵聖誕樹還可以移至穿堂擺設，聖誕節那天早上在穿堂不是還有活動嗎？」

　　我說：「對喔！設想真周到！這兩棵樹真是物盡其用，一點都不會浪費！」

　　比賽前兩天，經過教務處時，看到教學組帶著實習老師們和幾個學生一起在組合新買的聖誕樹，心裡想著：「真好！開始在動工囉！」又順便問一下Lisa要的其他幾樣器材，如：有腳架的麥克風、音響設備、伴奏用的電子琴……等。

　　素君（教學組）說：「沒問題！比賽那天一定都會準備齊全的。」

我說：「妳辦事，我放心囉。」

眼見聖誕樹慢慢成形，心裡真的很感激，因為英語老師們課程滿滿，實在無暇去處理這些枝枝節節的問題！

碰到Lisa時，問她：「歌曲練得還好嗎？學生反應如何？級任老師有說什麼嗎？」

她說：「正在緊鑼密鼓的練習中，學生反應還不錯，有些老師很配合喔！已經在練隊形、動作，還有做造型呢！」

（二）三、四年級闖關活動

闖關活動因為場地的問題著實讓我們傷了一番腦筋，因為學校實在沒有多餘的空間讓我們使用，只好將各班教室變成關卡，原本想讓三、四年級用同樣的教室，但考慮到關卡內容不一樣，如果三年級先闖關完成，再換布置讓四年級進行，恐怕時間拖太久，會影響接下來的課程，最後只好決定讓兩個年級同時進行，請三、四年級各班級任老師留在原班教室，幫忙維持秩序和注意學生們的安全，而學生們則分組由組長帶隊，自行到各教室闖關。

道具準備方面，因為兩個學年同時進行，所需的道具非常多，實習老師們利用時間陸陸續續在準備。這天，我來到教務處，想做最後的確認，看到他們打字的打字、剪貼的剪貼，忙得不可開交，我也挽起袖子，跟著黏黏貼貼，Lisa和Jenny經過教務處時，看到了，說：「需要幫忙嗎？我們這節剛好有空！」

我說：「需要！需要！人手愈多愈好啊！」

於是三人邊忙邊聊，只是我們是用英語聊，聽的旁邊的人說：「喂！妳們是要考驗我們的英語能力嗎？」

「對呀！以後教務處也來規定一週的一天為英語日，在那天，所有在教務

處的人都要用英語説話。」

「不錯喲！這樣練習後，看英文會不會説得比較流利？」

大家你一言、我一語的開始討論起來，這時突然聽到一個聲音説：「那⋯⋯我可不可以選擇當啞巴呀！？那一整天我都要用比手畫腳的來表達。」

一句話，讓大家噗哧笑了出來，忙碌的工作好像也變成一件愉快的事了。

而在闖關的關主方面，考慮到級任老師可能力有未逮，也怕他們太累，所以請Angela幫忙找六年級的學生來幫忙，原先是要由六年級各班挑選幾位來支援，後來考慮到這樣上課零星，對級任老師也是一種困擾，Angela就情商四個班級總負責，並分配好工作，這樣就不會影響到全部的六年級。

(三) 聖誕奇蹟

自從跟會長提過聖誕節的活動規劃後，腦袋瓜裡就不時地想：要怎麼布置穿堂呢？有聖誕樹，應該也要有雪橇吧！只是雪橇要怎麼做呢？問了擔任美勞科任的義成主任，也問了資深的美勞科任玉庭老師，他們都説：「用椅子當底座，再加裝飾就好了！」説起來簡單，但沒有實際動手，永遠都只是一個概念！

跟素君及實習老師們約好星期五下午要做穿堂的布置，將概念化為實體。找來了很多款椅子，比較之下，覺得鐵椅子比較適合，要怎麼裝飾呢？大家七嘴八舌討論，莫衷是一，還有人去看電腦中的雪橇圖案，想確認雪橇的樣子。

這時，國榮剛好經過，他問説：「你們在做什麼？」我將大概的情形跟他説了一下。

他説：「雪橇喔⋯⋯」看著椅子，他沉思了一下，又繼續説：「你就拿

銀色的噴漆把這裡、這裡噴一下，再拿金色和銀色的厚紙板來裁出兩條有波浪的槓，這裡黏、這裡黏，這樣就是雪橇啦！」他邊說邊用手比這裡、那裡，看得我眼都花了。

我說：「那你有沒有空呀？既然你已經有idea知道要怎麼做，就幫我們一起來完成它吧！」

實習老師們也說：「對呀！對呀！幫幫我們吧！」

「國榮手很巧喔！又很有創意，你們看他的教室布置就知道了。」我補充說。

國榮看了看手錶，笑笑說：「可以是可以啦，可是我的工時是很貴的喲！」

我笑著回答說：「哎喲！同事一場幹嘛說錢呢！看在我們曾經共事那麼久的份上，我請你吃一頓飯吧！」

他又說：「那我要挑最貴的餐廳，聽者有份，大家都一起去吧！」

我說：「沒關係！我再跟主任申請補助囉！」

大家又是一陣笑聲。於是就在國榮的指導下（其實幾乎都是他在做，我們其他人只是做些遞送工具、材料的工作），噴漆、晾乾、貼金箔、做銀色邊槓……一台閃亮亮的雪橇就出現在我們的眼前！又從教務處的櫃子裡找出前幾年買的彩帶、金球等裝飾品，將聖誕樹裝飾好，再將雪橇放在樹旁，感覺真是太美了！大家興奮的跟忙了一下午完成的作品拍照，團照、個照，一個個來，就覺得是一種成就。

素君看見了幾套大家找到的天使裝和麋鹿帽，說：「星期一早上，你要不要找幾個小朋友扮成小天使，去給小朋友祝福呢？」

我說：「我正有此想法耶！再請兩個小朋友當reindeer，請主任當Santa站在雪橇上對小朋友說：『Merry Christmas！』哇！光想像那個畫面，就覺得

很興奮耶，小朋友們應該會很驚喜吧！」

四、活動執行

（一）五年級聖誕英語歌謠觀摩賽（12月19日早上）

　　一早，進了教室，匆忙交代好學生，就趕到比賽場地，因為Lisa是活動主持人，那Jenny、Angela和我就當評審囉！

　　當所有小朋友都到場後，Lisa上台主持，一一介紹評審，聽著她穩健的聲音，看著眼前多采、亮麗裝扮的學生們，心裡想著：「每個人都是需要鼓勵的！也都需要一個能夠展現自己的舞台的。」

　　回想一開始Lisa的疑慮，對照她今日的表現，我深深覺得「鼓勵」是勇氣的來源！而對學生來說，老師的關心、支援就是勇氣的來源吧！為什麼這麼說呢？因為從上台後的學生表現，我發現到，有造型裝飾、有動作變化的班級學生，他們的臉上充滿著微笑，展現出自信，歌聲也較宏亮；而穿著制服上台的班級學生感覺有點羞澀，很多時候眼睛是看著地板、天花板，而且唱歌時，聲音好像含在嘴巴裡出不來。

（二）穿堂的「聖誕奇蹟」（12月25日早上）

　　星期一早上，特地提早到學校，因為上星期風很大，怕經過星期六、日兩天，布置會被破壞，所以聖誕樹和雪橇都放在教務處，跟素君約好一大早來布置。到校時，穿堂那裡還沒有動靜，但已有些早到的學生在走動。

　　我先請警衛到教務處把聖誕樹和雪橇搬下來在穿堂放好，然後到教室放好包包，找好四個早到的小朋友穿上天使裝，帶他們下樓到穿堂時，發現穿堂已經擠滿了人，學校樂隊、直笛團、五年級聖誕歌謠賽特優的班級等，全部穿戴整齊在穿堂集合，準備演出。

原來學務處知道今天的活動，所以通知學校樂隊也來配合演出。

不一會兒，家長會的聖誕老婆婆們（因為都是媽媽們）揹著糖果出現，「Jingo bell, Jingo bell, Jingo all the way……」歌曲旋律從樂隊中響起，歌謠觀摩賽特優的班級開始表演著類似舞台劇的歌舞秀，張主任穿著Santa的大紅衣站在金光閃閃的雪橇上，手上拉著用彩帶作成的套繩，套著兩隻可愛的reindeer，不時對著走進校們，經過穿堂的小朋友們爽聲地說：「Ha！Ha！Ha！Merry Christmas！」小天使們揮動著手中的彩杖，靦腆的笑著（因為有點害羞啦！）再看看經過穿堂的小朋友們的眼神、表情，覺得真是太棒了！

拿著相機為這次的活動做紀錄時，幾個晚到校的班上學生一直跑到穿堂來看，還問我：「為什麼他們可以當小天使啊？」

我回答：「因為他們比較早到學校，所以老師請他們幫忙啊！」

「我也好想當喔！」他們七嘴八舌的說著。

「等下一次有機會囉！」我說。

俗諺說得好：「早起的鳥兒有蟲吃，那這些小朋友是『早到校的小朋友有天使當』！」

走到警衛室時，碰到校長，他正邊看著聖誕老婆婆發餅乾、糖果，邊微笑的對著進校門的小朋友打招呼呢！我問他為什麼沒有換服裝當聖誕老公公呢？

他笑著說：「我比較喜歡當天使！」

我說：「真的嗎？那您等一下，我去拿一套天使裝給您！」

拿好了天使裝，校長真的穿上了，還笑說：「我像個天使吧！」

我說：「是啊！是個老天使！哈……」

趕快幫老天使拍照存證，就一溜煙走人，繼續幫四處發放禮物的聖誕老婆婆們留下歷史鏡頭。走出了校門，想從校外看看整個活動的場景時，赫然發現校門口對面的路口，站滿了圍觀的群眾，正覺驚訝時，有個媽媽突然走到我身邊，對我說：「很好玩耶！以前都沒有看過，今年真是熱鬧、有趣，很特別喔！」

原來如此，我想對面那一大群圍觀的家長們、路人們，也是因為相同的原因吧！家長們是第一次看到學生們的聖誕活動，今年又特別多了團隊加入表演！心裡默默對自己說：「嘿！你做對了一件事喔！」

那個媽媽的話，對我來說，也是一種「鼓勵」！

穿堂那裡又傳來主任的「Ha！Ha！Ha！Merry Christmas！」
「是呀！Merry Christmas Everybody！」心裡愉快的回應著。

回到教室時，經過三年六班的教室，發現Angela老師帶著六年級的大哥哥、大姐姐正在對著小弟弟、小妹妹唱歌，表演報佳音，不禁跟著哼起歌來。

（三）三、四年級的闖關（12月26日早上）

升完旗，回到教室，請各班老師開始移動桌椅、布置場地，六年級的小關主們也各就各位了，突然發現Happy Singing那一關的教室少了錄放音機、少了歌曲CD，因為小朋友們闖關時需要伴奏的旋律。

原本以為每一班都有錄放音機的，沒想到還是有班級沒有，趕緊將班上的錄放音機先拿給小關主，再將歌曲CD送至Happy Singing的各關教室，
還有老師來問：「桌椅要怎麼排？」
我想之前教務處發下的場地布置說明圖，還有我在學年會議裡的說明，

顯然是沒有發揮作用,只好再跟她說:「只要安排成適當的、能讓學生有足夠的闖關空間就行了!」

一陣忙亂之後,終於正式開始。學生們都還蠻興奮的,忙著練唱歌、複習聖誕字彙,走廊上響起了陣陣的歌聲、腳步聲、歡笑聲,非常熱鬧!

我忙著四處走動,看看各關教室裡的活動情形,Lisa、Jenny、Angela也是四處巡視,碰到時,就互相討論一下看到的狀況,或聽到的學生對話。

我們都說:「活動式的學習課程,小朋友還是比較喜歡的。」

雖然你會聽到小朋友嘰嘰喳喳的說:「老師⋯⋯!(拉長尾音的)那些題目都太簡單了啦!我們一下子就過關了。」

「老師,我都沒有玩到!×××一個人都搶著把所有的問題都回答完了。」

我嘴巴裡回答著:「喔!喔!下次我們再想看看有沒有辦法⋯⋯」還沒等我回答完,他們已經又掉頭離去了。

我想他們應該不是真心在抱怨吧!而且,「傾聽」也是一種學習呀!

參、活動省思

一、多元評量的理想與實踐

在這個強調外語能力的時代,學生的外語學習表現,似乎也是家長注目的一環,英語老師也備受壓力!誰不想每個學生的學習表現都很棒呢?我們不再強調紙筆測驗,相對的在英語學習上,我們希望他們在聽、說方面也能有所表現,所以強調多元評量,我們的設計也朝這個方向努力,我想課堂外的活動,總是比課堂上的講述要有趣多了,但是所有的活動最終都是希望能

幫助學生學習。

二、教師同儕成長、團隊共享共榮的時代

　　學校以前的英語活動，大部分都是行政規劃好，請英語老師配合指導學生，老師們都是被動的配合，有時還會消極的反抗；而今年的模式是由英語團隊老師自己討論、規劃，提出各種辦理方式，大家透過對話，努力的設計出適合各年級的活動，同時也會互相分享上課的ideas，互相提出課堂上所遇到的問題，彼此為對方加油打氣，我想：同儕間的對話，這才是教學線上最珍貴的吧！

三、行政的配合與支援

　　在整個課程實施活動中，我覺得最大的問題是準備活動，因為一星期二十三節的教學節數，使得我們科任老師們的空堂時間真的很有限；而且規劃好，如果學年老師不配合，也是徒勞無功的；所以對於教務處的配合——幫我們英語老師跟學年老師溝通，請學年老師配合，並且站在行政的立場，發現我們的規劃活動有所缺失時，會跟我們討論、提出可行的方式，並且幫我們承攬下所有的場地布置和道具準備，這是我們最感激的部分。

作者簡介
林淑暖，國立花蓮師範學院、台北市立師範學院初等教育學系輔導組學士、國立台北師範學院英語教學二十學分班；曾任童軍團團長、註冊組長；現任台北縣永福國小教師。

教學視導
|故事敘說|

樂做教師專業成長的僕人

陳亞妹

壹、緣起

近幾年來,在退休的狂潮下,學校老師汰換快速,師資普遍年輕化;雖為學校教育注入一股青春的活力,但教學經驗傳承上卻出現斷層,由於教學能力以及經驗的不足,所導致的教學問題、師生衝突日漸浮出檯面。每每看到年輕老師因受挫而呈現出焦慮的臉龐,都有一份心疼;每每接到家長來電投訴質疑老師的教學,在接納同理家長的擔憂時,卻多了一份隱憂。教學是一門藝術,也是一項專業;每思及教師的工作在幫助學生快樂地成長及有效的學習,總有一份使命要協助教師提昇並控制其教學品質,並為學校歷史負責。

因此,本校尚未參與「試辦教師教學專業評鑑」時,我即大膽的嘗試與同領域的教師群組成「教師專業成長團體」,透過以「教室觀察」、深度對話、與團隊學習為主軸的專業發展活動,共同追求教學專業成長。期間有我們摸索的過程、失敗的經驗、實踐後的喜悅……,我們共同寫下同儕間教學專業成長的新體驗。

貳、團隊學習的契機

「當飛雁鼓動雙翼時,尾隨的同伴立刻跟進,……比孤雁單飛增加了71%的飛行距離。」在教師專業成長的啟示:「教學不再是單打獨鬥的事,藉團

體的動力，彼此合作、分享，必定能提昇71%的專業成長。」

在領域中，和老師們分享雁鴨的故事，獲得夥伴們的認同，在此激勵下夥伴們對兩週一次的領域研習提出建議：

T1老師說：兩週一次的領域時間好像都在混！為了應付，隨便拿一篇數學文章交差了事，螢心虛的，很期待可以做一些對數學教學有幫助的活動？（930213）

T3老師表示：我是一個菜鳥教師，尤其不是數學本科系的，很怕誤人子弟，所以很希望和大家學習如何教好數學？也很盼望能得到有經驗的前輩的指導？（930213）

看著一群有朝氣、有活力的明日之星，在對話中談到許多教學上的困境時的徬徨、無助……，一股被激發的動力以及使命感油然而生，深覺這就是實踐「教師教學專業發展」，協助老師瞭解自己的教學活動做為反思並改進自己教學的最好時機。在順勢下，很幸運地，我們跳過可能產生的抗拒期，在夥伴的信任與支持下，我樂意扮演那隻領航的雁鴨，以教師教學專業發展為主軸的「數學教師教學專業成長團體」因而誕生。

參、成長故事

2004年2月，數學領域八位夥伴共同在成長之路上啟航，我暫時充當舵手，和大家一起航向教學專業發展的彼岸。

一、團體組成曲折的開端（2004年2月～2004年6月）

這個階段以參考文獻為主，能取長於他校的經驗非常少，因經驗及能力不足，且戰且走，進行並不順利。尤其是主活動——教學觀摩幾近停擺，T8

教師表示：

很怕領域時間，想到要教學觀摩就倍覺壓力，真希望輪到我時能跳過去。（930418）

其他夥伴附和T8教師的看法，紛紛提出改成數學專題或心得分享來進行。為了團體的和諧也避免成為夥伴們的負擔，只好又回復到2004年2月之前的研習模式，又在原地踏步，一股挫折感油然而生。

二、反省與行動

重新研讀相關文獻與積極尋求支援，不斷地反思與檢視運作以來的缺失。

我是否陷入Senge（1990）所指出的組織的學習障礙——領導者負責的幻想：組織領導者提出解決方案，忽略與其他組織成員共同思考解決問題的方法。是否就是這一期進行不順暢的原因？（930622）並尋求奧援。

三、重新調整與再出發

（一）成長與精進（2004年9月……）

新學年開始，人員更迭下加入了四位生力軍，都是資淺的教師，表達強烈的意願希望「數學教師教學專業成長團體」能繼續運作，這給了我極大的鼓舞。從研讀張德銳教授的著作《教師專業發展》中獲得很大的啟發，因此，大膽地向張德銳教授請益，幸運地同時得到張德銳教授及丁一顧博士的指點迷津，獲得重新出發的動力。

鑑於第一階段的缺失，與七位數學教師共同磋商我們的方向與程序，共

同商訂進行方式、時間、地點，進而訂定計畫，並且基於平等地位的原則，彼此均為「協助教師」；於是「數學教師專業成長團體」再次出發與運作。

（二）解開「教學觀摩」與「教室觀察」的迷思

讓夥伴們充分瞭解「教學觀摩」與「教室觀察」不同之處，以怯除老師們心中的恐懼與不安。強調教室觀察是：「將教室教學最真實的一面呈現出來，參與者是觀察者而非觀摩者，我們都是協助教師，大家的地位都是平等的。」

T7教師瞭解「教室觀察」的真義後說：有那麼多雙眼睛幫忙看我上課的盲點與缺點，大家就好像我的一面鏡子。緊張和壓力一定會有的，調適一下心情應該是沒問題的。（T7930910）

T3教師認同的表示：教室觀察對我來說是一個很大的挑戰，可以反思自己的教學，我有點期待又有點怕受到傷害！（T3930910）

2004年9月17日開始聚焦於以教師現場教學為主，並參與教學研討、進行教學反思等方式，來促進教師專業成長，從此展開了我們共同成長的新生活。

肆、省思與成長

歷經一年，進行兩個階段的教室觀察，其間經過回顧現場教學及教學討論會之回饋，夥伴們在教學行為的改變與成長是豐碩的。

一、在「掌握教學目標」方面的成長與改變

經過成長團體的運作、成員彼此觀摩、分享與回饋，在進行第二階段教室觀察後：

　　T2老師說：「教室觀察」前用在備課的時間比平常多，學會積極思考並設計一些活動。這樣講課肯定對學生的學習是有幫助的，我會持續下去。（940214）

　　T3老師表示：自己教學可能出現的盲點而不自知，看過別人上課，順便反思自己是否也犯同樣的錯誤，別人真像是自己的一面鏡子。（940315）

二、在「活用教學策略」方面的成長與改變

　　第一階段活動之後，夥伴們對自己的教學進行反思並修正；因此，第二階段的教室觀察中，教師為引起學生學習動機及教學方法活潑化，在數學概念講解時都設計了簡易的教具，從學生的學習表現及訪談中窺知一二。

　　這一節課好好玩，老師用撲克牌來教我們正負數的加減法，比較能吸引我們聽課，我希望以後每一節數學課都像這樣。（S1 940307）

　　老師這一節課很不一樣耶！設計了很多色卡紙來說明等差級數，我很快就聽懂了，今天的數學課好像過得很快，如果數學課都這樣上，上課睡覺的人一定會減少！（S2 940314）

　　T5老師有感而發地說：我只是利用一些簡單的教具教學，上起課來果然順暢多了，叫學生「看這裡」的斥喝聲少了，師生關係似乎也沒有那麼緊張了。（940309）

三、在「增進有效溝通」方面的成長與改變

　　藉由觀摩他人的教學反思自己的教學，T4老師說：經過與夥伴的互動瞭解自己教學的缺點，而且學習到更多更好的教學方式。

　　透過問答、搶答可以提高學生的學習興致；當我減少用負面的話刺激學生時，學生和我的關係和善起來，上起課來感覺好多了，我又有繼續當老師的勇氣了。（T5 940309）

四、在「營造學習環境」方面的成長與改變

　　在第一階段教室觀察中曾發現教師只顧講課，而沒有叫醒睡覺的學生，對上課喝飲料吃零食者，教師卻忽略處理學生不當的行為。在第二階段教室觀察中，夥伴們在營造學習環境部分均有或多或少的改變：T7教師嘗試以小組活動提供學生合作學習的機會，以積點制來鼓勵學生的學習表現，與學生的互動良好，並糾正學生講話與喝飲料的行為；T1、T2、T3、T4教師也都能適時叫醒睡覺或低著頭的學生，而且在講課時語調、態度和善，並給予學生口頭讚美的次數增多。老師們有感而發說道：

　　設計一些教學活動，上起課來學生似乎活起來了，從來沒看過學生上課那麼專注，班上的氣氛和以前很不一樣，我上起課來也特別起勁。（940304）

五、在「善用評量回饋」方面的成長與改變

　　夥伴們在互相觀摩學習與回饋分享中，紛紛表達他們的新體驗：

　　T2老師說：我現在給學生問題時，會先看他們能不能瞭解，如果不能理解的時候，我可能用別的角度切入，試著用他們的思維去思考問題。（940401）

　　T4老師說：學生解題的錯誤類型有些是我們想像不到的，這反而忽略了學生該有的先備知識，所以當我發現學生解法錯得很奇怪時，我會停下腳步去瞭解他們的問題，也許要做補救教學了。（940329）

六、在團體互動中成長

T1教師指出和其他教師的討論可以增進自己的教學改變：經過夥伴的互動，可以獲得許多寶貴的意見。透過夥伴的對話在自己的教學中會產生一些激盪與改變。（940402）

T2教師在數學教學專業獲得新的啓發：在領域中老師們常有不同的想法，對我影響最大的是藉由互動、探討，增加自己的專業素養，尤其是數學方面的專業素養。（940410）

T3教師發現集思廣益後教學的成長：在互動的過程中，大家毫不吝嗇地提出見解，透過不斷的專業對話，從內心認眞去思考和分析事情，對自己的成長眞的有很大的助益。（940407）

T4教師感覺到教學討論會可以幫助他獲得成長：每次一位老師演示完畢後，接著便開檢討會議。給予回饋或者分享本身的經驗與處理方法，讓我獲益匪淺。（940305）

T5教師在團體中的討論有了新體驗：在每次的對話中可以幫助自己提昇教學技巧、瞭解自己教學的缺點，對於班級經營也從中獲得很多技巧。（940305）

T6教師在互動中對自己的教學產生自信：在領域裡，聽老師們述說各班的狀況，感覺上就好像是自己教過很多班，以後教學中遇到相同的情形，心裡就會有個底，比較知道要如何面對。（940408）

T7教師在省思中獲得成長的動力：我眞的很幸運，在成爲正式教師前能參與接觸這樣的教學和討論，雖然過程很辛苦，但我覺得我的收穫最大，成

果也最豐碩。（940410）

　　前後兩次對「教學行為自我檢核表」內所列出來的十四個教學行為，我的感受很不一樣，在一個學期的討論和互相觀摩後，回頭看自己到底具備了那些？才發現好像很多都沒做到，實在很慚愧！（940214）

伍、迴響與啟示

　　在長達一年半的時間裡，每次的領域聚會都是學習、都是驚喜，似乎感染了其他的老師。國文科陳老師（化名）認同以這樣的方式彼此成長，他認為：

1. 有進步的空間：藉著教室觀察與教學討論，互相分享可以激盪出更多的東西，以及新的見解。

2. 班級經營的成長：教室觀察，互相觀摩老師們真實的教學場景，可以從中反省及學習，有助於班級教學之進行。

3. 進步成長的動力：能用寬廣的心胸去接納別人的觀察與指導，是進步與成長的動力；而且有教學專業者進入教室，幫助我們找出教學的盲點。

　　當我試探是否能在國文科推動此一成長模式，陳老師很中肯的提出他的建議：

　　自古文人相輕，也許較不易被接受，但是觀念溝通很重要，宣導要充分，怯除老師心中的擔憂，應該是可行的。……召集人是各領域規劃與推動專業活動的推手，所以慎選召集人，並做好召集人的溝通與協調，化阻力為助力。（940420）

　　群群老師（化名）表達他的支持並提出很中肯的建議：

　　這是一種在校內分享教學經驗的成長方式，需要行政的推動，若以半強迫性推動起來較容易；當然要先宣導，充分溝通，說明其在教學上的成長帶來的意義，才能減低老師們心中的疑慮。（940420）

　　方方老師在實施上有不同的見解：

　　以成長團體方式取代進修，恐怕老師們會有恐懼感，覺得要花較多的時間去做，增加負擔而排斥，所以不妨先從新進教師開始，或者讓有意願的教師以小範圍分梯次去實施，經過一段時間後，影響老師的層面會擴大，慢慢就會變成學校一個常態性的專業成長活動。（940418）

　　雖然無法將更多老師對「教師成長團體」促進教學專業成長的看法一一呈現出來，但是從上述老師的訪談中得知，對這一個專業成長的進修模式持樂觀態度者居多，且提出很多具體的建議，這些都提供我在推動工作上很好的思考方向。

陸、分享T7老師成長的喜悅

　　2005年7月中旬，電話的彼端傳來T7老師興奮的聲音：

　　「主任，我剛剛試教結束，這次有信心一定會通過的，這一年我來對學校了，實在太高興了，放榜後，我會專程回去謝謝大家。」

　　不禁讓我想起一年前，在第四招唯一來報考的T7老師，試教時的窘態與生澀，我與另一位評審被他鐘擺似的身體移動晃到頭暈、平平的語調悶得難過，但迫於已開學了不得已之下，幾經商議冒著可能會接聽家長抗議電話到手軟的風險大膽的錄用。一年來多次的走進他的教室，看著他教學的進步與成長，最是欣慰！也是我們團隊的驕傲，我們合力地改造一個考場上幾經挫敗的代課老師。雖然他參加外縣市的教甄，但仍然在這個領域裡努力，在教

學工作上奉獻，亦是學子之福，同時將我們的專業發展模式帶到其他縣市，也是一個很好的經驗傳承啊！

　　距離上次參與教室觀察活動大概是兩年前的事，那時我還是一個很菜的代課老師，不論是對於教材質量呈現的掌握、課堂師生互動的掌控、教材轉化口語的表達，哪怕是一個眼神的轉動……等，都只能在摸索中學習，嘗試錯誤中成長，對初任老師而言真是一個很嚴苛的挑戰。因為有「數學教師團隊」的扶持，我能很順利的跨越障礙通過考驗，那一段期間的經歷將是我從事教職最大的資產。

　　回顧當年所累積的過程與觀察別的教師表達的經驗，對目前的教學中有很大的幫助，不論是從學生的接受反應類型做出呈現上的微調，或是試著轉化別人的優點另作呈現的方式，希望學生在數學課程裡能有最小的排斥與最大的收穫。

　　以上轉錄自2006年2月2日T7老師在本校寒假備課時傳真的心得分享，那一年T7老師終於通過教甄，回到家鄉任教。雖然當時參與專業發展的夥伴們有半數已調往他校，但我深信這個「善的種籽」已經傳播出去。

柒、結語

　　「當有一隻雁生病或受傷時，其他兩隻會由隊伍飛下來協助保護牠，直到牠康復或死亡為止……。」在教師專業成長的啟示：「在群體中，協助新進教師或資淺教師提昇其教學專業能力，進而改變教學行為。」

　　在一年半的時間裡，有志同道合的教育夥伴同行，教育的路上一點也不寂寞，過程雖然辛苦，但是我們實現了薪火相傳的理想，我們彼此猶如站在巨人的肩膀上看得更遠，學得更多的專業。以本領域為根推廣至其他領域是我的目標與理想，期望「教師專業發展」在校園裡開更多的花、結更多的果。

作者簡介

陳亞妹，國立彰化師範大學科學教育研究所數理組碩士；曾任國小導師、輔導組長、資料組長、輔導主任、教務主任；現任台北縣汐止國中教務主任。

參考文獻

Senge, P. (1990). *The fifth discipline: The art and practice of the learning organization*. New York: Doubleday.

改變生命中的因、緣、果
——阿熙主任的工作記事

張孟熙

回首一路走來的路，一件又一件的工作，不管是個人，或者是團隊，總有一些人伴隨著。原以為自己成就許多；然而擔任教務工作即將屆滿四年之際，在回憶每一個工作歷程中，才知道真正成就我的，是這麼一群值得珍惜的夥伴……。

壹、驚蟄——2003年9月第一次巡堂記事

2003年的夏天，正式接任教務工作，總有抱負、也有憧憬、還有理想……。

開學忙亂之餘，並沒有忘記課堂巡視的工作，心中的猶疑是，我該扮演什樣的角色？老師們對這樣的舉措又是如何評價呢？唯一可以肯定的是，這些答案都必須走出去才能得到澄清與修正。

一、我選擇曾經熟悉的人——「詠晴」，做為巡堂起點路線

至少曾經共同走過教學的路，帶給彼此的壓力會比較小，也比較沒有負擔。

「主任，是不是我們班發生什麼事？」走近教室門口的第一句話讓自己有些訝異！

「沒事。我只是辦公桌坐太久，突然想要來看看去年同學年的老師，也藉機會動一動，也探望大家，並沒有其他的事！」

「那就好，我還以為有什麼事發生，你才來我這兒。」

心中有些不解的問著：「奇怪！你我共事這麼久，也算熟識，以前偶而到教室問候一下，聊一會兒也是常有的事，你怎麼會覺得我來是因為有事呢？」

「你不知道嗎？在我們老師的心裡面，主任也有許多事情忙，會出現只有兩種情況：一種是班上發生事情，所以來班上瞭解或處理；另一種狀況則是有事情找我們幫忙，才會上門來。」

「原來是這樣啊！」

（看來我換個角色，行為的表徵便有著不同的詮釋。）

與「詠晴」對話之後，心中始終提醒著自己：「面對教師的教學工作，日益繁多的事務，老師的壓力在所難免。我無可避免也無力減輕任何人的工作負擔，但是我可以嘗試減輕每一個人的心靈壓力。至少在工作中讓彼此心靈負荷降至最低點，讓教學工作得以順利進行。」

二、再一次走進教室

很多事情看似平凡，但是如果將心比心，我才知曉「平凡的人給我最多感動！」

學生早會時間，我輕輕走進教室，教室裡除了值日生沒有其他人。我輕輕的留下一張便條：

「馨竹：聽到星期日，妳帶著班上的家長與學生到戶外交誼，心中在想，我以前也未必會把假日留給家長與學生，我不僅僅是以學校的名義誇讚妳，更是替孩子們慶幸，因為他們是這般幸運的給妳教到，身為學校的主任，我更要為永福的孩子向妳說一聲『謝謝妳！辛苦了！』　阿熙敬上」

學生朝會結束，手機傳來簡訊：「阿熙主任：沒想到你會知道這事，我沒你說的那麼偉大，不過真的謝謝你！」

三、小記

　　心中在想：「人與人之間的關係會因為人事的變遷而改變距離，如果單純的依循過去的狀態與關係處理事情，難免會考驗著彼此的信任度，也有可能因而造成不必要的聯想與誤解！不過換個動作或許彼此的關係就不會那般的緊張。」

貳、鼓舞──記語文領域閱讀種子團隊

　　願景的實現不單單是領導人理想的實踐，更是一群工作夥伴集體理念的凝聚。

一、座談

　　對於「教務工作繁忙！」這樣的話，大多數的人都不陌生，問題是繁忙的工作中如果沒有工作行動的主體，就容易失去焦距，於是每天的工作就容易形成處理不完的瑣事，而不容易理出整體工作發展的重點，長年累月之後，就更加龐雜而沒有焦點。

　　基於這樣的想法，剛剛擔任教務工作之初，會同教學組邀請了幾位老師座談，透過餐敘之間互動的歷程，藉以瞭解老師對我擔任教務工作的期望，以及對於學校教務工作發展的期待。

　　其實大家都認同：「語言能力是學生學習的關鍵，問題是時間有限，唯有靠課外閱讀加以補實。」也因此我們決定把學生閱讀推廣列為所有教務工作的首要重點。

二、團隊

　　看似龐大的工作，絕對不是一個人可以完成的，一定需要一個團隊的支

援與付出。但是一個團隊的形成卻是從零開始建構，一個又一個聯結，形成一股動力。

　　一開始我們並沒有選擇大張旗鼓的進行，而是設定每一個年級都有人願意投入。於是我們擬定每一年的工作目標與進程，進行閱讀推廣活動成員的遊說與邀請，期望在每一個學年都能有二至三位閱讀推廣的種子教師，只要有人啟動就會有人跟進，有人跟進就可以形成風潮。

　　「雨柔」，一位看似平凡無奇的小女子，然而她是閱讀團隊成立過程中最大的異數。在與她接觸過程中，我只是希望能邀約她參與團隊的工作，然而她透過與同儕之間的聊天與互動，一口氣帶進了七位同學年的老師參與，使我對工作的推展有更多的信心與能量。

　　這群種子團隊進行圖書館可供閱讀書籍的篩檢，推展班級圖書巡迴閱讀，使學校閱讀教學進入班級深化的歷程，建構了學校閱讀推廣的基石，也使往後幾年閱讀教學活動在學校成為發展主軸。今年所成立的「三重蘆洲地區學校閱讀教學推廣網頁」之所以成形，也都來自於這群種子教師的堅持與付出。

三、小記

　　如果有人問：「三重蘆洲地區學校閱讀教學推廣網頁」形成的關鍵因素是什麼？我會很明確的說：「一群默默耕耘的教師團隊！沒有他們根本就走不出今天的格局！」他們讓我看見「團隊的時代」、讓我相信「團隊的力量」！

　　如果你問我：「這一切令你印象最深刻的是什麼？」我會說：「雨柔！」她讓我知道：「看似平凡無奇的生命力，也會擁有不可思議的影響力！」

參、感動：關於教師對話

一、因為行動所以感動

「從事教務工作最大的動力是什麼？」

如果透過經常走動，可以看見比別人更多的故事，而這些故事都足以令人感動，那麼我可以明確的相信：「擁有一份崇高的事業是一種福分！」

二、永福兩、三事──只要有心，縱使不經意也會知道很多事

每一個學校都有不為人知的故事，足以讓人感動，甚或心動。永福也不例外……

「欣培」帶中年級，寒暑假的早晨都會在教室陪學生讀書；「徐冰」、「靜敏」帶高年級，寒暑假之初都會為學生上補救教學；「佑」一年多以來，為了不讓一個學生中輟，每天一早為那孩子買早餐、親自接那孩子來學校上課。這些人都毫無酬勞的奉獻著自己的心力……。

放學後，看見「靜敏」和「詠晴」正在協同「行毅」作教室布置。我知道他們常常談及孩子的事，尋求意見交流以解決眼前學生輔導的問題。

回到辦公室，南哥組長對我說：「『行毅』長年累月為那孩子付出，總有疲倦的時候，我們是不是該給他打打氣？也好增加他一點點動力！」

（這些事讓我相信：只要願意付出就有人關注！）

放學時分在校門口碰見「行毅」帶學生下樓，

我緩緩的說：「你我都無法確知這孩子未來會如何？也不知道今天我們所做的一切，對這孩子能產生多大的幫助和改變？但是我知道這孩子將來長大，一定記得你。」

「當有一天孩子遇見困境，感受不到溫暖時，在他內心深處會浮現出一絲絲曾經被關懷的溫情，那也許會是支持他重生的唯一力量！」

「如果一個孩子從小到大都不曾領受到我們所給與的關懷，那麼我們就別想期待將來他能夠懂得關懷別人！」

「『行毅』，你正在努力編織一個孩子的希望工程！這一點是你給我最大的感染力！」

三、小記

有時候對話並沒有嚴肅的主題，但是在談話的歷程中，分享工作、分享案例，卻有著更多行動的感染力。

沒有人知道孩子的未來是如何光景？但是我卻從「行毅」無私的奉獻中感受到一抹溫暖的陽光。

肆、激賞：關於教學觀摩與教室觀察

打從1989年來到永福，教學觀摩始終是學年每年例行的工作。

剛教書的時候，第一次作教學觀摩時，裕祥老師在座談時說的一句話：「內行的看門道，外行的看熱鬧！」至今依然印象深刻。什麼叫做「看門道」？什麼又是「看熱鬧」？當時他並沒有明講，他究竟是看到了門道？還是看到熱鬧呢？心中也一直有著問號？

這幾年因為職務關係，「教學觀摩」自然成為自己必須參與的課題，也才開始深思每一次的觀摩是在「看門道」？還是「看熱鬧」？如果想要「看門道」，那麼就得多花時間去瞭解「教室觀察」的層面與內涵；就算是「看熱鬧」，那至少也要下工夫去知道幾種「教學方法」的實務與運用。

每一年在教室後頭看著不同老師的教學，都有著不同的感觸，從老師教學的技巧示範到課程教學流程的掌握等等，每一回都有一種新的印證和成

長。雖然是同一個主題，卻因為所看見的不同而有著不同的體會。

第一次看小惠的教學時，學年老師事後研討的是：「注音四聲教學時肢體語言在教學上的運用。」經驗多的老師在教學經驗上的心得闡述，讓自己多一分對低年級教學的理解。

另一方面自己則特別在意「師生互動」的情形，事後與老師個別談話時，特別提及相關疑問請小惠老師說明，小惠老師則很好奇我為什麼可以在短短時間內看見學生個別的學習問題？

隔年看Miss Lee的教學，雖然一樣看「注音符號」教學，不同的是我注意「教師教學情境的布置」，而觀察的是老師「答問技巧的設計與學生學習的反應」，因為看的不同，自己學習的也就不一樣。

Miss Lee的教室布置因應教學上所需要的情境，布置上著重在注音符號學習的視覺引導，這一點倒是與一年級前十週注音符號學習緊緊的契合；而教學時提問方式，從學生個別答問到利用學生個別作答卡檢視每一個學生學習情況，可以看見教師在掌握學生學習情況方面熟捻的技巧。這點點滴滴看在眼裡，不僅僅是一種欣賞，有時候因為自己從中習得幾許技巧或者體悟出幾許觀點，因而對一個老師更加佩服！

其實「教室觀察」有許多面向，「教學觀摩」也只是一種模式，真正會讓人成長的是彼此之間互動的對話。幾年來真正讓自己獲益的往往是事後的座談，每一次座談有聚焦的主題，那一場對話往往會對我有所成長。

小記

欣賞有時候只是一種靜靜的觀賞與聆聽，但是透過對話因而形成經驗的交流、達到教學的成長，那就不再只是用「欣賞」可以詮釋自己對一個老師的佩服，或許用「激賞」這兩個字會更加貼切！

伍、驚艷：教師教學與學生成果展示有感

當我們談許多課程理論與設計之餘，更需要進一步看見學生學習的成效，因為「唯有學生學習有了成果，才真正足以說服許多人心中疑慮」。

「程風」與「齊飛」兩位老師在藝文領域上專長並不同，但是在教學活動的安排上卻有幾許相同之處，「程風」總會在每年5月為中年級學生辦「水墨畫展」，而「齊飛」則會選在6月份六年級畢業前夕，為畢業生辦「小一ㄚ一ㄚ畫展」。

每一年的展覽，在展覽開幕茶會中，可以從學生臉上看見孩子們展現的自信，他們帶給孩子的價值是無可取代的！走過孩子們的畫作時，常常會因為孩子的創作作品而感到驚喜；當老師的，還有什麼事可以比看見一群孩子的成長更讓人高興呢？

2006年「程風」接洽了市公所的場地，將孩子們的作品延著一樓走廊掛到四樓的展覽場，名之為「驚艷三重──學生水墨畫展」，著實為參展學生增添更多的光彩，孩子們在茶會中領取市長的參展證明，一個比一個興奮，自己心中與有榮焉！

（內心裡有一股聲音響起：「還有什麼比和這些老師共事更令人感到榮耀呢？」）

這畫展雖然只是孩子的小小展示場，背後卻有老師無比的用心與付出，他們提供的展示機會，不只是展示孩子們學習的作品，更重要的是在小小心靈中植下一顆藝文創作的種苗。

別小看「學生學習成果展示」，對永福的孩子而言，上畫畫課不再只是單純而例行化的畫畫與交作業而已，這課程已經附有一種追循自我創作、展現學習自信的另一種深層意涵了！

小記

　　印象中，幾年來我沒看見「程風」與「齊飛」的課程計畫被推薦過，但是那無關乎他兩人的評價。我遇見的是他們在課程實踐歷程中，他們為孩子提供的展示舞台，也看見許多他們教過的學生擁有與其他人不同的夢想與回憶。

　　真正可以改變人的不是課程，而是教師經過深層思考與設計，認真付諸實踐，才能改變人。透過學生的學習與展現，我看見許多孩子的眼神裡閃耀著光芒。

陸、後記：改變生命中的因、緣、果

一、結緣

　　學期初親師懇談會遇見「何信」的媽，熱切的對我說：「主任謝謝你！」「為什麼想到要謝謝我呢？」（心中狐疑：孩子我沒教過，怎會謝我呢？）

　　「我孩子已經讀國中了，語文能力還不錯；這得感謝你剛當主任時大力推動課外閱讀的班級閱讀計畫，這一點讓孩子奠下了扎實的根基，所以我才謝謝你囉！」

　　「何媽媽！先別謝我！如果沒有老師願意去做，計畫再好也沒用！」「真要說謝謝，還是應該感謝你身旁的『游馨』老師，她才是你孩子的貴人！」

　　我們常聽到「因果」之說，所以有人會說：「種瓜得瓜」，卻沒有人特別提醒種子的發芽還需要「媒介（土壤、陽光與水分）」配合得宜，才有收成；如果媒介條件不佳，自然的別想豐收。而這「媒介」就是所謂「因果」之間的「緣」；為了收成，所以得以經常注意日照、澆水、施肥，保持土壤的肥

沃度，才能豐收。

這一切就是結「緣」的動作。

很多工作的推展，其實就像在「因果」之間結「緣」一樣，其實關鍵因素在於教師教學動力的形成。就如同前述對話中，如果種「因」是我，而結「果」於「何信」，那麼關鍵的「緣」就是「游馨」老師。

擔任教務工作這幾年來，從「課程計畫的撰寫」、「教學活動的規劃」、「教學觀摩的實施」以至於「學生成果的展示」，如果沒有透過教學視導的種種途徑，又何嘗知道每一個老師種種的付出？

回首一路走來的路，一件又一件的工作，不管是個人，或者是團隊，總有一些人伴隨著。原以為自己成就許多；然而擔任教務工作即將屆滿四年之際，在回憶每一個工作歷程中，才知道真正成就我的是這麼一群值得珍惜的夥伴……。

二、貼心

很多人都知道「關懷」這語詞，但是該如何做就難以敘述？我也不太明白該如何去做？後來我只單純的想著：「如果要把每一個夥伴都當成自家人，那麼過節時我準備什麼送人，也為夥伴準備一份。」

於是常常有一些不同的感覺……。

之一

「學嫂：學長在學校常常加班，他工作的投入與付出大家看得到，但是我知道這一切還包含您背後默默的認同與支持，能讓學長給我許多的協助。母親節前夕獻上一束鮮花、一張卡片，代表學弟我誠心的祝福！　教務處阿熙敬上」

之二

「黃媽媽：感謝您生了這麼一個好女兒，又栽培的如此出色，成為我一年來不可多得的得力助手！母親節前夕獻上一束鮮花、一張卡片，代表我誠心的祝福！　教務處阿熙敬上」

「為什麼會做？」其實有些時候做事情並沒有原因，也沒有理由，就像家人一樣，不需要找理由，但是卻會去做某些事一樣。有些時候貼心的感覺很單純，想法也很簡單，但是在工作上會讓彼此更像一家人。

作者簡介

張孟熙，台北師範專科學校普通師資科語文組、國立台北師範學院社會科教育學系學士、現就讀國立台北教育大學教育政策與管理研究所學校行政碩士班；曾任花蓮縣豐濱國小教師兼任主計、台北縣永福國小教師、生教組長、訓導主任、總務主任、教務主任；現任台北縣東山國小校長。

24

從害怕到自信的教學歷程

李美穗

壹、信任與協助的開始

那年，我剛到這所年輕的學校。暑假快結束時，一天，註冊組長將一大疊資料送進校長室，說：「校長，這些資料請您蓋章。」

「這是什麼？」我訝異的問。

「是學生的轉學資料，家長都在外面等著拿。」

「他們為什麼要轉學？家長怎麼說？」

「他們說學校活動太多，老師年輕沒經驗。」

沒錯，這是一所年輕的學校，也是一所沒有學區的學校，副都市計畫中心開發的延宕，以致學校自成立以來，從未見隔鄰出現，只見一大片堆積如山的建築廢棄土環繞在學校周遭。若不是剛蓋好城堡王國的外型，及開放空間的建築設計，怎會吸引家長將學童送至這所矗立於廢土中心的學校。

年輕的學校，當然有許多年輕的老師，充滿熱誠、活力與創意，更重要的是，他們心中都存有當一個好老師的想法。然而，理想和現實之間總有落差，年輕老師難免經驗不足，在班級經營、教學及學生輔導上，總有力不從心或思慮不周之處，而感到挫折與頹喪。面對這些懷抱教育理想的年輕教師，此時，他們需要的是資深優秀、有教學經驗的教師伸出援手，指引課程設計、教學評量的方法及班級經營技巧，透過同儕教師的協助與經驗傳承，提昇教學自信與教學品質。

　　在學校裡，教師之間雖是同事關係，但每一位教師總習慣與同學年的老師互動，較少和其他學年老師進行對話或產生互動。因此，我們認為要進行合作和協助之前，必須先建立彼此的信任關係；而建立互信最佳的方式，就是打破學年的形式，改以學習領域小組的分組方式，進行課程、教學與評量的對話。在各領域小組裡，每位教師可從不同學年教師之處瞭解領域課程的脈絡，小組成員共同架構該領域的學科知識、教學方法及評量方式，教師從相互的對話中，慢慢卸下心裡的防衛機轉，彼此間建立互信、真誠對待的關係，隨時進行著經驗的傳承。

貳、觀察教學，為什麼是我？

　　光是口頭的對話或是書面的研究報告，總有不踏實的感覺。因此，觀摩別人的教學，學習優點以成長自己的不足，是領域小組成員進行同僑視導的目的：各小組成員以微型教學的模式，透過教學錄影、研討的方式，探討教師的教學行為、發問技巧與班級經營方式。每位被觀察的教師，均會寫下自己教學單元的目標、教學流程及同僑的回饋與建議，並對自己的教學進行省思與檢討。

　　畢竟學校年輕教師人數眾多，而資深教師人數是有限的，再加上領域小組的對話時間有限，在短時間內是無法落實到協助每一個教師在課程、教學與班級經營方面的專業與專門知能。因此，我們決定成立教學觀察小組，觀察小組成員由各領域與各學年推薦資深優秀教師擔任。透過小組成員不斷的研討，規劃設計教學觀察的紀錄表格及教學判斷的準則，並公布於校內網站上，方便同僑討論、檢討與修改，使能更具體協助教師進行專業成長。

　　教學觀察小組擬定觀察的名單及進行的程序，原則上，第一年觀察的對象是以進入本校服務未滿三年的老師，第二年則以服務未滿七年之教師。每次三人一組（校長、同學年或同領域老師）進入教室觀察教師教學，全場搭

配攝影機錄影，再燒成光碟給被觀察者，做為教學晤談或教師檢討教學之參考資料。說真的，教師同儕間的視導教學或課程對話，由於彼此已建立互信的關係，教師心中漸漸能夠接受；但一聽到校長要進入教室觀察教師教學，每一個人都感到些許的壓力和憂慮，擔心會影響自己的考核。縱使事前已一再宣稱，進入教室觀察教學是為了協助教師改善教學及提昇專業知能，但教師被通知要進行教學觀察時的心情仍然是忐忑不安，心想：

「為什麼是我？萬一我在那天教學失常，他們會不會把我視為教學不力的老師？」

「教學是我自個兒的事，他們憑什麼可以批判我？」

「我倒要瞧瞧，他們要如何來評斷我的教學，用什麼樣的方式來協助我？」

一位從外縣市介聘到本校服務的老師，當教務處通知她將被觀察教學時，當下她第一個反應就是：

「為什麼是我？我已經教學五年了！為什麼還要接受教學觀察？」

其實，不管擔任幾年教學的老師，一旦知道自己成為被觀察者，心理承受的壓力總是難以避免的。為了減輕被觀察教學的教師心理壓力，學校各學習領域或各學年教師團隊，會透過學年會議及各學習領域對話，以微型教學模式進一步探討、回饋及修正小組每一位成員的教學，資深教師傳授寶貴的教學經驗與方法，提供團隊成員參考。

參、走進校長室的心情

為使教師安心並做好教學前的準備，觀察小組會在教學觀察前先跟老師進行對話，就所觀察教學單元的課程設計與教學方式進行討論，提供意見給被觀察者參考。一來緩和老師焦慮的情緒，二來增加其教學的自信。原本的規劃是希望觀察者都能與被觀察者進行教學前的晤談，但實際上卻侷限於觀

察教師本身課務繁重，因此決定由被觀察教學之教師先與校長對話，就所教學之單元目標及內容進行討論。雖然在對話過程中，校長一再安慰教師不必緊張，並增強他們的信心，但是每位老師依然感到些許的壓力。

一位老師分享她走進校長室後的心情，她說：

「當我知道要去和校長當面談論我的教學時，緊張得如同森林中的小白兔，心想不曉得校長會如何評論我的教學設計。可是當我敲門後走進校長室，校長立刻放下手邊正在處理的事務，與我一起坐進沙發，傾聽我敘述所要教學的內容與方式。在她瞭解我的教學目標、教學過程與方式之後，校長除了肯定我的用心，亦提出一些課程或教學上的建議，提供我進一步參考。同時，校長一直勉勵並叮嚀我不用緊張，就以平常心看待教學觀察這檔事，當我走出校長室時，發現心中的那塊大石頭在不知不覺中消失了。」

從老師的敘述中，可以發現教師對於教學觀察前的談話，覺得較能紓解自己原先的擔憂與焦慮，而且對於教學的進行也有較明確的方向。

肆、教室多出來的眼睛

為尊重被觀察教學之班級與教師，擔任教學觀察之成員務必要在上課前進入教室，教學錄影設備也在上課前就必須架設完畢。儘管上課前，教師已跟學生說明會有校長和其他老師來觀察班級的教學過程，然而學生還是充滿好奇，畢竟教室裡多出三個人，總會吸引學生額外的注意，並且在學習過程中顯現積極認真的態度，表現得比平時更好，尤其是低年級的學生。

在教學觀察過程中，很明顯看的出來，教師在教學前已做了充分的準備，對於教學有疑難之處，也都於事先請教同學年或同領域的資深老師，因此，整節課的教學表現，大致來說都相當用心。可是，擔任被觀察之教師在教學時，還是相當在意校長的看法。舉例來說，校長在一次觀察教學中，突然肚子疼痛，又不方便中途離開，只好忍痛皺著眉頭看完一節課的教學。擔

任被觀察教學的老師看到校長皺著眉頭，以為自己教得不好，心情因此低落。直到下午進行教學後的晤談，擔任觀察教學的老師及校長一直稱讚被觀察教師的用心與創意的教學，才讓她放下原先的擔憂而開心起來，她說：「早上教學時，看到校長皺著眉頭，以為自己哪裡教錯了而讓校長不高興。」聽到這裡，我趕緊向老師致歉，並說明當時自己的身體狀況。從那次以後，我更深刻瞭解到擔任被觀察教學的老師心情，她是非常在乎觀察者的神情，尤其是校長；因此，往後在進行教學觀察時，我和其他觀察者一定隨時保持笑容加上肯定似的點頭，以增強老師的教學信心。

　　教室觀察者的眼睛和心態必須是善意的，是居於協助教師專業成長為目的，因此，進行教學觀察時是以課程設計與教學、班級經營與輔導為主，記錄教師教學時呈現教材的方式、教學方法、教學技巧、評量實施與班級常規、學習情境、輔導學生行為，除了教學流程外，還就教師在教學上的表現記錄優異和建議改進的意見，提供被觀察老師作為改進教學的參考。

　　教學觀察後，觀察者與被觀察者的對話也是教學觀察重點之一。觀察者與被觀察者的對話內容，比較聚焦在教學觀察的過程，例如：教師的態度、教學行為、問話技巧、教學方式等。晤談一開始，觀察者須先瞭解被觀察者的問題，因此會先請被觀察教學的老師談談自己教學生涯中感到最自豪或感覺困難的地方，並對自己教學過程加以省思與檢討。接著，觀察者會先肯定老師優異的教學表現，再針對教學過程部分不妥當的行為或處理方式提出建議的教學策略，並協助被觀察者在專業成長規劃方面提供方向。整個晤談過程充滿著真誠、互助的氣氛，不僅被觀察教學的老師感受到同仁真心協助的心意，擔任觀察者的教師也充分展現樂於助人及專業的熱誠。

　　有一個老師分享她的心情：

　　「本來以為教學觀察是一件很可怕的事，站在教室前接受別人品頭論足，還要討論教學過程，想想真是難受。可是真正接觸以後，發現大家是真誠的

協助我在教學專業上成長，尤其所提供的教學方式和發問技巧，對我在現場教學真的幫助很大，原來教學觀察並沒有想像中那麼可怕！經過這次的教學觀察與對話，讓我重新審視以往的教學，並依照觀察教師的建議作些改變，真的耶！學生學習的效果比以前好多了呢！」

教學觀察與對話的成員與情境，必須讓教師覺得安全、保密及信任，並有助於改善他們的課程、教學及班級經營，這樣一來，教師才會欣然接受教學觀察的安排。因此，教學觀察者的安排除了校長外，一定是被觀察教學的教師所熟悉的同學年及同領域的教師；因為學校平時重視教師在領域課程發展與學年課程的對話，觀察者與被觀察者彼此的關係是熟稔、互信，再加上所有的資料（教學錄影帶、觀察紀錄等）和談話內容都是保密的，對被觀察教學的教師所提供的教學肯定與教學建議，亦有助於被觀察者增進自信與改進教學。實施教學觀察一段時間後，我們發現學校教師在課程教學與班級經營方面有非常明顯的成長，學生在各方面學習亦有優異的表現，獲得學校家長及社區人士的肯定，形塑學校優質教育品質的形象。

伍、熱情的擁抱與紅豆湯圓

一路走來感覺非常辛苦，在學校幾乎沒有休息或午睡的時間。觀察者幾乎是義務性的贊助，不僅要騰出自己的空堂時間去進行觀察教學與對話的工作，還要費心協助被觀察者的教學專業成長；若不是憑藉一股教學熱誠與助人的態度，相信是無人願意擔任教學觀察的工作。有一位擔任教學觀察的老師曾經分享自己參與的心情，她說：

「當時被領域推薦出來擔任教學觀察的觀察員，心裡非常惶恐，覺得自己有何能力去觀察別人的教學，甚至要提供具體的意見提供教師參考。但校長安慰我們不要小看自己的能力，更何況觀摩別人教學是成長自己最好的方式，學習別人的優點，改進自己的缺點，正所謂『教學相長』。其實，進入教

室觀察教學，緊張的不僅是教學者，連身為觀察者的我們也非常緊張，因為校長從頭到尾都參與，萬一教學觀察後的對話，我們所看到和知覺到的優缺點都和校長的意見不同，那該怎麼辦？校長會不會認為我們不夠深入或專業？等到和被觀察教學的老師坐下來開始對話時，我才真正體會到專業的感覺，校長會先請我們就所觀察教學的優點和建議提供給被觀察者參考，最後校長再作補充和歸納。遇到不清楚或不瞭解的地方，大家會共同釐清問題，或當場示範教學。我覺得在每一場的對話中，自己在專業上也成長了許多，增進許多教學的知能。」

　　也有一位擔任觀察者的老師說：

　　「我們每位觀察者平均安排二至三次參與教學觀察，想到要花這麼多的時間去觀察別人教學，還要花時間進行對話，就覺得很累不想再參與。但一想到校長平時忙於校務，可是對增進老師的課程與教學知能非常重視，每一位老師的教學觀察與對話，她都親自參加，所花的時間比我們還長，卻從沒聽見她喊一聲累。想到此，我們就更應積極協助同仁進行專業成長。」

　　每次當教學觀察後的對話結束時，都可感受到被觀察教學之教師對觀察者所提出善意的建議，有非常熱烈的回應。例如原先非常抗拒教學觀察的老師，在結束教學觀察後的對話時，開口說：

　　「校長，我可不可以提出一個要求？」

　　「可以呀！妳有什麼需要儘管提出來，我們都會很樂意地來協助妳。」

　　「我可不可以抱抱您們，因為我教學這麼久，從來沒有人告訴我應該怎麼進行教學才好，長久以來我一直獨自的摸索應該怎麼教；今天，您們每一位都把您們最寶貴和精華的教學經驗傳授給我，我真的很感動。所以，我想抱抱您們每一個人，表示我內心的感謝！」

　　聽到此話，在場的每個人都非常高興，原來助人的感覺是如此的愉悅，觀察者與被觀察者熱情的擁抱在一起。

　　還有一位平時教學經常出狀況的老師，也是在經過教學觀察後進行對話時，觀察教學的老師先肯定被觀察者教學的優點，再善意的提出教學建議及改善教學的策略。對話結束後沒多久，擔任教學觀察的每個成員桌上都放著一碗熱騰騰的紅豆湯圓，正當疑惑怎會平白無故出現這一碗甜湯時，工友阿姨告知，是那位接受教學觀察的老師買來感謝觀察者對她的協助。

陸、把教育愛傳承下去

　　「十年樹木，百年樹人」，學校的經營與管理永遠無法像企業界一樣重視工作的利益與績效，因為，教育的對象是「人」，學校教育重視的是「無私的愛」與「人文精神」，我們期待學校教師能一起合作學習，鼓勵教師成為不斷的學習者，學校為一學習系統的組織，塑造出優良的教學文化，包括教師的相互合作、教師間的密切溝通、積極的學校氣氛，並重視學生的學習活動，這樣才能成為一所有生命力的學校，並把珍貴的教育愛延續不斷的傳承下去。

作者簡介

李美穗，台北市立師範學院教學輔導碩士、國立台北教育大學教育政策與管理研究所博士班；曾任台北縣雲海國小校長、台北縣政府教育局課程督學、省教育廳國民教育輔導團團員、台北縣數學輔導團研究員、台北縣國語科輔導團團員；現任台北縣昌平國小校長、台北縣數學輔導團召集人。

反思與超越

視導工具方法論的反思

丁澤民

壹、為什麼老師的薪資比我們多？——許多勞工的心聲

前幾天看到人事室的一項報表，表中列出學校教師每月平均薪資是70,701元；同一天，報紙的頭條新聞是最低工資從15,800元調高7%～9.5%，平均時薪為88元，這兩者的差距非常顯著。

學校今年有十五位實習老師，因而應師培中心的邀請，參與討論師培制度變革後的輔導策略。為了對這個議題有更深入的理解，與其中一位實習老師討論她的看法。我好奇問她，正式教師的缺額很少，為何仍選擇參加師培課程？她的回答是：教師的職業有些像表演者與文書工作者的結合，如果她從事表演或者文書工作，待遇大約只有教師的一半而已，雖然她預估需要十五年後才會有退休潮可以順利考上正式教師，但是這樣的等待仍有價值。

學校裡有幾位行政同仁來自醫療系統，她們談及轉換職場前的工作真的很辛苦。其中有一位描述她的工作經驗時說：「當我在內科重症病房工作時，每天照顧的患者近五十位，工作起來常需小跑步，就像穿著輪鞋般的移動。有一次，一位出血患者，各項檢查數據都顯示正常，但是應該靜躺而不宜站立，所以在巡床過程中特別留意他的行為，當我發現他站起來想上廁所時，趕快衝過去扶他，沒想到他倒下來的速度很快，我被他壓倒而頭撞到床角……。」我問這些同仁當時的薪資有多少時，她們說與一般公務人員相當，比起老師來少多了。

現今的台灣社會，從經濟快速發展的階段轉為停滯甚至衰退，教師這個

行業也從中低收入水準躍升為中上收入，成為許多人眼中的金飯碗，我們必須反思，我們的工作表現與收入是否相當？

貳、我們希望什麼樣的老師來教我們的孩子？

段考結束後，級導師向教務處反應：「XX科考題太少了，學生作答不到十五分鐘便全部做完了，學校應該約束老師的命題數啊！」同在辦公室的其他老師也說：「只要是她命題的時候，學生的成績與平常學習成效便沒有太大的關係。教務處應該明確約束老師的命題數。」

對於這樣的反應，教務處曾多次於教學研究會中提醒老師，段考既是總結性評量也是形成性評量，不但應該注意試題的鑑別度，也應診斷學生在該階段學習的瓶頸，據以做為補救教學時的參考。

就以這學期的第一次教學研究會來說，這樣的提醒並未獲得該領域教師的公開支持，反而有少數幾位與該位老師交好的老師聲援她：「××科老師任教的班級多，試卷改起來很累人，若題目出的多，很難在考後快速改完。」另有老師出示該老師獲得獎金的學術著作，聲稱這便是該位老師具有教師專業的證明。

對於老師的表現是否具有專業這樣的問題，我們必須先回答：「學術著作與實際的教學行為，哪一項對學生的學習更有幫助？」「我們希望什麼樣的老師來教我們的子女？」

參、為何我們班的代理老師比別班多？

由於教育局希望確保超額教師的工作權，要求非偏遠地區學校的代課教師數，若未達全校教師編制數20%前不得聘用正式教師，所以今年的代理老師數達十七人，導致有幾位帶完三年的導師仍得再擔任七年級的導師，為此教師會與級導師一再強調：「代課老師的素質很好啊，而且比正式老師更用

心，學校爲何堅持一定要由正式老師來擔任導師？」

　　同時也有導師抱怨說：「爲什麼我們班的代理老師比率比別班高，讓我們的班級經營更困難。」實際上，今年代理老師聘用過程很艱辛，雖辦理了許多次代理老師的甄選，但仍無法聘足所需名額。對於這樣的解釋，導師們仍很難接受，因爲「××老師上課時無法有效管理秩序，學生的學習成績差，而且又常有師生衝突需導師處理」。

　　對於上述兩種截然不同的說法，我們無法光從老師們的評論中得知，到底代理老師的教學表現如何？必須進行更爲客觀的教學視導，蒐集足夠的資料，才能確認代理老師眞實的教學表現。從更務實的角度來看，代理老師難聘，而且也受到聘約的保障，協助教學有困難的代理老師改進教學技巧，是積極保障學生受教權的有效做法。且從投訴案例的統計來看，校內正式教師的教學表現較受到學生與家長的認同。

肆、如何協助老師達到專業表現？──教學視導是可行的方法之一

　　剛到正德國中服務，便接到許多關於校內同仁教學表現的一些建議。有人指出某些老師只合適在七年級任教，因爲八、九年級的課業重，不應受到不好的影響。有些老師會過當體罰，應該特別注意輔導；有些老師上課內容學生聽不懂，又喜歡出些艱深困難的題目，學生的考試成績偏低。

　　這些建議都是善意的提醒，教務處有責任確認其眞實性，更應該設法改變這些不理想的狀況。由於正德早已在2005年參加台北縣的「教師教學專業發展評鑑」試辦，校內老師對於教師專業的指標並不陌生，也都參與教學觀摩、回饋座談及成長計畫的撰寫。

　　有了這樣的基礎，運用校內同儕視導，應該可以蒐集到老師眞實的教學表現，也有可能經由同儕互助來改進教學表現。然而，教師會多位代表強烈

建議停止推動這項試辦，或者儘量減少試辦的教師人數。這其中一定存有值得注意的關鍵因素，要利用學校視導來協助教師專業表現，應更深入去發掘教師的真實想法。

伍、幾則關於學校本位視導的對話

一、對話一：在辦公室內的偶然對話

淑音：「我們應該再申請試辦嗎？」

我回應道：「為何會有這樣的疑惑？」

淑音：「學校的老師們認為這件事與他們無關，只與我們這些參與試辦的老師有關。」

我道：「那妳的想法呢？」

淑音：「我們這些參與試辦的老師，當初都是為了增進自己的教學能力才會志願參加的。」

我道：「那麼，妳覺得自己有所成長嗎？」

淑音：「我是覺得自己教學及教室觀察能力都有進步，也願意繼續參加試辦，只是也有一些老師因為參加試辦，增加了許多工作而感到太累，有意不再參與試辦了。」

上述的對話是在我們收到續辦辦法時的短暫討論。為何會有老師因為參與試辦「教師教學專業發展評鑑」而感到工作量太多呢？那是因為我們從評鑑指標的意義、操作型定義、評鑑工具的研發、教室觀察的實際操作、研習、讀書會、檢討會等一系列工作累積下來，參與試辦的老師投入相當多的時間與精力，而老師最在意的自我教學能力成長相對較少，這是一種投資報酬未達個人期待的心理倦怠感。

學校本位視導與教師專業發展評鑑都是為了提昇老師的教學成效，增進

學生的學習表現。推動學校本位視導，必然也需考量教師對於「投資報酬率」的期待，視導工具的發展與使用，既要得到教學視導的目的，更要降低多數老師投入的時間及精力，這是一項高難度的挑戰。

二、對話二：在某次評鑑指標研討會議中

亭蘭：「為什麼我們要來討論這些評鑑指標呢？」

我道：「學校的文化及組織結構不同，各校的教學條件也不一樣，統一的指標可能會有些不適用的情形產生。」

亭蘭：「如果由教育部請專家直接研發後交由我們來執行，不是更有效率嗎？」

我道：「其實我們現在也是依據縣府提供的評鑑指標來討論的啊！只是我們仍必要將指標化為具體的操作型定義。」

陳玲：「但是我們這些參與的老師並不是評鑑的專家，我們的考量會有些不夠周延。」

我道：「指標必須與教學現場符合，評鑑者與被評鑑對於指標的解讀要有共識，經由參與評鑑的老師討論產生的指標才會得到認同，也才能真正導引自我成長的動力。」

若評鑑指標的研發由教育部統一研發，再交由各校自行選用，可以減少各校摸索的時間，但是參與評鑑的所有人也都需要詳細的研讀與討論，有共識才能讓被評鑑者對評鑑結果產生認同。無論如何，評鑑指標的研讀與討論都是進行評鑑工作的首要工作，也會是投入最多時間的工作之一，同時也是老師們認為最沒有「投資報酬率」的工作項目。

學校本位視導也需先建立起視導的指標，以及視導指標操作型定義的確認，這項工作必須獲得全體教師共同參與。為了提高這項工作的效率，學校可以由各領域召集人組成本位視導推動小組，由小組成員研發出草案，再將

草案交由領域會議來研讀及討論，逐漸形成全體教師對指標意義的共識。

三、對話三：在某次教室觀察後

我道：「為何妳在播放投影片時不切換到播放模式呢？」

亭蘭：「剛剛因為資訊車來不及在上課前架好，所以有些慌亂，忘了切換。」

淑音：「很抱歉，因為上節課有老師借用資訊車，下課後比較晚歸還，所以才會來不及在上課前架好。」

亭蘭：「沒關係啦，我想下次應該提早一節借好資訊車，那會比較能夠掌握教學準備工作。」

我道：「我會依實際看到教學活動內容來填寫觀察紀錄表喔！」

亭蘭：「很好啊，我希望能得到真實的意見。」

教室觀察是很重要的評鑑方法，觀察紀錄表也是很重要的評鑑工具。當初在討論評鑑的操作型定義時，老師們反覆思考的是如何蒐集必要的資訊來印證指標內容。教室觀察是一項重要的方法，教室觀察可以深入瞭解教學者的教學規劃、教室管理及教學技巧，也是深入瞭解學生學習成效的好方法。

但是，教室觀察仍然無法獲得評鑑指標所必需的資訊，何況利用一次教室觀察更無法呈現教師教學策略的全盤瞭解。教室觀察後的對話，可以澄清觀察者的疑惑，也提供教學者陳述其教學理念的良好機制。當然，如果能有多次的教室觀察，會更真實的發掘教學者不自知的盲點，也是教學最期待獲得的資訊。

學校本位視導也常使用教室觀察的工具，但是觀察紀錄表的設計及使用需要有明確的定義。例如：「情境引導提問」這一操作型定義，是為了評估教師是否具有「熟練有效的教學技巧」子指標之一，歸為「課程設計與教學」評鑑層面。然而，如何才算是達到「情境引導提問」此一指標要求？必須在

進行教室觀察前就取得全校一致的共識。

　　此外，某一節課教師的教學策略並非以對話為教學活動重點，教師可能著重於學生的練習。例如：綜合活動教師設計「手工書」的教學活動，第三節教學重點在於手工書的實作，教師從旁提供技巧指導。那麼，在該節課中，教師未使用「情境引導提問」的技巧，並非是教師無法善用此一技巧的結果。

四、對話四：教師進修研習——丁一顧教授指導教室觀察技巧

　　教授：「剛剛影帶中教學的老師有否掌握住學生的起點行為？」

　　伯郡：「從錄影紀錄中看不出來。」

　　希姮：「如果老師有提供教學簡案，或許可以用來判斷。」

　　我道：「老師在教學活動展開前提出的問題，學生們都能答對，由此可以推論老師運用此方式確認學生已達設定的起點行為，才展開教學主題。」

　　教授：「我們使用推論時應該更為小心，最好是利用檢討會時的討論來澄清。所以觀察紀錄可以暫時保留不勾選，改用文字描述來註記。」

　　我道：「如果能在觀察前先與被觀察者討論當天的觀察重點，觀察紀錄對被觀察者會更有參考價值。」

　　教授：「觀察前會議是非常重要的步驟，但是實務上也會增加教師的時間負擔，而且最好在觀察前幾天召開。」

　　教室觀察表的使用要慎重，對於無法明確分辨的教學活動內容，應該給教學者澄清的機會，當然進行教室觀察前，觀察者與被觀察者應該對於當天的觀察有所討論，這也就是「觀察前會議」的重要意義。觀察前會議討論的重點有：安排適當的時間及場地、選擇合適的觀察工具、釐清所要記錄的教學資料脈絡。

　　觀察後的檢討會最好能在二天內召開，而且參與觀察的老師除了紀錄表的勾選之外，最好輔以文字的質性描述，對於尚待澄清的項目，可以在討論結束後再勾選，最後彙整成正式紀錄提供被觀察者參考。

　　觀察後的檢討會也可以提出觀察者的建議，針對被觀察者的教學技巧提供有用的增能資訊，畢竟對老師來說，能夠提昇教學技能是參與教師專業發展評鑑的主要目標。進行觀察後的回饋會議應注意：提供客觀的觀察資料、引出被觀察的意見與感受、提供多項改善建議並鼓勵被觀察者選擇合適自己的方案、提供後續成效追踪辦法。

　　學校本位視導的主要目標也是教師的專業成長，觀察前的會談可以建立觀察者與被觀察者的信賴關係，也可以聚焦被觀察者希望改進的教學技巧項目。觀察後的檢討會，是澄清與發掘改善策略的重要方法，學校如果能善用有限時間，經營好觀察前與觀察後的會議，應該可以提高教師對於教學視導的正向認知。

陸、結論

　　教育的社會價值（或者國家價值）在於提高學生的未來生活品質，以及國家未來的長遠發展。教師是落實教育功能的第一線執行者，是決定各項教育政策成效的關鍵要素。教師的教育哲學、教學信念以及教育技能是教師專業地位的重要影響因素。

　　由於世界已經是個地球村，在地球村環境特性的影響下，教師專業能力的提昇才是教師地位的最佳保衛者。然而，不論是美國、日本或者台灣，教師專業地位都未能獲得多數人的肯定，甚至極端的看法是當前學校教育未能提供學生及國家應有的貢獻，大前研一的《M型社會》一書是個代表。雖說，教師的專業地位未能獲得多數人的肯定，教師當前的貢獻仍有許多人質疑，然而，所有的人都認為「教育是通往未來社會的重要途徑」。

　　教師的專業成長，以往大多著重於教師的進修，政府提供各項進修激勵因素及機會，並以學歷爲敘薪的重要依據；但是，教師的專業表現與教師的進修是否有正相關，尚是各方爭論的議題。這中間的落差，或許是教師進修的內容與教學無直接相關，也或許是教師未運用進修知能以改善教學品質。換言之，教師進修對教師品質的提昇存在著一個重要的中間變項——教師的個人價值觀。

　　目前爲止，管理學的知識及技能雖已成爲當今顯學，然而尚無有效的管理知能可以有效監控個人的價值信念。常用的管理方式有兩大類，對於可以有效量化及偵測的結果，採用「報酬主義」，依行爲導致的成果給予適當的報酬；對於無法有效量化與偵測的結果，採用「過程監督」策略，訂定作業手冊，要求遵循操作手冊內容執行。教師的教學活動成果，正好介於這兩種極端之間，學生的學習表現可以由日後的個人表現及國家競爭力得知，但是存有很長的時間遲滯效應，而且干擾因素衆多。教師專業地位的確立，必須設法突破上述限制，利用量化與質化並用方式，呈現教師的工作表現，以獲取社會大衆的認同。

　　教學視導是促進教師專業成長的方法之一，主要的功能在於發掘待改進的教學技巧，以喚醒教師自我成長的動機。教學視導除了可以喚醒教師專業成長動機外，更重要的是可以較爲明確的釐清教師工作與學生成就間的相關性。教學視導著重在於教師的教學活動，涵蓋教學、班級經營、輔導與專業成長四個層面。其中，尤以教學與班級經營更適合採用教學視導方式。

　　學校實施教學視導的目的已於上文說明，接續而來的問題是如何獲得有效的視導結論。所謂有效的視導結論至少需符合如下幾個條件：視導結論符合事實、視導結論能爲被視導者接受、視導結論能導出改善建議。對上述各項條件，進一步說明如下：

　　1. 視導結論符合事實：簡言之，這便是視導結論的信、效度問題。提高

視導信度的重要原則為：成立評鑑小組、評鑑人員的任務具有穩定性、多次及深入的評鑑歷程、採用必要的輔助工具、提出量化且具體的評鑑結論、遵守研究倫理。提高視導效度的重要原則為：研訂配合評鑑指標的檢核重點、發展可操作型的檢核示例、評鑑人員精確掌握評鑑要領、評鑑人員精進評鑑技能、多次及深入的評鑑歷程、遵守研究倫理、獲取被評鑑人員的信任及合作。

2. 視導結論能為被視導者接受：這是屬於心理層面的重要技巧。重要的原則有：視導內容為被視導者所期待、視導歷程尊重被視導者的感受、視導結論具有開放性及中立性、視導結論與被視導者自評差距不大，最重要的是「讓被視導者感受到其具有主動性」。

3. 視導結論能導出改善建議：這是最重要的歷程，也是視導工作的目標。重要的原則有：結論與建議內容具有相關性、建議內容與教學現場脈絡相符、建議內容具有易行性、學校可提供必要協助、改善歷程及結果具有可觀察性。

柒、建議

綜合上述各要點，學校實施教學視導應注意如下重要措施。

一、就程序而言

1. 提出教師接受教學視導的必要性說明。
2. 組成推動小組，各項準備工作周全。
3. 先由自願參與老師開始實施，以蒐集必要的修正意見。
4. 以教室觀察為主，輔以作業批閱、教學檔案、巡堂紀錄及家長反應等多元資訊。
5. 落實觀察前會議、觀察後檢討會，並提出具體可行的改善建議。

6. 各階段實施成效及參與教師成長心得宜適度宣揚。

二、就視導工具而言

1. 指標應與視導目標結合。
2. 訂定明確的指標操作型定義。
3. 使用的視導工具應配合教師關注項目，且不宜過多。
4. 釐清資料與教學資料的相關性。

作者簡介

丁澤民，國立台灣師範大學生物系、國立政治大學教育行政四十學分班畢業，現於國立台灣師範大學教育行政研究所就讀；著有《生物教學模組》二冊，譯有《生物學》二冊；現任台北縣正德國中教務主任。

26

教學視導現場工作的反思

石佩容

壹、教學視導現場工作的成效評估

一、辦理教學視導的正面產出

1. 教學視導回饋單對教師的教學提出了具體的描述與建議，教學績效良好的教師可以獲得肯定與激勵。

2. 教學績效有待加強的教師在收到視導回饋單後，可以感受到相當程度的壓力，這時，校長與同儕持續的關心與積極協助是十分重要的。良好的協助，可以幫助教師針對回饋單中列舉的項目加以改進，產生有效能的教學。

3. 學生及導師反應，教學視導開始後，某些教師雖尚未接受視導，但上課的態度已有了改善。提昇教學熱誠與教學水準本是教學視導的主要目的，這樣情形應是正面效應之一。

4. 校長成功的進入教室實施教室觀察後，建立了一個良好的模式：學生或家長對教師有任何反應，校長都可以進行教室觀察。觀察結果，教師的教學若無嚴重問題，可以有效的說服家長應督促學生配合教師上課要求，改變自己的學習態度，成為教師有效的支持者。

5. 藉著教學視導這樣的觀念逐漸在教師心中落實，打開了封閉教室的絕對神話，也脫下了長久以來，不得進入教室觀察教師進行教學，不然就是干擾教學或是不尊重教學專業自主的制式觀念，學生的學習情形

及受教權因而可以獲得有效的檢視與維護。

6. 教師們基本態度上，是不會喜歡校長或行政人員進行這樣的教學視導的；但是，在看了視導回饋單後，多數教師覺得受到了肯定，可以看得出來，心情很好，教學得到了更多的激勵與動力。對於尚未受視導的教師也感受到要求專業成長的壓力，這樣的壓力，促使學科有了積極的團隊合作共識，主動辦理教學觀摩及相關研習活動的動力也產生了。

二、辦理教學視導的負向產出

1. 面對壓力會有的負面產出是無法完全避免的，實施以來必須面對的是團體中一些不確定的氣氛——這樣的視導，對我會有什麼樣的影響？我要泰然接受，還是加以杯葛？在實施過程中，也有同仁來到辦公室表達為什麼要對全校教師進行，主張僅對家長有反應的教師進行即可，「否則即是是非不明了！」「同時，這樣讓大家都感覺到壓力也不好。」雖一一依據教學視導的精神理念婉轉說明，教師也能在良好的氣氛下離去，然而，不能確定是否從此即無壓力而無新的懷疑產生。

2. 進行教學視導的時間及精力負擔極大，以致進度緩慢。也曾嘗試邀請同學年老師共同進行，老師們一方面未曾受教學視導的訓練，一方面，也基於無法預期的不確定可能，均表示目前他們還不適合一同進行教學視導。所以培養master teacher教學視導的能力是必須的工作。

3. 學校是一個保守的組織，面對社會巨大變遷，教師們在教學及指導學生的工作上雖有使不上力的無力感，可是組織的惰性使得迫使其改變求進步的行動。在這樣的情形下，面對新的觀念與壓力，絕大多數教師的心理層面是排斥的，而不是歡喜接受的。要推動教學視導，校長

必須要花費較多的心力在溝通及消除疑慮上，若能獲得教育局或教育部之倡導，可以降低不必要的抗力與阻力，減輕時間與精力的負擔。

貳、我國教學視導實施的現況與限制

一、學校實務層面

我國學校教學視導的實施方式主要透過下列兩種方式：一是督學進行的視導；一是各縣市的國民教育輔導團所進行的巡迴輔導。

表26-1　當前我國教學視導實施方式

	督學	國民教育輔導團
性質	分兩層級，主要為視導對象不同： 1.教育部督學。 2.各縣市教育局督學。	成立目的在補督學的不足。 （尤其在分科教學輔導方面）
人員編制	全國總計167位。	隸屬教育局，採分科的任務編制，選調轄區內的優秀校長及教師充任輔導員。
主要任務	包括協助學校提昇行政與教學效率、雙向溝通扮演橋樑的角色……等。	舉辦各科教材教法研習會、輔導中小學辦理教學觀摩、輔導中小學從事研究實驗工作……等。

（一）人員方面

學校成員對教學視導功能未建立共識，傳統教學視導常偏重行政的監督視察與考核，非為了教師的需求，因此常常引起教師負面的反應。教師因此認為視導是一種威脅、壓力，普遍存有敬而遠之的心態。另外職司視導人員外務太多，視導人員及學校行政人員，常因行政事務忙碌無暇進行教學視導工作。就以校長為例：校長常忙於營繕工程、對外關係的經營、開會、應

酬、辦活動、帶團出訪、競賽製造名聲……等，忽視該有的教學視導工作。

（二）專業知能

教學視導宜由專業化的教學視導人員為之。欲做到專業化原則，應建立教學視導的專業養成、在職進修與專業證照制度。可在師資培育機構設立教育行政研究所或教育視導研究所，開設有關課程，培養專業化的人才。同時透過法令的制訂，規定取得教學視導人員證照的條件與程序，符合規定者才能成為合格的教學視導人員。

（三）視導時的「教學」與平常的「教學」表現產生落差

在升學競爭之下，干擾正常教學的外在因素過多，諸如：班級考試成績的評比、家長對成績的重視……等，常使正常化教學無法實行。學校在規劃教學視導活動（如：教學觀摩）時，常導致「演戲歸演戲，實際歸實際」的情況。縱使獲得回饋，也無法落實在現實的教育情境中。

二、制度層面

我國由清末至1993年以前，教育視導的功能受到高度重視，維持中央主導、地方有效配合的原則。然而，自1994年省縣自治後，各縣市首長積極爭取用人權，使得各縣市教育視導人員的專業性頗受質疑，造成我國整體教育視導制度的衝擊，亟待重新檢討、因應。具體而言，我國當前的教學視導制度正面臨以下困境，亟待突破。

（一）未有正式的組織編制

當前我國教育視導組織未臻健全，僅直轄市之教育局具法定編制的督學室，至於中央教育部及縣市的督學室並非法定的編制，僅是一個辦公的場所

而已。為了強化教育視導功能，健全教育視導體系，提高教育視導效果，教育視導組織的法制化可謂當務之急。

（二）人員的任用制度不夠健全

1994年省縣自治後，縣市自主的呼聲逐漸升高，權力下放也形成一股無法抵擋的熱潮。目前我國教學視導人員的遴用，將產生任用私人的流弊、督學的角色功能與專業性遭到質疑、中央與縣市的教育視導制度配合不易的弊端。

（三）人員專業知能有待提昇

當前我國教學視導制度的困境，在於各縣市督學的專業知能不足。但我國教學視導人員乃以各縣市的督學為主，因此需提昇視導人員的專業知能。

（四）教學視導成效未能彰顯

（五）學校教師配合的問題

傳統教學視導常偏重行政的監督視察與考核，非為了教師的需求，因此常常引起教師負面的反應。教師因此認為視導是一種威脅、壓力，普遍存有敬而遠之的心態，甚至認為視導是一種侵犯，因此產生抗拒的心理。

（六）教學視導的結果未能充分發揮

目前有關教學視導的結果，多由督學填寫視導報告送請單位主管參閱，就加以歸檔存查，對學校及教師未能提供適當的回饋與建議，促使教學視導流於形式。

（七）教學視導定位不夠明確

　　教育視導包含行政與教學視導。目前學校校長為配合上級單位的視導，大多致力於學校行政方面的事務，較忽略教師教學品質的提昇。整體的視導制度明顯偏重行政視導，教學視導制度乃有名無實。

　　綜上所述，視導工作有必要做全盤的考量，不但要健全行政視導原有功能，並且還要加強支援教學視導的功能，免除其行政形式上的不便。而教學視導的工作更是不容忽視，應努力使教學視導能配合教育鬆綁、專業自主、摒除權威指導、追求開放民主的概念，結合行政視導相輔相成，共同追求教育的改革與發展。

參、我國教學視導改革的途徑

一、學校本位的教學視導

　　後現代的哲學強調「鬆綁」。傳統的學校管理模式在此思潮的衝擊下，由上對下的監督管控轉變成為以學校為中心的運轉模式。在過程中，教育行政主體賦予學校自治的地位，學校則採取參與式的管理，以學校的教師、家長、社區為主體，強調教師的專業自主、尊重學校多元價值的發展，促使每個學校發展成為有特色的學校。增進學生的學習成就、改善教學和學習情境，同時提昇學校教學效能和辦學績效。

　　在教學層面方面，學校本位的理念強調教學視導的自主性和積極性，透過學校自我評鑑的機制，協助教師改善教學，達成教育目標。教學視導制度須從學校本位出發，兼顧教育行政機關的輔助，才能促使後現代的理念實現。

二、教育行政機關的功能調整

我國教育視導的實施，透過督學及國民教育輔導團兩種方式。傳統教育視導強調以上對下的模式進行，偏重行政的監督視察，對於教學視導往往不甚重視，於是教學視導的重擔就落在國民教育輔導團；然而，國民教育輔導團又非一正式的編制組織，輔導功能大受限制，教育行政機關實應擔負起視導的職責。教育部和縣市督學仍是教學視導的重要執行者，未來應調整其視導的角色和功能，結合學校本位管理的教學視導模式，摒除評比及監視的角色，以利教育目標的達成。

肆、教學視導改革之可行方向

一、確立學校本位的教學視導制度

「學校本位管理」（school-based management，簡稱SBM）強調權力下放的學校管理制度，在課程與教學方面強調教師具有專業自主權力，此為革新當前教學視導制度的新方向。在制度的實施之際，有下列兩項配套措施值得重視。

（一）落實中小學校長考核制度

根據2006年新修訂的《公立高級中等以下學校校長成績考核辦法》第5條規定，校長之成績考核包括六項，其中已注意到校長教學視導的重要性。然而我國學校實務層面，校長校務繁忙，對於教師的教學視導幾乎流於形式，未來應健全校長考核制度，始能間接保障教學視導的落實，協助教師提高教學品質。

（二）結合校內教學人力資源

今後教學視導的實施，可搭配我國即將規劃、實施的教師分級制度草案中，落實學校本位的同僚視導模式。對於教學表現優異的中級、高級或特級教師，給予減授時數，使其樂於從事教學視導方面的工作，落實學校本位的教學視導模式。

二、研訂教育視導法令

目前我國教學視導的規定，尚且停留在行政命令層次，難以因應快速變遷的社會潮流。未來只有賦予視導制度法源化，才能使視導的推動更加順利。我們可由英國看出一些端倪：英國於1992年國會頒布《教育法》、1996年頒布《學校視導法》後，為教育視導制度提供法源基礎，視導工作推動也更加順暢（邱錦昌，2001）。

三、中央級縣市應設置法定教育視導機關

目前除直轄市教育局之督學室為法定單位外，教育部及各縣市教育局督學均非法訂單位。對於教育視導權責的統合與協調、功能的發揮與強化，均造成相當大的限制。

此外，縣市教育局的督學任用，為縣市首長掌控，容易產生任用私人、政治酬庸或外務過多，忽視教學視導的工作。

鑑於以上所述，應儘速在教育部及縣市政府教育局設立法定督學室，加強教育視導組織縱的統整與橫的聯繫，有助於教育政策的推動與落實。

四、建立教學視導人員專業證照制度

證照制度的建立，有助於達成專業化的目標。教學視導人員專業證照制

度的建立，可朝下列兩方面努力。

（一）強化培育制度

目前我國各級視導人員的培育制度闕如，往往由符合公務員任用資格者充任，不利我國教學視導工作的推展與功能的發揮。

（二）落實職前儲訓制度

行政院公布《省縣自治法》以後，督學的職前儲訓制度也隨之取消。但就教育視導人員專業證照的建立來說，職前儲訓有其必要性。為建立證照制度及促使專業化目標的達成，必須恢復教學視導人員職前儲訓制度。儲訓課程必須結合未來視導工作所需，增列見習（或實習）課程，提供疑難的解決之道，避免職前儲訓流於形式。

五、審慎處理教學視導報告

教學視導報告係指視導人員於視導後，依據視導結果，提出具體意見與建議事項，填具書面報告表，以便瞭解各校辦學情形及視導人員之視導績效，做為追蹤、考核與輔導之重要參考。

作者簡介
石佩容，私立淡江大學教育政策與領導研究所畢業；現任台北縣更寮國小教學組長。

參考文獻

邱錦昌（2001）。**教育改革與教學評鑑**。台北市：元照。

學者專家篇

27

教學視導的支持環境
──從專業社群的概念思索

洪啓昌、林瑞昌

壹、緣起

　　授權與自主是此波教育改革的*趨勢*，在這樣的*趨勢*下，組織變革、創新、教師專業自主、社區參與、績效責任……等議題經常被討論。但制度不管如何改變，仍需回歸到學生學習，與學生學習有直接關係的教學，應受到較多重視（Summers & Johnson, 1996）。在教學受到重視的環境下，教學視導就成爲關注焦點。

　　許多教師聽到教學視導一詞，擔心教學受到監督、干擾，對此表現出防衛態度，甚至以各種方式拒絕視導（呂木琳，2002）。教學視導出現的緊張關係，從學校組織的特性可做一些解釋。學校組織本質上被認爲是雙重系統的，行政管理與教師專業存在一種矛盾關係（張明輝，1999）。在強調專業自主時代，行政管理及教師需求的專業自主間產生兩難困境（Ogawa, Crowson, & Goldring, 1999），嚴謹的行政督導體系影響教師專業自主的發揮，過於尊重教師專業自主又難以掌握組織的整體績效。依行政管理需要而發展的教學視導，進入教師的教學專業現場，突顯出行政管理與教師專業雙重系統的矛盾現象。教學視導的本質在幫助教師教學更精進，要能順利推動，需跳脫傳統行政思維及運作策略。

　　Sykes曾提到，專業社群是一種專業導向的組織及管理方式（江芳盛譯，2004），可用來整合學校組織雙重系統間的關係。專業社群強調平行、支持與分享的精神，與教學視導從上對下，轉向於平行式、支持性及權變式的發展

方向（張德銳、李俊達，1999），概念是相通的。教育部一份對外的文宣也提到：教學視導可透過專業對話，建立學校專業社群（教育部，2006），顯示專業社群與教學視導概念有相通之處。專業社群概念既然與教學視導發展方向相通，其內涵應可做為教學視導運作思維及策略的參考。

　　本文主要探討：學校如何應用專業社群的概念來推動教學視導，讓融入專業社群的學校體質，順利接納教學視導的推動，以支持教師的教及學生的學。以下先從教學視導與專業社群概念相通之處，尋找教學視導的運作思維，再提出一些教學視導的推動建議。

貳、教學視導與專業社群的交集

　　教育的對象是人，也在人的場域中運作，人際間的互動品質影響教育作為的效能。專業社群與教學視導都是近年被提到的教育作為，都關心人際關係的處理與詮釋。以下從人際關係層面分別說明專業社群與教學視導的運作方式，再整理出兩者概念相通之處。

一、專業社群的人際關係型態

　　為瞭解「專業社群」的概念內涵，作者整理數位學者對「專業社群」或「教育社群」的定義，並從價值面、行動面及情意面加以詮釋（江芳盛譯，2004；歐用生，1996；潘慧玲等，2003）。

　　1. 在價值面向。教師專業社群有共同的價值核心引導其行動，其主要的價值在於強調教師對學生、學科、團隊及學校的責任感及關懷，並能夠做出貢獻。

　　2. 在行動面向。強調專業的對話、反省、批判、分享、專業發展及教學檢視等。從專業社群的概念來看，教師的專業發展型態是一種人與人的直接關係，透過分享、對話與反省等促成專業的成長。這樣的專業

成長新型態，也是教學視導進行時主要的關係型態（陳佩正譯，
2002）。

3. 在情意面向。強調以彼此間的情誼、關懷、支持做為互動關係的基
礎。在安全的環境中，教師可以敞開心胸，以反省、批判、分享等方
式進行專業對話，促成教學的成長及共同目標（學生學習）的達成。

從人際關係的基礎來看，專業社群包含著價值面、行動面及情意面。許
多成功學校的研究案例，也發現專業社群的內涵有助於學生學習、教師專業
發展及學校的成效。如Reeves在《學習的績效》一書中，提到學生學習進步
情形優異的學校案例，都看到教師就學生學習及個人教學，不斷反省、批
判、找出方法，以提昇學生的學習（陳佩正譯，2005），其展現的就是一種專
業社群的關係。

二、教學視導的人際關係型態

教學視導是視導人員與教師一起工作，以協助教師改進教學，增進教學
效果的一種活動，主要任務在透過觀察教學、檢討會議、教學評鑑……等方
式，直接協助教師改進教學（呂木琳，2002）。教學視導需要有兩個人以上才
能進行，自身即存在人與人的關係。從教學視導常用的幾個方式來看，都觸
及人際關係型態（張德銳、李俊達，1999；Beach & Reinhartz, 1989;
Glickman, 1995; Goldhammer, Anderson, & Krajewski, 1993）。

（一）臨床視導模式

教師和視導人員面對面，透過系統程序，蒐集教師教學的第一手資料，
並針對教學類型加以記錄分析，以達到改進教師教學與促進教師專業成長的
目的。在開始前，視導人員要和教師建立互信關係，透過會議討論視導的重
點，然後針對教學事件進行教學觀察與分析，並就教學視導的成效進行檢

討。臨床視導採用先建立信賴的人際關係，專業再進入的程序。

（二）同儕教練模式

教師同儕共同工作，採取閱讀與討論、示範教學，以及有系統的教室觀察等方式，彼此學習新的教學模式並改進既有的教學策略。同儕教練模式強調教師間的合作與平行關係，成員間要能分享、相處愉快、合作、尊重對方、溝通。在組成初期，先讓彼此能信賴組成團體；待成熟後，再逐步重視專業上的配隊組成。同儕教練模式之推動，先從信賴的人際關係著手，待習慣於教學視導的運作後，再從事專業取向的異質性配對。在運作過程中，強調分享、合作、尊重、相處愉快等面向。

（三）個人化專業成長模式

對於專業能力較成熟的教師，可以在視導人員的協助指導下，以獨立的方式進行專業成長。個人化專業成長模式包括五個步驟：設定目標、審核教師所設定的目標、召開目標設定會議、進行形成性評鑑、完成總結性評鑑。這種模式之視導者站在支持立場，尊重教師本身的主體性，依不同需要給予專業協助。人際關係強調的是教師的專業自主性，視導者是專業的支持者，在互動中瞭解教師需要，依需要給予協助。

（四）批判夥伴團體

一群具有相同目的的老師，在一位協調者的帶領下，審視學生作品的樣本或是教學方面的問題，並提供策略和建議，讓教師透過批判，修正自己的教學活動內涵。之後，由教師將修正內涵帶回教學現場實施，再將實施結果攜回討論。在批判夥伴團體的運作過程中，強調批判需從支持、關懷的立場協助參與者。

　　從以上幾個方式來看，教學視導在人與人的互動關係中進行，除強調專業的提昇外，在初期需先建立信賴的人際關係。教學視導的進行需有合作、分享、關懷等意涵，才能進入實質層面，討論教學現場的真實狀態。這顯示教學視導要推到專業層面，需讓教師心理接納再逐步推動，過程中更要重視心理環境支撐。以上所描述的內涵都是專業社群主要的概念；因此，專業社群的經營概念，應是教學視導順利推動的重要環境基礎。

三、專業社群與教學視導的交會點

　　依前所述，專業社群應可做為教學視導推動的環境基礎。作者從國內碩博士論文資料庫中，發現在教學視導的研究上，也有許多研究強調教學視導與專業社群的關係，就其結果整理成幾個要點：

1. 教學視導進行過程中，平等、合作、對話、分享、尊重等人際互動方式，有較高的接受度。例如：非指導式及合作式的教學視導被接受度較高（蕭美智，2004）；以平等夥伴關係建立合作團隊是實施時的必須要素（利一奇，2002）；教學視導應從被視導者的角度進行（林宜龍，2003）；成員彼此間要能合作、民主尊重、開放對話（謝宇斐，2004）；教學視導最佳方式為鼓勵教師同儕間相互合作、分享教學經驗（蔡祺安，2006）；將教學視導當作教師間心得分享、經驗交流（楊秀枝，2006）等。

2. 影響教學視導進行的因素中，除了專業知能、觀念不普及、時間和工具的不足外，彼此關係尚未建立也是其一（吳林輝，1999）。

3. 推動教學視導對學校運作有很多助益。例如：透過對話方式有助於教學議題的深入探究（劉益麟，2002）；實施教學視導有利於建立教師專業社群（呂淑芝，2003）；教師參與教學研討會的反省對話，能協助教師省思自我的教學、建立實踐智慧（戴進明，2004）。

　　從上述要點來看，平等、合作、對話、分享、尊重等人際互動方式以及彼此關係的建立，都是專業社群所探討的內涵，這些內涵的落實讓教學視導的推動較為順利。因此，專業社群與教學視導是相互支持的關係，教學視導有助於專業社群的建立，專業社群的建立也有助於教學視導的推動。

參、從專業社群中思考教學視導的意涵

　　從以上專業社群與教學視導所交會出的概念中，產生一些思考。

一、教學視導促使學校經營者重視教學

　　在專業社群的概念中，教師對學生、團隊及學校需有責任感及關懷，能夠作出貢獻，並以此做為工作的價值核心。教學視導則是幫助教師提昇教學能力，以完成其教學責任，兩者是相輔相成的關係。教學視導幫助專業社群目標的達成，專業社群則是教學視導的基礎環境。從學校經營的核心目標來看，學生學習成效是學校存在的最高價值，教師教學對學生學習有最直接的影響力，學校行政應以支持教學做為主要的努力方向。以專業社群為概念所推動的教學視導是支持教學的主要策略，應以較多的資源與人力投入教學視導工作，行政作為的成效也要以是否有助於教學做為主要判斷依據。

二、將教學視導視為一種助人的專業

　　教學視導探討的對象是個人的教學表現。將教師的教學攤開來進行評斷，在國人重視面子的心理效應下，更需要有安全的環境，才能進行實質的討論。在專業社群的概念中，強調以彼此間的情誼、關懷、支持做為互動關係的基礎，在這樣的基礎下，教師可以敞開心胸進行專業的檢視（即教學視導）；有了良好的心理環境，教師才能進行實質的討論與成長。其次，教學視導的運作初期，也強調先建立信賴的人際關係，再逐步強調專業的合作。

教學視導要推到專業的程度，需先建立信賴關係及支持性的心理環境，專業社群可說是支持教學視導推動的環境基礎。

　　因此，教學視導要逐步往前，先讓教師習慣在他人面前真實展現自己的教學現況，習慣與人就真實的教學現場進行專業對話，再依需要進入教室觀察。教學視導從教學專業對話、專業社群的建立著手，有了良好的教學對話基礎及相互信賴的關係後，再逐步進入教室現場。進入教室觀察時，觀察重點的確定、人員的安排、事前的會議、觀察後的處理，都需要做好溝通，讓教學視導所觀察的教學現象更趨向真實，更有助於教學的精進。以善待人的手段執行教學視導，營造出良好的人際環境，也是教育所欲追求的目標。

三、教學視導展現實踐型、合作型的教學專業

　　教學視導是教師就教學進行對話，以教學的實踐現場為討論對象，協助教學更加精進，是一種實踐性的作為。教學視導的討論需有兩人以上之對話，是一種合作式的進修模式。在教學視導的幾個方式中，也可使用學生的學習表現做為教學結果的檢視點；教學視導的最終目的在促成學生的學習成長，是一種成果導向的專業。教學視導所執行的，正是一種實踐型、合作型的教師專業發展型態。

　　在這個專業型態上，強調專業的對話、反省、批判、分享、專業發展及教學檢視等，促成教學的成長及共同目標（學生學習）的達成。這與過去講述式的教師專業發展有很大的不同，教師要成為專業人員，需有轉化實踐的能力，對於自身的專業能進行對話與反思。教學視導是教師教學專業發展的新型態，以建立實踐、合作型的教師專業形象。

肆、如何以專業社群的型態推動教學視導

　　就上所述，專業社群之經營有助於教學視導的推動。本節將從上節所產

生的三點概念中，導引出幾點推動教學視導的建議。

一、經營學校領導人社群，探討教學視導的實踐經驗

學校領導人參與社群，一方面可做經驗的交流，互相分享社群經營以及教學視導推動的經驗；另一方面藉由群體的力量，共同關注教學，透過教學來促成學校有效的經營。

可採用專業社群的精神，辦理校長、教務行政人員的進修活動，探討教學相關議題。如工作坊，由參與人員結合理論提出實踐經驗進行分享，再由與會者進行對話、討論。所產出之內涵再透過各種機會分享，以散發影響力。進行過程中，透過專業對話、自我反思、同儕間的相互合作，探討學校教學成長如何進行、學校團隊如何成形、教學視導如何推動……等。從企業的績效觀點來看，不同單位間存在著競爭關係，需透過競爭與比較，建立單位的聲望，取得更多的資源。但教育的體質不一樣，教育若要成為專業性的組織，其體質除了競爭外，更要重視專業的合作與支持，在合作的關係中，彼此累積更多的資源。

這是學校領導人對教學視導工作的實踐，將行政工作的重點聚焦在教學上，促成教學的發展。

二、透過多元型態發展，在信賴的環境中推展教學視導

要讓教師習慣於與他人就真實的教學現場進行專業對話，需有可信賴的環境。教學視導可從多元型態發展，讓教師逐步習慣參與教學視導，感受到對自身專業的幫助後，再逐步深入發展。

教學視導應強調學校本位，重視專業化及民主化兩大精神。在專業化上，將學校本位教學視導視為課程與教學的一環，由學校課程發展委員會討論如何進行，從課程與教學發展的角度進行教學視導。教學視導的運作方式

視學校整體課程與教學運作的狀態而定，依不同狀態及教師特質進行不同的教學視導方式，並以教學視導的結果做為課程與教學的檢視資料之一，透過教學視導瞭解課程與教學的實踐情形，有利於課程、教學與視導三方的整體發展。在民主化過程中，與教師一起討論，該採用怎樣的教學視導型態促進教師專業。這樣的討論，除了重視教師的選擇外，也強調學生的受教權，從促進學生學習的需求上決定教學視導方式。

三、藉由教學視導實踐經驗分享，建立教師專業發展的多元型態

教學視導之推動，希望轉變教師專業進修型態，讓教師樂於參與進修。教學視導的目的在促進教師的教學專業發展，在教學實踐場域中進行，其目的在瞭解及解決教學現場的問題。透過教學現場中的探究，可幫助教師認知教師專業成長的需要。教學視導的進行過程，即是幫助教師專業成長的過程，並可依據教學視導所產生的結果及教師需求，做為推動教師進修之參考。

伍、結語

教學視導初期從行政管理的角度出發，希望透過督導的方式掌握教師的教學品質。這樣的視導概念給人一種「監視、控制」的意味，使教師產生排斥感。隨著社會環境轉移，教學視導逐漸從督導的概念，轉化為輔導、協助的概念，教學視導成為視導權能者與被視導者之間相互協調合作的歷程（謝文全，1999）。教學視導除了概念的轉移外，尚存在著許多意義。本文從專業社群的概念中，析論出三個意義，做為教學視導推動的理念依據：(1)學校經營應關注到教學層面，重視教師的教及學生的學；(2)教學視導是一種助人的專業，應注重心理層面，讓教學專業在信賴的環境中穩步發展；(3)教學視導

展現教學專業發展的新型態。

在這些理念下，本文導引出教學視導的幾個想法。其一，教學視導之推動，提醒學校工作者重視教學，以學生學習做為學校經營的主要目標。學校經營者需瞭解教學、支持教學，有關學校經營的重點、教育人力的安排，以及資源的分配與運用，都應幫助教學的發展。教學視導喚起大家對教學的重視，以夥伴的關係一起為學生的學習負起責任。其次，教學的對象是人，希望教師以人的角度進行教學，教學視導之推動也應從人的心理層面切入，營造一個可信賴的環境，從真誠的專業對話著手，逐步協助教師及學校教育的整體發展。最後，專業需要不斷地反思，透過不斷檢視，教學專業才有實踐的可能性。

教學視導不單是教室觀察，在專業社群概念下推動的教學視導，已成為教育夥伴共同關懷教學的一種行動。它是一種成就他人的專業，藉由不斷精進、共同合作，以集體性的力量建立教師教學的主體性，贏得專業自主的能量及尊敬。

作者簡介

洪啟昌，國立台北教育大學國民教育研究所碩士、國立政治大學教育學系教育行政博士；曾任中學教師、國立台灣藝術大學兼任講師、國立台北教育大學、國立政治大學及私立淡江大學兼任助理教授、台北縣文化教育學會、兩岸文教學會、中華民國教育行政學會理事、台北縣政府教育局督學、副局長、代理局長；現任台北縣政府教育局主任秘書（台北縣政府升格改制後）。

林瑞昌，國立台北教育大學教育政策與管理研究所博士候選人；曾任台北縣大成國小校長、台北縣綜合活動領域輔導團召集人；專長領域為課程領導、策略管理；現任台北縣政府教育局課程督學兼教研中心專業發展組長、國立台北教育大學兼任講師。

參考文獻

📁 中文部分

江芳盛（譯）（2004）。G. Sykes著。對教育「新專業主義」之評估。載於K. S. Louis & J. Murphy（主編），王如哲等（譯），**教育行政研究手冊**（Handbook of research on educational administration）。台北市：心理。（原著1999出版）。

利一奇（2002）。**國小教師實施同儕教練之行動研究**。國立台北師範學院課程與教學研究所碩士論文，未出版，台北市。

吳林輝（1999）。**臨床視導在台北市國中實習教師教學輔導之需求性研究**。台北市立師範學院國民教育研究所碩士論文，未出版，台北市。

呂木琳（2002）。**教學視導──理論與實務**。台北市：五南。

呂淑芝（2003）。**台中市國民中小學學校本位教學視導之研究**。國立暨南國際大學教育政策與行政研究所碩士論文，未出版，南投縣。

林宜龍（2003）。**國小語文領域創作思考寫作教學之研究──一個教學視導人員行動研究**。國立嘉義大學國民教育研究所碩士論文，未出版，嘉義縣。

張明輝（1999）。**學校教育與行政革新研究**。台北市：師大書苑。

張德銳、李俊達（1999）。推動教學學校本位的教學視導與評鑑。**技術與職業教育雙月刊，52**，2-6。

教育部（2006）。**試辦中小學教師專業發展評鑑宣導手冊**。台北市：作者。

陳佩正（譯）（2002）。C. D. Glickman著。**教學視導──做老師的最佳學習拍檔**（Leadership for learning: How to help teachers succeed）。台北市：遠流。

陳佩正（譯）（2005）。D. B. Reeves著。**學習的績效——老師與學校的領導者可以掌控的績效**（Accountability for learning: How teachers and school leaders can take charge）。台北市：心理。（原著2004出版）。

楊秀枝（2006）。**學校本位教學視導之個案研究**。國立台南大學教育經營與管理研究所碩士論文，未出版，台南市。

劉益麟（2002）。**同儕視導的實踐與反省——台北市安安國小教學現場實錄**。國立台北師範學院課程與教學研究所碩士論文，未出版，台北市。

歐用生（1996）。**教師專業成長**。台北市：師大書苑。

潘慧玲、王麗雲、簡茂發、孫志麟、張素貞、張錫勳、陳順和、陳淑敏、蔡濱如（2003）。**發展國民中小學教師教學專業能力指標之研究**。台北市：國立台灣師範大學教育學系。

蔡祺安（2006）。**國民小學學校本位教學視導實施內涵與策略之研究——以桃園縣為例**。私立中原大學教育研究所碩士論文，未出版，桃園縣。

蕭美智（2004）。**校長實施臨床視導之研究——以台北縣快樂國小為例**。國立台北師範學院教育政策與管理研究所碩士論文，未出版，台北市。

戴進明（2004）。**桃園縣國民中小學實施教學視導之研究——以「優質教學研討會」為例**。國立台灣師範大學教育研究所碩士論文，未出版，台北市。

謝文全（1999）。教學視導的意義與原則——並以英國教學視導制度為例。**課程與教育季刊，2**（2），1-14。

謝宇斐（2004）。**國民小學學校本位教學視導之研究**。國立台灣師範大學教育研究所碩士論文，未出版，台北市。

英文部分

Beach, D. M., & Reinhartz, J. (1989). *Supervision: Focus on instruction*. New

York: Harper & Row Press.

Glickman, C. D. (1995). *Supervision of instruction: A developmental approach.* Boston: Allyn & Bacon.

Goldhammer, R., Anderson, R. H., & Krajewski, R. J. (1993). *Clinical supervision: Special methods for the supervision of teachers* (3rd ed.). New York: Holt, Rinehart & Winston.

Ogawa, R. T., Crowson, R. L., & Goldring, E. B. (1999). Enduring dilemmas of school organization. In J. Murphy & K. S. Louis (Eds.), *Handbook of research on educational administration* (2nd ed.) (pp. 277-295). San Francisco: Jossey-Bass.

Summers, A. A., & Johnson, A. W. (1996). The effects of school-based management plans. In E. A. Hanushek & D. W. Jorgenson (Eds.), *Improving America's schools: The role of incentives* (pp.75-96). Washington, DC: The National Academies Press.

28

學校本位教學視導的推動策略
——從教師的觀點談起

張德銳

　　隨著國內教改列車的開動，學校本位管理受到教育學界及實務界的重視，經過數年的發展，已經逐漸從理論的探討轉變到實際的落實。此外，教學視導原本就是服務、支持、協助教師改善教學的理念、方法與技術，應由學校出自自主意識的實施，建構學校本位教學視導體系。然而，筆者在長期研發與推廣教學視導的過程中，與中小學現場教師有不少的接觸，充分感受到現場教師對於學校本位教學視導的疑慮與不安。由於這股疑慮與不安，使得學校本位教學視導工作的推動倍感艱辛。

　　學校本位教學視導在理想上，係對教師專業發展有益的概念和做法，但是中小學教師在實際的接受度上，卻不一定領情和接受。面對這樣理想和實際上的差距，實有必要從教師的角度去做考慮，才能有效的推動。畢竟，教師是教學改善與發展的主角，是學校本位教學視導的主要參與者，他們如果不接受這一套理念，那麼再好的系統和理念，對於廣大的教師們而言，都是陌生或者具有威脅感的，更惶論對於他們的教學會產生長期改善和發展的效應。

　　有鑑及此，本文擬從教師的角度和觀點，來說明如何推動學校本位教學視導，才能符合我國中小學的情境脈絡。因此，在本文的開頭，擬先說明一下現今中小學教師對於教學視導和評鑑的看法，其次闡明學校本位教學視導的基本概念，然後論述如何在順應教師觀點的基礎下，有效推動學校本位教學視導，最後再做一個結語。

壹、中小學教師對於教學視導與評鑑的觀點

筆者多次在主講教學視導的研習情境中，聽到資深的中小學教師說：「一般中小學老師對教學視導是很陌生的，我到現在才知道教學視導是透過教學觀察和回饋，提昇、協助老師教學的做法，許多老師和我一樣，一聽到視導，就想到上級對老師的監視和督導；一聽到評鑑，就想到績效考核和教師分級，喔！原來教學視導和評鑑並不是那樣可怕的系統。」這樣的聲音，應該不是少數老師對教學視導的誤解，而應是長期以來對教學視導的刻板印象。

也正因為這樣對教學視導的刻板印象，許多研習過後的老師建議：「為什麼一定要叫教學視導呢？叫教學輔導、教學協助，不是更好嗎？為什麼一定要叫教學評鑑系統，叫教學專業發展系統不是更好嗎？」一再地聽見這樣的教師聲音，筆者常在想：「如果教學視導和教學輔導的實質內容一樣，那麼以教學輔導的名義來推動教學視導工作，不是較好嗎？」同理，如果「學校本位教學視導」在實務推動上，能夠名之為「學校本位教學輔導」或者簡稱「校本教學輔導」應是一個較務實的做法。

其次，筆者近來為了協助教育部推動「教師專業發展評鑑」，曾經委請一位資深教師，對校內同仁，作一次深入廣泛的意見諮詢。主題是：「當教師遇見專業發展評鑑是怎麼想的？」對於這樣主題的反應，大致可以分成以下三種類型的反應。

第一種類型的反應所表達的意見為：「參與評鑑是否就是不適任教師？」「評鑑後教師是否就被分等級了？」「評鑑後若被認定為未達規準，家長會不會質疑我的專業？」「評鑑是否會成為行政迫害老師的工具？」從國內這幾年教育改革的發展，許多教改措施常把教師當成教改的對象，國內老師有這些反應是可以同情和理解的。但是由這些反應亦可知，國內教師對於「教師評

鑑」是有很深的疑慮和抗拒的，所以「談評色變」的說法並不是空穴來風；另外教師對於教育行政機構和學校行政人員亦是不信任的、沒有安全感的。存有這樣看法的老師，也許會想：要評鑑教師之前，是不是要先評鑑教育部長、教育局長和學校校長有沒有善盡協助、支持教師教學的職責與功能。

第二種類型的反應所表達的意見為：「我把我的書教好，就已經是好老師了，為什麼要接受評鑑？」「教書已經夠忙了，為什麼要接受評鑑？」「我的專業一直都在成長中！」「我願意專業成長，但，我不求榮耀，更不一定要透過評鑑證明我的專業！」「我希望在教師群體中避免競爭──『情誼』決定我們的行事。」「這是個不確定的時代：退休即是我的未來！」這些老師雖然對於教師評鑑並沒有像前者那麼負面或者感到不安全感，但是還是消極的不接受，他們頂多對教師評鑑採取觀望的態度，並不願意對教師評鑑積極地參與和投入。

第三種類型的反應所表達的意見則為：「專業發展評鑑等於健康檢查。」「評鑑是為了『改進』，而非為了『證明』。」「以自我評鑑出發，促進對話、發現問題、研擬改進策略。」「評鑑提供一個檢視、對話、反思、回饋的系統，讓教師可以瞭解自己專業上的優點和缺失。」「從不斷的自我瞭解與省思中獲得回饋，並以此釐清未來專業發展的方向，做為規劃未來專業發展的依據。」從這些反應得知，國內還是有不少中小學教師願意透過教學視導或評鑑，精進自己的課堂教學和班級經營能力。這一群處於「關切專業」階段的教師，有些是屬於那些教學知識和經驗俱豐的教師；這些教師不但願意為自我評鑑、自我改進，承擔更多的責任，而且也願意為教師同仁的專業成長和教學品質，提供服務。另有些教學經驗也許並沒有豐富，但是他們深切體會到專業發展的重要性，願意撥出部分時間，一方面做教學自我檢視，另一方面在和同儕互動過程中，彼此互相學習與成長。

貳、學校本位教學視導的基本概念

　　學校本位是一種以學校層級為基準的管理，是將學校上級單位的選擇與決定權下放到學校，由行政人員、教師、學生、家長共同參與運作學校事務，其範圍包括：預算的編列執行、教師的任免、課程的安排、教學的實施及評鑑，和一般學校層級的行政運作等（張德銳，1995；David, 1989; Myers & Stonehill, 1993）。

　　學校本位教學視導是以學校為主體，基於本身擁有的權責，對教師的教學表現作觀察、輔導與協助，一方面肯定教師的教學，另一方面改進教師教學品質，促進教師專業成長的歷程。在這個歷程中，學校是實施的主體，而不是由外來的視導者主導；教師是主要的參與者，既是視導者，也是被視導者，而不一定要仰賴學校行政人員的視導；透過教師自省以及教師之間的專業對話，發揮肯定教學、精進教學的功能，而其終極目的係提昇學生的學習品質與成效。

　　由上述定義可知，學校本位教學視導，是形成性的教學評鑑，而不是強調績效責任的總結性評鑑，它和教師績效考核以及教師分級制度無關，它的主要功能係在肯定教師於既有的教學基礎下，追求更優質的教學。進一步而言，學校本位的教學視導具有以下幾項功能（張德銳，2000）：(1)發展學校共同目標，塑造學校整體文化；(2)透過學校行政及同儕的團隊合作，打破教師孤立狀態並產生歸屬感，鼓舞教師工作士氣；(3)增加及學校教學資源的充實，建立學校教育社群；(4)拓展教師教學視野，使教師以更積極的態度學習各種教學技巧與方法；(5)保持良好的教學品質，建立教學的專業形象；(6)提供教師更多機會擬定、執行與評鑑教學計畫，培養教師自我成長的能力。

　　至於學校本位教學視導的模式，主要有三：臨床視導模式、同儕教練模式，以及個人專業化成長模式。Goldhammer（1969: 19-20）認為，臨床視導

是「一種透過對教師實際教學的直接觀察，來獲取資料的歷程；在這種歷程中，視導人員和教師面對面地互動，以便分析和改進教師的行為和活動。」Acheson和Gall（1996）將臨床視導分為三個階段：(1)計畫會議；(2)教學觀察；(3)回饋會議。在計畫會議中，主要係在教學觀察前，和教師建立信任的關係，以及瞭解教師教學的脈絡。在教學觀察中，主要係運用客觀、具體、有組織、有系統的觀察工具，對於教師的教學加以記錄和描述。在回饋會議中，主要是將客觀的資料回饋給教師，並引導教師對於教學作反應和省思。

「同儕教練」是一種教師同儕工作在一起，形成夥伴關係，透過共同閱讀與討論、示範教學，特別是有系統的教室觀察與回饋等方式，來彼此學習新的教學模式或者改進既有的教學策略，進而提昇學生學習成效，達成教學目標的歷程（張德銳，1998）。在同儕教練模式中，教師組成小組，互相擔任視導者以及被視導者，並依據以下步驟進行教學改進的工作：研習、示範教學、指導式練習和回饋、實際應用所學技巧。

在「個人化專業成長」模式裡，教師必須為自己的專業成長負大部分責任。參與此一模式的教師，可以採取獨立自主的工作方式，來達成自己設定的專業成長目標，但是他必須接受視導人員的指導和協助。這種由教師自行設定目標、執行目標，但由視導人員和教師共同管制和評鑑目標的教學視導模式，包括以下五個步驟：設定目標、審核教師所設定的目標、召開目標設定會議、進行形成性評鑑、完成總結性評鑑（張德銳，1994；Sergiovanni, 1987）。

參、學校本位教學視導的推動策略

教育改革是世界各國邁入21世紀，提高競爭力的主要策略，而教育改革的成敗，有賴於老師的作為和思考，教學則是其具體表現。因此，世界各先進國家，莫不以發展教師教學專業，提昇教師教學品質做為教育改革的重點

工作，而發展教師教學專業的諸多途徑當中，學校本位教學視導係最直接、最有效的改革方式。

　　然而學校本位教學視導工作在中小學的推展，是一件相當艱鉅的工程。學校本位教學視導的推動，首重溝通與宣導工作。教育行政機關應加強教學視導觀念的宣導與溝通，讓教師們有了正確的視導觀念，才不會一聽到教學視導就聯想到「監視」與「督導」，而一味地抵制教學視導工作。其次，要喚醒學校行政人員、教師會、家長會、民意代表對學校本位教學視導的普遍重視與支持，才能在各方共識下，加速學校本位教學視導工作的推展。

　　學校本位教學視導既是學校本來就應做的工作，學校應發揮更多主導的力量。主持校務的行政人員應充分體會到：瞭解是支持的基礎，而共識則是推行的動力，建立共識是推展學校本位教學視導的首要工作。可以利用校本研習、學年會議、各科教學會議、教學觀摩檢討會議、校務會議等各種機會，透過討論及宣導，使學校同仁瞭解學校本位教學視導的意義與重要性，再經過大家集思廣益，提出相關的做法及程序，或是就行政單位所提之辦法進行修正討論。

　　再者，無論是教育行政機關、教師研習中心、師資培育機構、教師專業團體，以及學校本身，皆應多方提供教學視導方面的課程與研習，以便加緊教學視導人力的培訓工作，方能因應教學視導制度普遍實施後的大量視導人員需求。當然，教育行政機關應體認到教學視導工作是一項費時、費人力、費財力的投資工作，然後給予實施學校足夠的心理支持與實質支援，才能順利有效地推展學校本位教學視導工作。

　　其次，教育行政人員應體認到學校本位教學視導的推動，亦是一個「溝通」與「協商」的歷程。由於學校本位教學視導的推動，勢必會打破教育界原本單純而保守的教育環境，因此很可能會面臨代表教師權益的教師會所反對。因此，如何在強調謀求教師專業發展的共同利基下，尋求教師會的支

持，甚至合作推動具有共識的學校本位教學視導方案，在在考驗教育行政人員的行政智慧。當然，教育行政人員應充分體會到，從1910年以降，教育評鑑已經從將評鑑視為測量的第一代評鑑、縱向描述、判斷的第二、三代評鑑，以及現今強調協商的第四代評鑑。在這樣的時代趨勢下，如何與教學視導利害相關的團體，加強溝通與協商，是有其必要的。

學校本位教學視導工作的推動，可以採取「先支持、後視導」的途徑，亦即學校行政人員在平時就宜提供支持性的環境，一方面協助教師順利進行教學工作，另一方面和教師建立起合作、信任的夥伴關係。Sergiovanni和Starratt（1998）認為，學校行政人員若能提供教師激勵性的教學環境，教師在教學專業的認知複雜程度，將可逐步成長。激勵性的教學環境包括：教師具有較多機會和視導人員及教師同仁互動、教師具有較多機會獲得其教學表現的回饋、教師有較多的機會為其教學效果承擔責任，以及教師有較多的機會在支持性的環境下實驗新的教學方法和技巧。學校行政人員的主要責任，就是在提供教師適當的教學環境刺激，以便提昇教師的認知發展程度。

學校本位教學視導工作的推動，較宜採取逐步漸進的策略，由小範圍到大範圍，逐步實施。有鑑於中小學教師對於教學視導的接受度不一，學校行政人員對於對教學視導採質疑或抵制態度的教師，先不要太在意或太強求其接受，只要求這一類教師不要阻擋有意願成長的教師進行教學視導工作即可。對於教學視導持觀望態度的教師，除主動告知其校內教學視導工作的推動情況外，可多方提供機會讓他們能觀摩其他教師所進行的教學視導工作，或許這些老師會因為多次觀摩後，改變其對教學視導的態度並增強其參與的動機。對於願意透過教學視導，精進自己的課堂教學和班級經營能力的教師，宜經由學校行政人員的熱情邀約與支持下，以自願參與的方式，成為學校第一階段推動學校本位教學視導工作的主力。如果第一階段可以推動成功，那就可以再逐步擴及至保持觀望的教師，乃至於全體教師。當然學校在

推動學校本位教學視導的過程中，可採「規劃—執行—考核—修正行動」（Plan-Do-Check-Act, PDCA）的歷程，邊做邊修正，使得學校本位教學視導方案更臻於完美的境界。

另外，在學校本位教學視導實施模式上，亦宜允許教師因其發展階段與合作習慣之不同，可以採行不同的模式。例如：資深優良教師可以在培訓後，做為支持、協助實習教師或初任教師專業成長的輔導教師，在輔導過程中，進行民主的、非威脅性、教室現場的觀察與回饋措施，亦即「臨床視導」模式。對於學校內有合作成長意願教師，允許其以自由選組的方式，每三至六人組成一小組，經由研習、示範教學、教學觀摩、教學觀察與回饋等「同儕教練」的實施步驟，彼此學習、共同成長。對於沒有和人合作成長習慣的教師，則允許其以「個人化專業成長」模式，為自己的專業成長，設定年度專業成長目標，然後在行政人員的協助下，達到成長目標。

肆、結語

學校本位教學視導固然是一項重要的教育改革工作，亦是長期發展教師教學專業的利器，但是在實際實施上，與理想的實施上，恐怕會有很大的差距。吾人企盼經由長期的耕耘與努力，在不久的未來，學校會把推動學校本位教學視導，視為例行性的工作，而教師也會把參與教學視導工作，當作教學工作中很自然、很自在的一環。

觀念是行動的基礎，教師必須對教學視導有了正確的認識，教學視導才有可能普遍被教師們所接受，而有採取行動的可能性；教師若能打破教室王國的觀念，產生課堂教學及班級經營的精進意識，學校本位教學視導才有成功推動的契機。然而吾人必須相信，每一位教師都有追求專業成長的本質和潛能，並且從教師的角度，理解其對教學視導的疑慮與不安，接受其對於教學視導的質疑和抗拒，然後以無比謙卑和專業的態度，引領教師認識教學視

導的意義和重要性。其次，與教師以及教師團體溝通、協商合理的學校本位教學視導方案，以及安排良好的學校本位教學視導環境和資源，鼓勵教師在方案實踐中，去體驗和學習，進而真正感受教學改善與發展的益處，這樣學校本位教學視導的願景與理想，才可能有真正落實的一天。

（本文原刊登《北縣教育》第61期，並經同意刊載）

作者簡介

張德銳，美國奧瑞崗大學哲學博士、美國伊利諾大學香檳校區訪問學者、美國加州大學洛杉磯校區訪問學者；曾任國立新竹師範學院初等教育研究所所長、台北市立師範學院國民教育研究所所長、台北市立師範學院初等教育學系系主任；現任台北市立教育大學教育行政與評鑑研究所教授。

參考文獻

中文部分

張德銳（1994）。**教育行政研究**。台北市：五南。

張德銳（1995）。以學校中心的管理推行開放教育。載於尤清（主編），**台北縣教育改革經驗**。高雄市：復文。

張德銳（1998）。**師資培育與教育革新研究**。台北市：五南。

張德銳（2000）。**師資培育與教師評鑑**。台北市：師大書苑。

英文部分

Acheson, K. A., & Gall, M. D. (1996). *Techniques in the clinical supervision of teachers: Preservice and inservice applications* (4th ed.). New York: Longman.

David, J. L. (1989). Synthesis of research on school-based management. *Educational Leadership, 46*(8), 45-53.

Goldhammer, R. (1969). *Clinical supervision.* New York: Holt, Rinohart & Winston.

Myers, D., & Stonehill, R. (1993). *School-based management.* Education research consumer guide, number 4. (ERIC Document Service NO ED 353688)

Sergiovanni, T. J. (1987). *The Principalship: A reflective practice perspective.* Boston: Allyn & Bacon.

Sergiovanni, T. J., & Starratt, R. J. (1998). *Supervision: A redefinition* (6th ed.). New York: McGraw-Hill.

教學專業精進之我見

陳佩正

壹、早期的師資培育模式

　　經常聽到許多大學生抱怨某某教授的上課數十年如一日，早年的講義，歷經十年還依然有用，有時候連畢業多年再度進修時，也發生這種現象，教授的上課更受到學生的抱怨或者視爲營養學分。當然，如果大學老師的教學會有這種數十年如一日的「溫馨畫面」，那麼我們就不難推論，各級學校的老師應該也有類似的場景，只是國小和國中學生畢業後，鮮少返校去選課（國內不是這套留級制度，所以不會有學生返校去選課，頂多是畢業多年後，返校找尋以往的老師），所以不會有這種控訴的場景。不過，這裡清楚的說明一件事情，當資深的老師說他們有多年的教學經驗，到底是說，他們有N個相同的教學經驗，或者是N年下來不斷累積教學現場所獲得的教學專業精進，不斷進步的可能性呢（或者說每一年都比前一年的教學要有效率多了）？

　　早年的國小師資培育，我們清楚知道，都是師專或者師院畢業就直接進入教育現場，表象上有所謂的實習階段，實際上卻直接變成某間教室唯一的老師；換句話說，是表裡不一的推動眞正的實習教學活動，拿全國學童的學習權益當作實習老師實驗的對象。在那種情況下，雖然也有師院或師專教授的指導，但是因爲是大班制，且教授群並未接受視導的課程，因此通常一整年的實習過程，師院教授頂多蒞臨學校指導一次，這樣的「視導」，在最關鍵的教育實習階段，根本就是緩不濟急的作爲。至於早年持續到現在仍在推動

的返校座談，雖然宣稱可以讓實習老師提出實習時的困境，但是這種困境的回報和指導都在拖延時間，且在每次有太多實習老師必須陸續報告的情況下，通常就變成了實習老師的同學會聚會，何況現在由各系擔任實習的教授返校座談，我們更要問，實習的專業在哪裡？

　　根據國外文獻指出，實習階段是從學生轉型爲老師的最關鍵階段（Darling-Hammond, 2003; Nieto, 2003a, 2003b），我們通常稱這個過渡階段爲引渡階段（induction period）。如果引渡的過程良好，這些實習老師「可能」（但不見得一定）會轉型爲高品質的老師（quality teachers）；如果沒有良好的引渡過程，這些老師雖然還是會成爲合格老師（certified teachers），卻比較不可能轉型爲高品質的老師。以美國師資培育爲例，雖然每年都透過各個師資培育機構培訓出許多合格老師，但是在進入眞實的教學現場五年內，都會陸續退出教育現場（華盛頓郵報，2006），使得美國境內目前每年缺少將近二十萬個合格老師，特別是缺少在都會型學校擔任教職的數理科老師。會出現這種教師缺額太多的現象，師資培育的嚴謹與否當然受到懷疑，不過另外一個重要的影響變因，則是美國境內的學生在人口學變項方面快速的變化，讓每一間教室的教學與學習變得愈來愈多元化（國內目前也因爲新移民的婚生子女人數占有愈來愈高的比例，所以從美國的教育現場變革可以看到國內十多年後的教育變革）。美國都會型學校的老師多數是白種人，特別是歐洲移民（高加索）後代的中產階級；相對的，在都會型學校就讀的學生多數屬於少數民族，特別是黑人和波多黎各人，以及許多來自其他國家的移民子弟。師生之間的人口學變項上的差異，讓都會型的老師輪汰率高過任何郊區的學校。這裡會提到美國的教師嚴重缺額，主要是考量未來透過教學專業精進的策略，讓國內新培育出來的優秀老師可以轉移到美國，到他們都會型學校任教的可能性（從美國ASCD的電子報訊息，瞭解到中國政府培訓的中文教師到了美國學校教導中文，卻無法適應學生的學習模式而遭受到「退貨」的命

運，所以要培訓就要針對未來教學對象特質培育出高品質教師，才能夠滿足太平洋兩岸目前教師方面的供應和需求；相關資訊請參考洛杉磯時報（2006）。相對於中文老師在美國遭受到退貨的命運，印度人透過美國境內的公司，在印度擔任美國NCLB法規所提供的線上家教，卻受到美國學生的青睞（網址請參見Guirdian郵報），這一點差異值得我們探究兩者的表現差異，以及培訓時的差異。

　　國內方面，老師的專業在最近十年也開始受到社會各界的強烈懷疑。教師目前所面對的除了資訊科技的挑戰，一綱多本的教科書以及愈來愈多元化學生的個別需求外，更困難的應該是社會大眾和民意代表對於老師的限制。在2006年底，立法院通過法規（《教育基本法》第8條與第15條修正案）明文規定，禁止老師體罰學生，反應了社會大眾對於老師專業的一種強烈懷疑，只是透過立法委員的法規制訂呈現出來。或許如果我們瞭解早期的師專生和師院生畢業之後，就立刻到國小現場服務，卻沒有受到合情合理的引渡階段，所以根據馬斯洛的基本需求理論，他們在求生存的階段，最想要獲得專業教學的知識與技能時，卻沒有合宜的引渡模式，所以他們最容易學習的就是強制壓抑學生的學習情緒，以免讓自己在同事和學生家長面前丟臉。一旦強制壓抑獲得表象上的滿足，多數老師會選擇持續以這種模式，經營他們所教導的每一個班級。這也是為何當立法院通過禁止體罰的法規時，所有老師幾乎都反彈的主要原因。我們要追究的，其實是當年，乃至於到目前為止的師資培育機制，是否出了問題而不自知呢？

　　我們先從其他同樣屬於「師」字輩的專業人士，來分析我們可能的錯誤，再追究體制上的偏差，這也就是我常說的「我們在錯誤的體制下，正確的執行我們的任務」，因此耗損了我們原先投入的能量，甚至產生「走火入魔」的現象。當然，提到「師」字輩的專業，最先想到的應該就是醫師、律師和會計師（應該還有很多專業的「師」字輩專業，不過不該包含每天新聞時段

跑馬燈呈現的星象師，他們的表現讓全國民眾陷入一種完全喪失科學精神的情況）。所以醫師、律師和會計師一旦取得證照，我們應該就可以信任他們的專業，不會有哪些民意機構會去限制他們的表現。重點在於，這些專業的「師」字輩夥伴從培訓到取得證照的過程相當嚴謹，所以我們才敢相信他們的專業；這些專業還有一個特色：不斷的精進專業，也就是對於他們原先擁有的專業抱持不滿意的態度。每個人不見得要去找尋這些醫師、律師或會計師，我們甚至期望不必去找尋他們尋求專業的協助，但是每個人從小卻必須接受老師九年的相處和教導，所以老師的培訓在嚴謹度方面，更應該要超越這些專業的「師」字輩工作夥伴，而不是降低要求。

目前的師資培育已經多元化，也因為多元化而導致師資的培育從計畫制度轉型為儲備制度，許多仍在師資培育機構就讀的學生根本就已經放棄擔任教職的念頭，所以在這裡筆者必須先提出幾個可能，讓教育界每一年仍有生力軍，否則幾年後教育界可能會變成學生棄守的行業。首先，台北縣市合併的必要性確實該認真思考，即使不合併，也不能夠相隔一條街，相差千萬里。台北市的教師配置和全國其他縣市不相同，所以在台北市擔任教職就是人，其他縣市的老師就注定倒楣嗎？基本上，因為所屬縣市而獲得不一樣的薪資待遇和教學負擔，我國應該是全世界少數的國家。美國境內的學校可能因為老師志願到都會型學校（少數民族學生聚集的學校，教學的困難度高）而獲得比較好的薪資待遇，或者因為老師教學表現良好而獲得獎勵，但是真的很少因為所屬縣市而有不同的薪資待遇。實際上，紐約或華盛頓特區的教師薪水不見得比他們的同伴多。如果台北縣和台北市的教師在師生比方面能夠相同，我們就可以增加許多教師的名額。其次，各縣市可以在學區（例如台北縣有九大區域）增添專業的視導，提供各縣市想要日益精進的老師實質上的協助，這和目前的視導模式不相同。台北市的學校有研究室的編制，其他縣市卻經常受限於經費而沒有這樣的功能，相當可惜。

貳、視導

　　上面提到，其他師字輩的專業夥伴通常不斷的精進他們的專業技能和知識，也對於自己原先的專業抱持不甚滿意的態度；在正規培訓結束之後，通常才是真實、紮實的學習開端，所以才有持續追求精進的可能性，民眾也才會信任他們的專業。這也是現在我們可以用來培育師資的觀點，透過其他專業的培訓模式來檢視師資培訓模式，是有它基本價值的。

　　不過師資培育從早期的「置之死地而後生」的假實習制度，到目前的「隨意實習制度」，都無法培訓出優秀的教師。以往的實習已經來不及挽救了，不過目前的實習，真的需要嚴格檢視它的實施策略。目前的實習同時面臨兩大問題：因為教師缺額負成長，開缺近乎等於零，乃至於負數，所以實習老師心不在焉，只求混過實習階段的人，比比皆是；偏偏各縣市（乃至於各校）對於實習制度還未發展出有效協助實習老師發展為優秀老師的配套制度。教師缺額負成長，所以前面提到全國，至少台北縣應該比照台北市的教師師生比例配額，才能夠爭取一些缺額，讓有心於教育的年輕夥伴還有一點希望。至於教師的實習制度，從假實習制度，到目前的「混合體」（實習老師變成了科技新貴擁有資訊科技的能力，更同時兼具菲傭整理家務的能力與泰勞用不完的體力之混合體），幾乎等同於宣布教育界對於生力軍的態度是放牛吃草的態度。欠缺完整的制度，當然就無法有效培育人才，為未來的社會培育優秀的教師人才。其實，實習老師的實習最關鍵的學習應該就是教學現場的學習，所以應該盡量將行政實習的比例降低，要不然單就行政實習已經讓實習生疲於奔命。也惟有我們提昇教學實習的比例，才能夠讓實習老師在教學實習時，還有足夠的反思空間去檢視他們在師資培育機構所學到的種種對於教育現場的價值。

　　筆者在美國求學期間，屬於自費生，需要想辦法賺錢，正好研究所開設

臨床視導的相關課程，就去選修這門課程，接著就是參與「麻州大學教育學院輔導國高中實習老師視導人員」甄選工作，有幸變成麻州大學指派去視導國中和高中實習老師的視導人員，在接下來的學期又選修了一些臨床視導的相關課程，充實這方面的專業。對於麻州大學的教育學院來說，透過大學徵選的視導，協助實習老師在實習階段，培養麻州政府要求的基本教學能力，是一項投資少、回饋多的投資；就這樣，筆者成了麻州大學教育學院輔導國中和高中許多學科領域實習老師的視導，幾個學期下來（前後大約有五個學期），在學理與實務之間有充分的時間去檢視臨床視導的學理在教學現場運用時可能發生的優缺點，所以可以給國內推動專業教學精進一些實質上的建議。

根據麻州大學的規定，每一位實習老師必須符合幾項教學能力的要求，還有明確的文字說明這些要求。例如：底下的標準是除了圖書館員和特殊教育老師以外，其他所有老師的基本要求：

1. 規劃課程和教學的能力。
2. 有效的進行教學活動。
3. 經營教室氣圍和運作。
4. 提倡教育機會均等。
5. 滿足專業的責任（以上資料摘錄自麻州大學教育學院給國小實習老師視導的基本資料。University of Massachusetts, School of Education, 2005）。

另外，曾慧佳（1992a，1992b）在十多年前也指出麻州政府要求檢定資格通過的老師必須具備底下的條件：

1. 在檢定的領域內有豐富的知識。
2. 必須口齒清晰，能夠清楚的、適當的與人溝通。
3. 根據學生的能力與興趣設計，並且能夠持續引發學生學習興趣的教

材。

4. 根據各種評量的結果來衡量教學的成效。

5. 對於每一位學生都是公平公正的，並且有問有答，還需要心思縝密的回答。

不管上面兩個資料來源的哪一筆，都明白指出，學科領域知識的豐富程度，只是麻州政府對於國中小老師的一個基本要求，更重要的應該是對於課程設計和教育經營，是否能夠提供均等機會給學生學習的可能性。這也符合學科教學專業（PCK）針對學科教學所必須具備的優質教學條件前後呼應。Grossman（1988）認為學科教學知識包含四要素：(1)教師對於任教某特定科目目的的信念；(2)瞭解學生在不同學科中某些主題的先備知識；(3)對用來教導某學科的課程教材，包括：水平課程（與各相關科目的連接）與垂直課程（瞭解學生所學過與將學之事物）；(4)教師必須熟悉對於教導某些概念或主題時，最有效的教學與表徵方式，並運用在適當時機。

麻州政府對於專業教學的每一項要求還可以進一步區分成許多更細的項目，也提供視導者各種視導時的紀錄表格，讓每一位視導者可以採用最專業的視導模式來協助實習老師獲取專業教學能力。基本上，以麻州政府的第四項要求「倡導教育機會均等」這個標準來看，筆者會要求實習老師在上課時，不可以因為學生的種族背景差異、學業成就差別抑或是性別上的差異而有歧視的表現。

參、視導的四階段循環

在進行視導之前，必須先瞭解視導的循環。

1. 視導前的會議：建立信賴關係與溝通視導的單元與搭配的基本條件，這項視導前的會議盡可能在視導觀察前一週規劃好（不過國內老師可能因為先知道有人要來視導而與他們的學生採排教學流程，就失去視

導的功能），並且要溝通視導時的紀錄工具。換句話說，視導前的會議要盡可能讓視導進行時，沒有任何突發的靈感而破壞視導的進行。想想我們被別人評鑑時，如果連對方要評鑑的內容為何都沒有基本認識，那真的就無法針對評鑑的重點作準備了。

2. 教學視導的進行：通常視導者在上課前五分鐘走入教室，進行視導的觀察。一般在進行半節課的視導之後，視導者需要整理分析原始資料，讓接受視導者可以透過另外一雙眼睛觀察自己的教學；視導者根據視導前的會議彼此同意的記錄方式把觀察的重點進行記錄與分析。

3. 視導資料的整理與分享紀錄資料的策略分析：基本上針對視導時所記錄的資料，從原始資料整理分析出可以和被視導者分享的發現，同時也需要瞭解該採用哪一類型的分享方式（例如：直接告知對方視導的發現，或是透過引導瞭解被視導者的心境等等，端賴被視導者在哪一領域的專業發展，以及彼此間的信賴關係）。

4. 視導後的討論：透過第二雙眼睛觀察被視導者的教學，通常可能找出被視導者的口頭禪或是肢體是否僵硬（確實有許多老師會朝著某個方向站著不動的進行教學活動，因此讓背對著他或他的學生失去眼睛接觸的機會）。視導後的會議通常也會規劃下次的視導單元和搭配的教學標準，一般而言，除非兩個專業標準正好彼此衝突，否則我們可以協助被視導者每一次累積前一次受視導的教學標準，透過幾次的視導，就可以累積州政府所要求的教學專業標準條件（林春雄等譯，2006；陳佩正譯，2002；Acheson & Gall, 2002）。

所以要獲得麻州政府對於合格老師的要求，筆者和輔導的四位實習老師（每個視導原則上帶領四位實習老師，必要時不得超過八位實習老師；對於麻州大學而言，輔導四位高中實習老師已經是半個助教獎學金的份量，輔導八

位則相當於工作二十小時的助教工作，十分辛苦與棘手，十六位則是一位全職教授才得以進行的工作；相對於國內動輒四十多位實習老師，兩位輔導教授的做法，相去千萬里）好好溝通整個學期的實習與視導工作。底下就是筆者與實習老師在視導過程中會做的工作。

當然，第一次見面通常在大學開學不久，也就是實習老師已經進入實習學校進行實習任務。對於多數實習老師而言，見到一位亞洲裔的視導應該相當突兀，所以建立彼此的信賴非常關鍵（這一點還是要提醒：欠缺彼此的信賴關係，視導就會變成評鑑的工作。通常視導和評鑑可以採用相同的紀錄表格，不過視導是協助老師成長的工作，評鑑則是評估一位老師的專業能力，所以筆者常說，視導是兩面刃，端看您要如何使用它的功能）。彼此認識對方，並且留下聯絡的方式（例如以目前的資訊科技而言，彼此留下電話、手機和電子信箱或msn都是非常重要的），筆者整理後，郵寄給每個接受視導的實習老師，讓他們也可以彼此溝通實習的歷程。讓接受輔導的老師有管道，彼此瞭解他們所接受的實習輔導是心理建設的一個管道。通常在第一次溝通過程中，筆者會要求實習老師把麻州政府對於他們的要求熟讀一番，並且請他們在第一次視導前一週通知筆者可以在哪樣的課程單元，哪個適當的時機，進入他們的教學現場進行視導的任務。所以視導在這種情況下，同時滿足了底下的任務：

1. 為麻州政府確認實習老師確實滿足州政府對於初任教師的基本要求。
2. 提供實習老師挑戰和支持的體系，讓他們可以安心的嘗試教育學院教導的教育理念（這點相當關鍵，目前國內的實習制度通常讓實習老師在實習階段已經開始拋棄師資培育機構所教導的教育理念，因為他們必須在學校的叢林，在教學實習與行政實習之間，想辦法度過實習階段）。
3. 為實習老師實習的學生提供一個安全的學習環境，至少不能夠因為實

習老師的不夠專業而毀了學生的學習權益。

4. 增進筆者在視導方面的專業成長（他們認為碩博士生是培育未來教育界的決策者，因此樂於讓研究生熟悉、參與教育的各項業務）。

在完成初次見面的溝通（信賴關係應該沒有那麼容易建立起來，但是至少有初次見面的熟悉程度，並且讓筆者瞭解他們實習的學校地點），筆者和實習老師個別溝通去視導的適當時機。在電話中（在麻州地區擔任視導已經是1990年以前的事情，網路根本還沒問世，所以只好用電話聯絡，還好教育學院提供免費的電話讓視導可以和實習老師進行溝通，否則單就電話聯繫可能就超過帶領實習老師所帶來的薪資）和實習老師討論他們任教的科目（當年視導的實習老師包含了教授莎士比亞文學的老師、數學、化學、汽車修理和各式各樣高中學科的老師），以及他們認為最適合搭配麻州政府基本要求的項目標準（例如前面提到的教育均等的教學）。筆者通常和實習老師在完成視導前的溝通之後，才確認使用哪一種標準的表格，抑或同意筆者可以使用自己設計的表格（相關的紀錄表格，請參考呂木琳，2000，2002）。這些視導的紀錄表格就像是檢查我們身體健康情況的醫療儀器一般，需要依據我們的健康情況來調整，甚至創造新的儀器（或紀錄表格），來檢視我們的教學情況。在出發去進行視導前一天，通常還會和實習老師確認實習的時間和確切的教室（由於許多實習的學校並不在筆者的活動範圍，所以有時候甚至要先跑一趟，免得視導開始進行，視導者卻還沒有出現的窘境）。麻州大學要求擔任視導的助教，需要在實習老師上課前就在教室內，而非上課時，匆匆進入，以免打擾實習老師的教學，並且可以看實習老師的開場與班級經營的策略等等初任教師比較容易出狀況的地方。

視導時，通常會根據原先同意的時間（必須在上課前五分鐘以前抵達，一來表示尊重對方的專業，二來確認視導時所坐的位置），走到實習老師的教室。然後安靜的把視導的紀錄表格拿出來（通常是班上學生的座位表，以及

一些紀錄表格），通常學生看到教室裡還有第二位成年人，特別是身分地位可能比他們實習老師還要高的輔導員，就會人來瘋的故意挑戰那位實習老師的教學，這是正常現象，所以筆者建議如果在校園進行同儕視導，最好能夠在正式視導啟動前兩個星期，固定的有第二位大人在教室出現，讓學生的人來瘋現象在真實進行視導時，降低到最低程度。然後，視導的進行就是根據雙方原先同意的模式進行視導觀察和記錄，通常在後面的二十分鐘整理分析視導的紀錄，變成容易分享的資料（通常紀錄的原始資料相當亂，要能夠看出內容還需要個人的詮釋）。不過倒是有一次特殊狀況例外，筆者在協助實習老師時，赫然發現這位實習老師有嚴重的口頭禪：一堂課當中講了不下一千次的OK。想想一堂課也才短短四十五分鐘，每講一次OK，就扣去一小段時間，累積一千次，那可是一大筆時間，所以在視導的過程中，除了一邊依據原先同意的方式記錄這位實習老師的教學專業以外，還在紀錄表格旁同時記載他講OK的次數（五次畫一束）。所以在視導後的會議時，筆者與這位實習老師溝通，建議他在接下來的視導降低講OK的次數。坦白說，要把口頭禪消除還真困難，不過筆者再度視導這位實習老師時，發現他在一張很大張的紙張上書寫著大大的OK兩個英文字母，就這樣，每次他要講OK時，觀察到他臉部的表情真的很奇妙，不過也因為這方式，從此以後糾正他講OK的口頭禪（這個部分的重點是，修正口頭禪的方法是當事人自己設想、提出的，因此是對他有意義的解決問題的方法，因此成效良好）。

　　視導的資料整理好之後，由於筆者當年協助的都是實習老師，所以通常就在視導後的那一堂課，找一個不會受到學生干擾的場所進行討論。筆者會把整理好，比較容易閱讀的訊息提供給實習老師仔細品嚐，例如：他可能想要瞭解是否會孤立某個性別，那麼紀錄表格就是把學生只區分為男生和女生，然後在整理資料之後，把上課時受到實習老師點到的學生以性別來區分，看看是否有專門關懷某個性別（或種族或成績表現）的學生。這裡需要

強調除非視導之後學生到其他教室上課，否則在學生面前討論視導的紀錄與成長的分享，是一種非常不尊重對方的作為。視導後的會議通常由被視導者自己閱讀視導的紀錄資料開始討論，並且嘗試在分享後，進一步討論州政府的教學專業標準還有哪些項目是可以直接累計上去的。例如：就剛剛提到的紀錄是要確認是否因為學生的性別而有不同的關懷程度，如果老師能夠做到此一標準，那麼接下來可能可以討論的項目，就是實習老師是否提供均等的機會給每一位學生，不會因為學生的種族背景、文化和家庭的社經地位差異而有不同的學習權益，這一點是專門針對佛萊雷在《受壓迫者教育學》（方永泉譯，2004）中，特別關注教育是否在進行教育基因遺傳的觀點發展出來的視導項目。一項專業標準接著另一項教學專業標準，這樣一次累積一項教學專業標準，就可以讓實習老師在短短的實習半年內，獲得州政府的強制要求，也讓筆者的視導經歷獲得成長的機會。

當然，擔任視導一段時間之後，筆者好奇的詢問授課的教授，視導是否只關注實習階段的老師專業成長。開課的教授提到，真實的視導通常對在職的老師專業上扮演更重要的角色。筆者回國之後和一些學校合作，也發現原來在職教師最需要視導來協助他們專業成長，也才能夠讓社會大眾尊重國小教學的專業。那麼該如何進行國小老師之間的視導呢？通常我們只要在校長權限範圍，可以幫助有心發展教學專業的老師以同僑視導的方式，進行教學專業的精進。首先需要安排機會讓這些有心進步的老師可以走入另一位老師教室去進行視導，以及稍後一起進行視導後討論會議的共同時間（當然，有意願的老師也可以在放學後進行討論，但是肯用心的老師不該受到處罰，是專業成長的一個基本概念），所以在課務安排上就需要在開學前規劃好，免得老師沒有空堂時間進行彼此的視導。

以目前教育部所規劃的教學專業精進的策略來看，包含底下這些項目：

A1 掌握所授教材的概念。	D1 營造和諧愉快的班級氣氛。
A2 清楚地教導概念及技能，形成完整的知識架構。	D2 妥善布置教學情境。
B1 引起並維持學生學習動機。	D3 建立良好的教室常規和程序。
B2 運用多元的教學方法及學習活動。	D4 有效運用管教方法。
B3 使用各種教學媒體。	E1 充分地完成教學準備。
B4 善於各種發問技巧。	E2 有效掌握教學時間。
C1 運用良好的語文技巧。	E3 評量學生表現並提供回饋與指導。
C2 適當地運用身體語言。	E4 達成預期學習效果。
C3 用心注意學生發表，促進師生互動。	

資料來源：教育部（2004）

　　教育部上述的要求，以逐漸累積專業教學的觀點來分析，這十七項教學專業都很重要，所以建議各校先確認學校願景相關的項目當作短期的發展重點，然後逐年去發展後續的教學專業能力。我們必須確認的一點，是專家在其他專業人士的協助下，也不可能在短短一年到兩年時間，發展爲專業人士（想想一位醫生在開業之後就完整的發展專業能力，從此不再進步，相信不會有多少病患去門診就醫）。所以各校應該檢視發展願景和SWOT的分析，優先發展兩年左右的教學專業精進項目。然後最關鍵的就是參與這項計畫的老師，如果沒有因爲這項計畫而獲得實質的成就感（通常是他們觀察到原先根本不肯學習的學生改變態度，開始認真學習，或是畢業多年的學生回來告訴他們，要不是當年他們教學專業的改善，否則這些學生可能流浪街頭等等），那麼他們在參與一年多之後，就會產生「創新倦怠症」，也就是從此以後不再相信任何教育改革的計畫了。國內，特別是台北縣，從早期的開放教育，到鄉土教學，到小班教學精神等等教育改革計畫，目前進入九年一貫課程與相伴隨的教學專業精進計畫，有不少老師早已不再期望任何教育改革計畫能夠撐過三年。要把他們已經死掉的心態找回來，應該是教學專業精進可以改善

他們的教學實質，並且讓他們的學生肯定他們教學能力的契機吧！

肆、結語

　　教學是否是把教科書裡面的知識內容直接講述給我們的學生聆聽，然後在固定的時間舉行測驗，來測試學生的學習成就呢？任何教書過的老師都熟悉的一件事情，就是有些單元會讓他們覺得他們是「集天下英才而教之」的那位老師，不過同一個單元轉移到另一個班級，甚至同一個班級的下一堂課，可能會讓同一位老師覺得「無顏見江東父老」。國小教學現場是集合了國家九年一貫課程（或未來的任何國家課程）、一位或多位老師、三十多位學生、六十多位家長、學校行政工作，與社區意識的糾纏不清的場所（陳佩正等譯，2006）。有時候，教學現場的一個騷動很快的消失無蹤；不過這樣的騷動，有時和蝴蝶效應一樣的會影響到全班、全校，乃至於全國的教育現場。所以教學絕對無法在短短四年之間完成完整的師資培育；相對的，完整的師資，必須從師資培育機構開始規劃，一路發展到退休為止，不斷的透過不同的眼睛來協助每一位想要不斷精進的老師，應該是政府必須要執行的政策。顯然，我們必須先剷除以往那種從師資培育機構畢業，就已經完整具備教學能力的老舊思考模式；相對的，從師資培育機構畢業，只是真實學習的開端，讓我們好好的、仔細的透過其他同事走入我們的教室來協助我們不斷的累積教學專業，才能找回社會大眾對我們應該抱持的尊重態度。

作者簡介

陳佩正，積極走入國中小校園，建立合作夥伴關係，強化國中小教育，提昇師資培育能力，更提昇國中小教育現場的應變能力。同時參與優質轉型學校運作，與教學專業精進的合作計畫，企圖透過長期合作夥伴關係，改善國內教育體質；現任國立台北教育大學自然科學教育學系副教授。

參考文獻

📁 中文部分

方永泉（譯）（2004）。P. Freire著。**受壓迫者教育學**（Pedagogy of the oppressed）。台北市：巨流。

呂木琳（2000）。**教師臨床視導的技巧——職前教師及在職教育適用**。台北市：五南。

呂木琳（2002）。**教學視導——理論與實務**。台北市：五南。

林春雄等（譯）、呂木琳校訂（2006）。K. A. Acheson & M. D. Gall著。**教師臨床視導的技巧——職前教師及在職教育適用**。台北市：五南。

陳佩正（譯）（2002）。C. D. Glickman著。**教學視導——做老師的最佳學習拍檔**（Leadership for learning: How to help teachers succeed）。台北市：遠流。

陳佩正（審訂暨翻譯）；李婉慈、林珊吟、林玲鳳、黃秀玉（譯）（2006）。E. Mintz & J. T. Yun編審。**錯綜複雜的教學世界（上）（下）**（The complex world of teaching）。台北市：心理。

曾慧佳（1992a）。由美國麻州小學級任老師的一般標準來看我國師範教育的課程與實習。**國立編譯館通訊，5** (4)，249-253。

曾慧佳（1992b）。個案研究：美國麻州大學小學師資培育與我國師範教育的比較。**台北師院學報，5**，279-298。

📁 英文部分

Acheson, K. A., & Gall, M. D. (2002). *Clinical supervision and teacher development: Preservice and inservice applications.* New York: Wiley/Jossey-Bass Education.

Darling-Hammond, L. (2003). Keeping good teachers: Why it matters, what leaders can do. Four factors influence teacher retention: Salaries, working conditions, preparation, and mentoring support. *Educational Leadership, 60*(8), 6-13.

Grossman, P. L. (1988). *A study in contrast: Sources of content knowledge for secondary English teacher*. Unpublished doctoral dissertation, Stanford University, Stanford, CA.

Nieto, S. (2003a). *What keeps teachers going*? New York: Teachers College Press.

Nieto, S. (2003b). What keeps teachers going? In spite of its difficulties, what ignites the passion for teaching? *Educational Leadership, 60*(8), 14-19.

University of Massachusetts, School of Education (2005, FALL). *CTEP: Pre-Practicum documents for the supervising practitioner.*

📁 網路資訊

教育部（2004）。**發展性教學輔導系統工具**（含C版）。2007年1月10日摘錄於 http://163.21.34.132/tools/files/發展性教學輔導系統工具(含C版)93.02.03.doc

華盛頓郵報（2006，5月9日）。取自http://www.washingtonpost.com/wp-dyn/content/ article/2006/05/08/AR2006050801344_pf.html。報導內容提到初任教師通常在五年內退出教育界。

洛杉磯時報（2006，11月26日）。取自http://www.latimes.com/news/printedition。報導內容提到中國培育的中文老師，在美國都會型學校無法適應學生需求而沒有再被聘任。

Guirdian郵報。取自http://observer.guardian.co.uk/world/story/0,,1874192,00.html。報導內容提到印度人透過美國境內的公司，在印度擔任美國NCLB法規所提供的線上家教，受到美國學生的青睞。

30

發展性視導內涵之分析
及其對學校視導的啓示

許籐繼

壹、前言

學校教育改革的推動，產生學校教師專業發展的強烈需求，而許多教學視導的研究與實施，都證實了其協助教師專業發展的成效。McLaughlin和Pfeifer（1988）指出，教學視導可以對教師產生積極的影響，例如：激發教師發展優質教學的動機、促進教師之間的專業對話與溝通、分享教學目標與解決教學問題，以及教師追求專業成長等。Stipnieks（1981）在教學視導實施成效的研究中發現，不只是教師，幾乎所有參與教學視導的人員，在過程中都獲得了成長。丁亞雯（1998）在學校中實施教學視導系統時，也有相同的發現。可見，教學視導的實施已成為協助學校教師賦權增能的重要途徑。

然而，教學視導有不同的模式，這些模式的發展，源自不同視導發展階段的內在任務（Siens & Ebmeier, 1996）。從早期的階層監督目的，逐漸轉向以教師為中心（teacher-centered）的發展功能（Beach & Reinhartz, 2000; Pajak, 2000）。近來視導的重要任務，在於幫助教師成功地從事反省的行為（reflective behavior），以提昇其抽象思考的能力及發展正確的教學決定。此種教師認知與思考能力的發展，被認為是專業主義所需的要素，也是學校教育進一步發展的原動力（Pajak, 2000; Siens & Ebmeier, 1996）。

因此，本文透過文獻的蒐集與分析，探討代表近來不同於技術和教導視導模式觀點的另一取向──發展性視導，希望透過其內涵分析，包括理念與實施歷程的探討，以獲得學校實施視導的啓示，並提供學校教育人員進行學

校視導時的參考。

貳、發展性視導的理念

　　發展性視導（developmental supervision）係由Glickman和Gordon（1987）的提倡。此種發展性視導觀點，尋求超越技術和教導視導模式的觀點，其認為教和學係受到個人、社會、組織、歷史、政治和文化脈絡的影響，要幫助教師考慮、避免、反抗或轉型那些脈絡，檢視那些視為理所當然的價值、假定和信念，教學視導人員應影響教師的思考歷程和敏感度（the thinking processes and sensitivity），以幫助教師進行教學革新（呂木琳，2002；邱錦昌，1995；謝文全，2004；Pajak, 2000）。以下分就發展性視導的理念，包括發展性視導的基本假定、意義、類型與特徵加以敘述。

一、發展性視導的基本假定

　　發展性視導係基於以下三個基本假定（Glickman, 1993; Glickman & Gordon, 1987）。

（一）教師因個人不同的背景和經驗，而在不同專業發展層次運作

　　就不同教師而言，其能力差異導致其處於不同專業發展層次。不同專業能力層次的教師，面對自己、學生和其他人時，會產生不同的觀點。因此，當他們面對教學問題以及根據情境選擇與使用策略時，會因為層次的不同而有所差異。此外，就教師個人而言，隨著不同的工作階段，能力發展層次也會有所不同。

（二）教師具有不同的思想與能力發展，因此需要使用不同的視導方式

　　能力發展處於較低層次的教師，因應其思想與認知的發展，需要使用更

多結構（structure）和指導（direction）方式的視導；而能力發展處於較高層次的教師，因應教師豐富的經驗與自我導向的思考，需要使用較少結構以及讓教師有較多主動決定的視導方式。

（三）視導的目標應該是讓教師獲得往更高層次成長的能力

當教師具備反省（reflective）與自我指導（self-directed）的能力時，其將更能解決自己的教學難題，並且比較能符應其學生的教育需求。如果一個民主社會中，教育的目標是培養有責任的學習者和決策者，則自主和獨立的教師將是促進此種理想的關鍵。換言之，具有高層次思考成長能力的教師，將培養出具有思考成立能力的學生。

根據上述基本假定，可以發現其將教師視為動態的差異學習者。不僅教師間出現能力差異，即使同一位教師也會因為不同發展階段的經驗，導致同一位教師在不同專業層次的運作。但是相同的是，他們都需要也都具有朝更高層次發展的潛能。因此，在這樣的假定之下，對於教師的學習方式便不能採用機械式或者齊頭式，而必須承認教師間與不同階段能力發展差異，配合此種差異選擇適切的視導類型。透過視導類型的配合與實施，其目的不只是培養教師的技術或技巧性的行為或策略，更重要的是要培養教師，獲得往更高層次成長的能力。

二、發展性視導的意義

發展性視導（development supervision）由Glickman等人所提出，而後續學者透過研究進一步發展其意義。

Glickman（1993）指出，教師有不同的成長和發展階段，視導人員要依照教師發展階段的不同而採取不同的視導方式。視導者應該藉由非正式的診斷教師的認知發展、組織目標的承諾和所展示經驗的程度，選擇適當的視導

方式，以促進教師做決定能力和抽象思考能力的發展，來挑戰教師在學校中持續進行的無效教學措施。這樣的發展性視導概念，受到後續國外研究者（Barak, Pearlman-Avnion, & Glanz, 1997; Pajak, 2000; Siens & Ebmeier, 1996）的支持。

在國內方面，謝文全（2004）指出，發展性視導係指配合被視導者的發展階段，彈性調整視導方式，並協助被視導者轉型到較高發展層次的一種視導方式。許籐繼和游家政（2006）則將發展性視導界定為「視導者藉由診斷教師專業發展程度，在動態歷程中選擇相應的視導類型，協助教師朝更高層次思考能力發展，以改善教師在學校日常專業活動中的決定與實踐，增進其專業效能。」

根據上述國內外學者對發展性視導定義內容觀之，除延續Glickman的概念之外，也延伸到動態實踐的層面。綜合言之，可以發現三個重點。

（一）將教師視為思考與持續發展的有機體

教師為動態認知發展的有機體，具有持續發展的潛能。然而不同教師具有不同的發展能力，即使同一位教師在不同的時間點上，也會隨著經歷的事件或學習的不同而有差異。這種差異性的能力發展，同時也影響教師在思想與工作投入的發展。從表30-1可以看出，不同發展階段的教師，其思想與關心的對象也有所不同。愈高度發展階段的教師，則愈具有利他主義的信念，也愈能關心自己以外的對象，反之則愈趨向自我中心。

表30-1　教師發展的階段

思想	自我中心（egocentric）　　　　　　　→　　　　　利他主義（Altruistic）		
關心	自我	班級	其他學生和教師
階段	1	2	3

資料來源：Glickman (1993)

（二）強調教師視導之前的診斷

　　教師進行視導之前需進行發展層次的診斷，診斷的內容包括認知發展、組織目標的承諾和所展示經驗的程度，根據診斷的結果採取差異性的視導。診斷內容雖包含前述三項，但是從教師發展與教學有關的事項來看，可以整合為兩個部分：其一，為教師專心投入的程度，稱之為承諾（commitment）；其二為教師抽象思考能力的程度（abstract thinking）（呂木琳，2002；Glickman, 1993）。在診斷方式上，則可應用各種獲得自然情境下真實資料的途徑。以教師專心投入程度做為診斷對象為例，可以透過觀察和會談方式，診斷教師投入的程度，表30-2說明診斷結果為高度專心投入表現的教師，具有高度關心學生、願意額外花時間在教育工作上、能優先考慮對別人的服務的行為特徵；相反地，低度專心投入的教師則比較不關心學生、不願意花太多時間在教育工作上，只優先考慮自己工作的保障與福利。

表30-2　教師專心投入的程度

低	高
不太關心學生。	高度關心學生。
不太花時間和精力。	花額外的時間和精力。
優先考慮保持工作。	優先考慮替別人作更多的事情。

資料來源：Beach & Reinhartz (2000: 168)

（三）視導的目的在培養教師朝向高層次的思考能力

　　發展性視導的目的在增進教師對專業工作的承諾與高度的抽象思考能力，以突破並改善傳統學校環境中，對教師在教學專業層面的孤立、弱勢、冷漠，以及認知成長所受到的壓抑。以教師抽象思考能力為例，不同抽象思考能力發展程度，如表30-3所示。具有高度抽象思考能力的教師，在遇到問題時能從不同的角度來思考，提出多種變通方案，從其中選擇最適宜的方案，並思索其方案的每一個執行步驟；具有中度抽象思考能力的教師，能界定問題並針對問題提出一、兩種解決的方法，但是無法思考出一個綜合性的解決計畫；具有低度抽象思考的教師，遇到問題時只感覺到困惑不安，而不知道該做些什麼，而且會以習慣性的反應去面對所有的問題（呂木琳，2002；Beach & Reinhartz, 2000）。具備愈高層次思考能力教師，愈具有自我導向的發展和問題解決能力。

表30-3　教師抽象思考能力的程度

低	中	高
對問題感到困惑。 不知道應該做些什麼。 對問題有一、兩種習慣性反應。	能界定問題。 針對問題能有一兩個反應。 對綜合性計畫有困難。	能從不同角度思考問題。 能產生很多變通的計畫。 能選擇一種計畫並思考每一步驟。

資料來源：Beach & Reinhartz (2000: 168)

三、發展性視導的類型

　　發展性視導的類型受到教師發展層次診斷結果的影響，當然決定視導類型與發展程度相組合的同時，二者之間並不是固定的靜態關係。事實上，介於視導者和教師之間，遵循著一個交互影響的歷程（Glickman, 1993; Ralph,

2002）。在視導初期，視導者應該確認教師專業發展層次，施以不同的視導類型。但在過程中，需隨著教師的發展情況，動態的調整使用不同的視導類型。配合教師不同的發展層次，Glickman、Gordon和Ross-Gordon（2001）將視導分爲三種類型，不同視導類型中視導者的行爲並不相同，其符應情形詳見表30-4所示。

表30-4　視導類型與教師發展層次相符應程度

教師發展階段	低	中	高
各階段教師關注	自我滿足（self-adequacy）	自己的班級	學生和其他教師
各階段建議視導類型	指導的	合作的	非指導的
各階段視導者行爲的例子	形塑、指導和測量	呈現、互動和契約	傾聽、釐清和激勵
發展的方向———————————————————————————————→			

資料來源：Pajak (2000: 216)

　　不同的視導類型，採用不同的視導行爲，同時視導者與教師會因爲不同的視導類型，擁有不同的視導決定權責，如圖30-1所示。

　　根據上圖，可以理解不同的視導類型，視導者與教師在實施視導的決定權能上是有所差異的。表30-5進一步說明三種視導類型，實施時的建議適用對象、決定責任，以及實際做法。

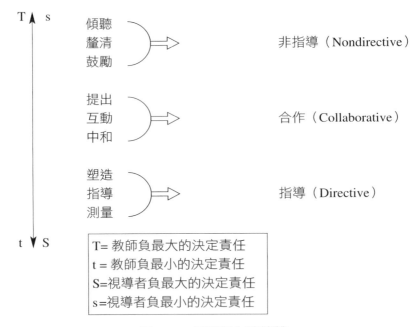

圖30-1　視導行為連續體

資料來源：Glickman (1993: 179)

表30-5　發展性視導類型建議適用對象、責任及實際做法

視導類型	適用對象	決定的責任歸屬	實際做法
指導式	低抽象概念教師	視導員（大S）教師（小t）	視導員提供多種教學改進方法供教師思考及選擇。
合作式	中度抽象概念教師	視導員和教師共同承擔（S=T）	視導員分享對於問題的想法及多樣的解決途徑。
非指導式	高抽象概念教師	視導員（小s）教師（大T）	視導員幫助教師界定他們教學上問題的知覺及計畫。

資料來源：修改自邱錦昌（2001：227）

　　第一種類型為指導式視導，建議適用於低度抽象發展程度的教師。該類型視導實施時，視導者必須承擔較大的決定責任，也就是視導人員扮演指導者角色，來主導視導活動的進行。視導人員必須提供教師各種方法或者示範教學，讓教師能夠直接學習。這類型教師的關注範圍，比較限於自我的滿足，其經常使用的溝通訊息，例如：「我需要幫忙，告訴我必須怎麼做。」「可不可以示範讓我瞭解。」等。面對該層次的教師，建議視導者採用「形塑、指導和測量」的視導行為。

　　第二種類型為合作式視導，建議適用於中度抽象發展程度的教師。該類型視導實施時，視導者與教師承擔相同的決定責任。視導者和教師必須共同合作，討論視導活動的進行。視導人員分享對於問題的想法及多樣的解決途徑，與教師進行討論互動。這類型教師關注範圍比較限於自己的班級，經常使用的溝通訊息，例如：「我能夠運用一些幫助，但是這只是我的想法……」「我願意接受想法，但是不要告訴我應該怎麼做，讓我自己做選擇。」等。面對這種中度層次的教師，建議視導者採用「呈現、互動和契約」的視導行為。

　　第三種類型為非指導式視導，建議適用於高度抽象發展程度的教師。該類型視導實施時，教師必須承擔較大的決定責任。教師對於視導活動的規劃與進行，擁有較多的主導權。視導者則居於幕後或者在旁，協助教師界定他們教學上問題的知覺及計畫。這類型教師關注範圍不限於自己班級的學生，甚至擴及其他同事等。這類教師經常使用的溝通訊息，例如：「我已經提出一個問題解決方案，你覺得如何？」等。面對這種高層次的教師，建議視導者採用「傾聽、釐清和激勵」的視導行為。

四、發展性視導的特徵

　　發展性視導的重要特徵，歸納而言有以下四項（許籐繼，2005；

Glickman, 1993; Pajak, 2000）：首先，視導者應先診斷教師的認知發展、組織目標承諾和表現經驗的程度；其次，以教師發展程度的診斷結果，做為視導類型的引導，不同發展程度教師配合適切的視導類型；第三，當教師展現成長的證據時，視導者應改變視導類型減少控制，賦予教師更多的權能；第四，發展性視導的應用範圍，可以擴及課程發展、成員發展和行動研究的視導。

參、發展性視導的實施歷程

發展性視導的實施歷程，根據Glickman和Gordon（1987）的主張分為三個階段，包括診斷、戰術與策略三個階段，形成一個不同任務的視導歷程，表30-6歸納每一階段的目的、目標和視導技術（許籐繼、游家政，2006；Glickman & Gordon, 1987）。

表30-6　發展性視導的實施歷程

階段	目的	目標	視導技術
1. 診斷（diagnostic）	功能和發展的	決定現行教師抽象化程度（低、中或高）。	觀察並且與教師互動。將教師行為與教師抽象化研究相比較。
2. 戰術（tactical）	功能的	符應教學需求／解決教學難題。	視導類型（指導的、合作的、非指導的）和教師抽象化程度（低、中、高）相配對。
3. 策略（strategic）	發展的	增加教師抽象化和自我指導。	逐漸接觸新的理念。在結構方面由增遞減。增加教師責任。與其他教師最佳的混合搭配。

資料來源：修改自Glickman & Gordon (1987: 67)

一、診斷的階段

　　診斷的（diagnostic）階段，主要具有功能和發展的目的，其具體目標在決定教師抽象化程度。視導者透過與教師互動所蒐集的資料，根據教師抽象化發展特徵的研究，診斷教師在其有關教學或課程關注的發展層次。診斷結果分爲低、中和高度三種發展程度：低度抽象化發展的教師，具有「界定教學難題和提出替代解決方案困難」等的行爲特徵，他們需要專家或權威提供解決難題或者方案的具體建議；中度抽象化發展的教師，具有「能夠界定教學難題以及能提出一個或兩個可能解決方法」的行爲特徵。他們努力獨立面對難題，但是在選擇和排序方法、因果關係思考以及執行革新計畫等方面仍需要幫助；高度抽象化發展的教師，具有「能夠從不同的訊息來源界定難題」的行爲特徵。他們能夠模擬不同策略、預見每一個行動的結果以及選擇最正確的回應，承擔問題解決的全部責任。

　　診斷的工作，視導者可以透過許多方式來進行，包括檔案、檢核量表、測驗、觀察、會談、提問問題等。例如，視導者藉由談話、觀察教師行動並且詢問他們下列問題進行診斷：「以班級教學革新爲對象，你發現了什麼需要改善的焦點？」「你如何得知這是一個值得關注的領域？」「有關這樣的焦點，你將要做什麼樣的改變？」如果視導者以觀察教室教學行爲做爲診斷方式，則視導者必須特別注意沒有在學習的學生，並且要仔細觀察教師處理教學難題時，所表現出來的彈性和適應的程度。例如：當教學中的難題出現並持續時，教師會使用習慣性的一組固定行爲嗎？教師的新行動是否具有理論基礎或者只是隨機的？根據教師關注焦點的診斷需要，視導者可以選擇應用各種蒐集資料的方式，以幫助視導者診斷與決定教師的抽象化程度。

二、戰術的階段

戰術的（tactical）階段係診斷之後，所要進行的步驟，該階段具有功能的目的，其具體目標在符應教學需求，解決教學難題。因此視導者的首要工作，在於將視導類型與教師抽象化程度相配合，以協助其解決教學難題。視導者將低度抽象化發展程度教師相配指導式視導類型；將中度抽象化發展程度教師相配合作式視導類型；將高度抽象化發展程度教師相配非指導式視導類型。接著，根據不同視導類型組合，進行各視導類型的活動。

指導式視導類型中，視導者會提供教師許多的訊息和建議。在這個類型中，視導者需負責較多的視導決定責任，而教師所需負的決定責任相對較小。視導者雖然不會強制教師使用某一特定行動，但是會建議教師從幾個方案中進行選擇。合作式視導類型中，視導者與教師一起分享難題的知覺，討論幾個解決方案，以及獲得共同設計行動計畫的共識。最後，彼此共同承擔視導決定的責任。非指導式視導類型中，視導者邀請教師本身來界定教學難題、提出可能的行動方案、透過預想行動結果進行因果思考，以及建立最後的行動計畫。教師為視導決定負較多的責任，而視導者相對負較小的責任。雖然在非指導式視導中，視導者需要尊重教師的決定權利，但是也不能因此而採取放任主義，視導者仍應該藉由鼓勵教師的方式，協助教師能做重要決定，並落實執行這些決定。因此，視導者仍要扮演主動參與促進者的角色，協助教師釐清其知覺和計畫。

三、策略的階段

策略的（strategic）階段具有發展的目的，其具體目標在增加教師抽象化和自我指導的能力發展。透過加速教師抽象化的發展，幫助教師發展更好的思考，並且促進他們對難題的解決能力。在該階段，視導者協助教師提昇其

抽象化思考的成長策略，首先，就是使教師接觸新的想法或理念，這種新想法應該與教師已經理解和價值有關的概念進行比較討論，並且引導教師接觸更廣泛的想法與革新策略。接著，讓教師觀察班級學生的學習、教學的途徑、難題解決的技術以及教學技巧。

其次，逐漸減少教師對視導者在教學革新決定的依賴，並減少視導者所提供的結構性指導，增加教師自主決定的角色。第三，視導者能安排低度抽象化程度與較高度抽象化程度的教師，一起參與難題解決會議。透過這種不同發展程度教師的混合會議安排，可以協助低度抽象化教師的概念成長。

肆、發展性視導的實施案例

發展性視導的理念與歷程已如上述，以下提出個別視導者分別與三位教師，進行發展性視導的實施案例（許籐繼、游家政，2006；Glickman & Gordon, 1987）。

一、診斷階段活動

個別視導者分別與三位教師從事發展性視導，並將焦點放在教師提問和學生回答上。在診斷階段，視導者對每一位教師進行觀察前會談和班級觀察。視導者就有關教師提問技巧進行診斷，診斷結果顯示教師A爲低度抽象化的表現，教師B爲中度抽象化的表現，教師C爲高度抽象化的表現。

二、戰術階段活動

在戰術階段，以視導者與每一位教師進行最初觀察後的會談，舉例說明該階段的活動。對於教師A，視導者使用指導式視導，視導者先對教師呈現觀察期間所蒐集的資料，然後解析資料並要求教師作出回應。緊接著視導者建議教師有關教學革新的目標，並且提出可能的解決方案。然後，視導者要

求教師從這些替代方案中擇一，由視導者說明該方案行動計畫。最後，視導者提供教師A評估教學改善成效的標準和資料，讓教師在努力的革新過程中有所依據。

對於教師B，視導者採取合作式視導。首先，視導者先針對教師有關班級教學知覺進行瞭解。接著聽取教師針對提問和學生回答部分，可能改善的意見。然後，視導者進行教師教學的觀察以及解析教師所欲改善的部分。經由比較實際蒐集的資料與教師知覺之後，視導者和教師B進行討論，以決定最後確定改善的目標。視導者和教師間，透過持續的腦力激盪、協商和可能的問題解決方案。最後，彼此取得改善行動計畫的共識，並設計改善成效的評鑑活動。

對於教師C，視導者採取非指導式視導。首先，視導者使用主動傾聽技巧，瞭解教師對有關個人的知覺感受。其次，視導者鼓勵教師C設定教學的革新目標，以及探索達成這些目標的另類途徑。當教師提出一個明確的行動計畫時，視導者扮演一個共鳴板（sounding board）角色，表現出傾聽、釐清、鼓勵以及反省的視導行為，激勵教師進行自我導向的問題解決發展。

雖然在這三個視導類型中，皆使用會談方式。但是，根據不同視導類型，視導者與不同抽象化程度教師，進行了不同型態的會談。在適應教師程度的前提下，透過會談協助其解決相對而立即的教學難題。

三、策略階段活動

在策略階段，以視導者在後觀察會談舉例說明該階段的活動。對於教師A，視導者從一個純粹指導式的視導類型，轉而要求教師提出一些教學革新的個人想法。雖然視導者可能仍舊承擔大部分的決策責任，但是在未來視導循環中，視導者以及教師A將逐漸進入另一種合作的視導關係。

對於教師B，視導者藉由提議教師本身訂定個人的教學革新目標，逐漸

從合作的視導類型轉變爲非指導式視導。在後觀察會談中，視導者將釋放更多的決策權責給教師B，在適當的時間視導者與教師B轉化成爲非指導式的視導類型。對於教師C，視導者持續扮演一個促進者與回饋者的角色，達成發展性視導策略階段的最終目標，也就是所有教師都能具有自我學習導向的管理與教學革新的能力。

上述所提案例，係以個別視導者與個別教師所進行的發展性視導活動。但是除了應用個別的視導之外，也可以透過團體發展的方式，來進行發展性視導活動。藉由不同發展程度成員的組合，增加團體成員的激盪思考和責任，以促進低度抽象化發展程度成員思考的發展。

伍、發展性視導對學校視導的啓示

發展性視導突顯不同於傳統視導的理念，並且透過其實施歷程，欲達成提昇教師高度抽象思考的目標。因此，根據前述發展性視導內涵的分析，進一步提出其對於學校視導的啓示。

一、肯定教師是學校視導的核心

發展性視導理念，肯定教師是具有思想性、發展性與動態性的獨特個體，強調教師具有主動學習和持續追求發展成長的能力。事實上，學校視導的目的在改變學校教育實踐以提昇教育成效，而其開端則在於教師的改變與發展。然而，長期以來，傳統上以層級監督方式的視導，藉由各種考評與命令，要求教師配合政策的改變，教師似乎被視爲沒有思想的政策執行工具，導致學校教育的真正革新無法達成。因此，未來在學校視導的設計與安排上，應思考教師的主體性與主動性，並提出以教師爲中心的視導方案，才能真正落實學校教育成效改變與提昇的目標。

二、診斷教師發展程度是學校視導的起點

　　發展性視導強調教師能力發展上的差異，在內容上包括：認知發展、組織目標的承諾和所展示教學經驗的程度。在診斷的方式上，視導者根據教師所關注的焦點，規劃診斷教師發展程度的方式、工具、人員與結果的應用。根據視導者的專業選擇與判斷，依教師發展程度診斷結果，採取相應的視導類型，以獲得有效的視導成效。因此，學校在提出教師為中心的視導方案基礎上，首要工作在於診斷個別教師發展的程度。視導者透過診斷的結果瞭解個別教師發展的差異性，也才能提出有效的視導方案。

三、提昇教師思考能力是學校視導的重點

　　發展性視導的目的，不只是協助教師在技術上或行為上的改變，更重要的是促進教師抽象思考能力與情意的發展。具備高度認知與情意發展的教師，會自動思考和嘗試那些對學生學習發展有益的教育實踐與方案。同時，具備高度抽象思考能力的教師，也更能懂得如何啟發學生的學習發展。因此，學校視導的目的，不僅僅在協助教師基本教學技巧的改變與問題的解決，而更應進一步鍛鍊並提昇教師的抽象思考能力朝更高層次發展。這樣的學校視導目的，才是學校教育永續發展與革新的根本。

四、採用動態的不同視導類型是學校視導的發展策略

　　發展性視導過程中，強調視導者需依教師發展程度應用不同視導類型與活動。但是這些視導類型與活動，並非是靜態或固定的，必須隨著教師發展的狀況，進行動態的調整。例如：視導者在視導過程中，特別是後觀察會談，會依據教師的發展狀況，逐漸釋放更多的決策權責給予教師。視導的類型，也會從指導式逐漸轉為合作式的視導類型，或從合作式逐漸轉為非指導

式視導類型。因此，學校視導過程的發展，視導者和教師之間應該採取動態的視導發展策略，視導者必須在過程中評估教師的發展程度，進行動態的調整。在教師達到發展的程度後，視導者應逐漸賦予教師對自我視導決定的權能，促進教師朝更高層次能力發展。

五、參考發展性視導實施歷程形成學校視導的實施模式

發展性視導的實施歷程，包括診斷、戰術與策略三個階段。每一階段有其不同的視導目的、目標和視導技術。雖然，Glickman等人已經提出實施的步驟和案例可供參考，但是真正實施學校視導時，因應學校的不同條件與需求，這些實施步驟可以提供做爲學校視導歷程的修正，以符合個別學校視導情境的需求。例如：Pajak（2000）便結合臨床視導的步驟，形成觀察前會談、觀察、分析和策略、後視導會談以及評估的發展性視導歷程。許籐繼和游家政（2006）在發展性視導的協同行動研究中，透過一所學校的實施與研究結果，提出調適準備、診斷分析、問題解決、省思探究，與發表分享的發展性視導歷程。因此，各個學校規劃與實施視導時，根據本身的目的與條件需求，參考發展性視導實施歷程，從行動中形成學校視導的模式與歷程。

六、推薦、選拔與培訓高專業能力的視導人員是學校視導成功的要件

發展性視導從診斷分析教師發展程度、不同視導類型活動，到逐漸轉化教師到更高層次的發展，都需要視導者的專業引導與判斷。如果視導者對同一團體成員，有關成員發展程度或者視導類型的應用不當，反而可能影響彼此的關係與工作士氣。因此，視導者的專業應用、判斷與引導能力，可以說是發展性視導成功與否的要件。學校視導實施的過程，對於視導者的專業能力與條件必須進行充分的討論，然後透過成員推薦、邀請或選拔的歷程，聘

任具有專業潛能的視導人員。最後，應提供這些視導人員能力培訓的機會，讓視導人員擁有足夠的視導專業能力以勝任視導工作。

伍、結語

今日學校如何對待教師的專業學習與發展，明日教師將會以類似方式對待學生的學習與發展。因此，發展性視導所提出的以教師為中心的視導理念，強調以診斷教師關注焦點的專業能力發展為起點，教師關注的焦點範圍並不限於教學，可以擴及課程發展、成員發展和行動研究等層面。根據診斷結果針對不同發展程度教師配以不同視導類型。在視導進行的過程中，當教師在發展性視導歷程的不同階段，表現出成長的證據時，視導者必須透過減少控制賦予教師更多的權能，逐漸改變視導類型，其最終目的在透過此視導過程，提昇教師的抽象思考能力。

學校在應用發展性視導做為學校視導的方案時，必須掌握其理念與參考其實施歷程和案例，做好前置的規劃與專業視導人員的推薦、選拔與培訓工作。希望透過此種視導在學校的實施，讓學校成為一種以教師為中心與學生為核心的學習型組織，使學校成為教師、學生與所有成員，持續學習、革新與發展的社群！

作者簡介

許籐繼，國立台灣師範大學教育研究所博士、美國加州大學柏克萊校區（U. C. Berkeley）研究；曾任國立台灣海洋大學教育研究所／師資培育中心助理教授、台北市雙蓮國小教師；現任國立台灣海洋大學教育研究所／師資培育中心副教授。

參考文獻

📁 中文部份

丁亞雯（1998）。**教學視導實施報告**。台北市：台北市教師研習中心。

呂木琳（2002）。**教學視導——理論與實際**。台北市：五南。

邱錦昌（1995）。**教學視導之理論與實際**。台北市：五南。

邱錦昌（2001）。**教育視導與學校效能**。台北市：元照。

許籐繼（2005）。**教學視導人員能力指標建構之研究**（第二版）。台北市：師大書苑。

許籐繼、游家政（2006）。**發展性視導的行動研究——以一所國民小學實施個案為例**。國科會專題研究計畫執行成果報告（NSC 94-2413-H-019-002）。

謝文全（2004）。**教育行政學**。台北市：高等教育。

📁 英文部分

Barak, M., Pearlman-Avnion, S., & Glanz, J. (1997). Using developmental supervision to improve science and technology instruction in Israel. *Journal of Curriculum and Supervision, 12*(4), 367-382.

Beach, D. M., & Reinhartz, J. (2000). *Supervisory leadership: Focus on instruction*. Boston: Allyn & Bacon.

Glickman, C. D. (1993). *Supervision of instruction: A developmental approach*. Boston: Allyn & Bacon.

Glickman, C. D., & Gordon, S. P. (1987). Clarifying developmental supervision. *Educational Leadership, 44*, 64-68.

Glickman, C. D., Gordon, S. P., & Ross-Gordon, J. M. (2001). *Supervision of instruction: A developmental approach.* Boston: Allyn & Bacon.

McLaughlin, M. W., & Pfeifer, R. S. (1988). *Teacher evaluation: Improvement accountability and effective learning.* New York: Teachers College Press.

Pajak, E. (2000). *Approaches to clinical supervision: Alternatives for instruction.* Norwood: Christopher-Gordon Publishers.

Ralph, E. G. (2002). Mentoring beginning teachers: Findings from contextual supervision. *Journal of Personnel Evaluation, 16*(3), 191-210.

Siens, C. M., & Ebmeier, H. (1996). Developmental supervision and the reflective thinking of teachers. *Journal of Curriculum and Supervision, 11*, 299-319.

Stipnieks, A. T. (1981). *A study of teacher evaluation practices in selected school districts in the U. S.* Unpublish doctoral dissertation, University of Texas, Austin, TX.

NOTE

國家圖書館出版品預行編目資料

教學視導故事敘說 / 劉和然主編. -- 初版. --
臺北市：心理，2008.04
面；　公分. --（教育行政；19）

ISBN　978-986-191-126-7（平裝）

1. 教育視導　2. 文集

526.707　　　　　　　　　　　　　97002856

教育行政 19　教學視導故事敘說

主　　編：劉和然
責任編輯：郭佳玲
總　編　輯：林敬堯
發 行 人：洪有義
出 版 者：心理出版社股份有限公司
社　　址：台北市和平東路一段 180 號 7 樓
總　　機：(02) 23671490　　傳　　真：(02) 23671457
郵　　撥：19293172　心理出版社股份有限公司
電子信箱：psychoco@ms15.hinet.net
網　　址：www.psy.com.tw
駐美代表：Lisa Wu　　tel: 973 546-5845　　fax: 973 546-7651
登 記 證：局版北市業字第 1372 號
電腦排版：辰皓國際出版製作有限公司
印 刷 者：辰皓國際出版製作有限公司
初版一刷：2008 年 4 月

讀者意見回函卡

No._____   填寫日期：　年　月　日

感謝您購買本公司出版品。為提升我們的服務品質，請惠填以下資料寄
回本社【或傳真(02)2367-1457】提供我們出書、修訂及辦活動之參考。
您將不定期收到本公司最新出版及活動訊息。謝謝您！

姓名：_____　性別：1□男　2□女

職業：1□教師 2□學生 3□上班族 4□家庭主婦 5□自由業 6□其他____

學歷：1□博士 2□碩士 3□大學 4□專科 5□高中 6□國中 7□國中以下

服務單位：_____　部門：_____　職稱：_____

服務地址：_____　電話：_____　傳真：_____

住家地址：_____　電話：_____　傳真：_____

電子郵件地址：_____

書名：_____

一、您認為本書的優點：（可複選）

　❶□內容 ❷□文筆 ❸□校對 ❹□編排 ❺□封面 ❻□其他____

二、您認為本書需再加強的地方：（可複選）

　❶□內容 ❷□文筆 ❸□校對 ❹□編排 ❺□封面 ❻□其他____

三、您購買本書的消息來源：（請單選）

　❶□本公司 ❷□逛書局⇨_____書局 ❸□老師或親友介紹

　❹□書展⇨____書展 ❺□心理心雜誌 ❻□書評 ❼其他_____

四、您希望我們舉辦何種活動：（可複選）

　❶□作者演講 ❷□研習會 ❸□研討會 ❹□書展 ❺□其他____

五、您購買本書的原因：（可複選）

　❶□對主題感興趣 ❷□上課教材⇨課程名稱_____

　❸□舉辦活動 ❹□其他_____　（請翻頁繼續）

| 廣　告　回　信 |
| 台 北 郵 局 登 記 證 |
| 台 北 廣 字 第 940 號 |

（免貼郵票）

 心理出版社 股份有限公司

台北市 106 和平東路一段 180 號 7 樓

TEL: (02) 2367-1490
FAX: (02) 2367-1457
EMAIL:psychoco@ms15.hinet.net

沿線對折訂好後寄回

六、您希望我們多出版何種類型的書籍

　❶□心理　❷□輔導　❸□教育　❹□社工　❺□測驗　❻□其他

七、如果您是老師，是否有撰寫教科書的計劃：□有□無

　書名／課程：＿＿＿＿＿＿＿＿＿＿＿＿＿＿＿＿＿＿＿＿

八、您教授／修習的課程：

上學期：＿＿＿＿＿＿＿＿＿＿＿＿＿＿＿＿＿＿＿＿＿＿＿

下學期：＿＿＿＿＿＿＿＿＿＿＿＿＿＿＿＿＿＿＿＿＿＿＿

進修班：＿＿＿＿＿＿＿＿＿＿＿＿＿＿＿＿＿＿＿＿＿＿＿

暑　假：＿＿＿＿＿＿＿＿＿＿＿＿＿＿＿＿＿＿＿＿＿＿＿

寒　假：＿＿＿＿＿＿＿＿＿＿＿＿＿＿＿＿＿＿＿＿＿＿＿

學分班：＿＿＿＿＿＿＿＿＿＿＿＿＿＿＿＿＿＿＿＿＿＿＿

九、您的其他意見

謝謝您的指教！　　　　　　　　　　　　　　　41419